교회를 위한
종말론 연구

신약성경의 종말론

Eschatology
in the New Testament

교회를 위한 종말론 연구
신약성경의 종말론

2016년 11월 10일 초판 1쇄

엮은이 / 장흥길
펴낸이 / 이연옥
펴낸곳 / 도서출판 한국성서학
등록 / 1991년 12월 21일 제1-1286호
주소 / 서울 종로구 율곡로 190 여전도회관 1105호
전화 / 02-766-5220
팩스 / 02-744-7046
e-mail/bibleforum@bibleforum.org
http://www.bibleforum.org
총판 / 도서출판 두란노(전화 02-749-1059 /팩스 02-749-3705)

ISBN 978-89-86015-93-5 93230
값 13,000원

이 도서의 국립중앙도서관 출판예정도서목록(CIP)은 서지정보유통지원시스템 홈페이지(http://seoji.nl.go.kr)와 국가자료공동목록 시스템(http://www.nl.go.kr/kolisnet)에서 이용하실 수 있습니다.
[CIP 제어 번호: CIP2016026641]

교회를 위한
종말론 연구

신약성경의 종말론

Eschatology in the New Testament

책임 편집 장흥길

한국성서학연구소
KOREA INSTITUTE OF BIBLICAL STUDIES

머리글

한국 교회의 성경적 종말론에 대한 올바른 이해와 종말 의식의 회복과 강화를 소망하며...

이 땅에 예수 그리스도의 복음이 전해지고 교회가 세워진 이래 세계에서 유래를 찾아보기 어려울 정도로 성장을 거듭해 오던 한국 교회가 작금 일종의 성장통으로 아파하거나 주춤거리고 때로는 저성장의 늪에서 빠져나오기 위해 안간 힘을 쓰고 있다. 이러한 성장 위기의 중요한 이유 중 하나는 교회의 세속화로 말미암은 '잘못된 종말 이해'와 '종말 의식의 약화'에 있다. 이러한 정황은 마치 19세기 서구(西歐) 신학이 자유주의 사상에 의해 도덕주의로 치달으면서 성경의 종말론이 제자리를 찾지 못했던 때를 떠올리게 한다.

이런 점에서 편집자는 성경적 종말론에 대한 올바른 이해를 추구하고 종말 의식을 회복하고 강화하여 그에 따른 신앙적 응답의 삶을 살아내는 것이 한국 교회에 요구되는 절박한 시대적 요청이라고 여기며 본서를 엮어 이제 세상에 내어 놓는다.

성경의 가르침에서 종말은 반드시 있으며, 반드시 온다. 그렇기는 하지만 종말은 왜곡된 종말주의자들이 주장하는 것처럼 오지는 않는다. 종말은 교회사에서 수없이 반복된 시한부(時限附) 종말론자들이 주장한 것처럼 오지는 않는다는 것이다. 그렇다면 여기서 '성경적 종말론이란 무엇인가?'라는 질문이 제기된다. 무엇보다도 신약성경의 종말론에 대한 이해에서 '예수 그리스도의 초림과 재림'이라는 구속사적인 관점은 대단히 중요하다.

이러한 맥락에서 「한국성서학연구소」는 창립 24주년 기념 '제6회 소석(小石) 성서학 학술마당'(2015년 11월 개최)에서 '성경에 나타난 종말론'을 다루었다. 이 주제는 한 번에 다루기에는 역부족이어서 이듬해 '제47회 성서신학마당'(2016년 3-5월)에서 열 차례에 걸쳐 '설교를 위한 신약의 종말론'을 다루었다. 전자에서는 신구약성경과 한국 교회사를 전공한 세 학자가 종말론에 대해 발표하였고, 후자에서는 다섯 명의 신약학자가 신약 종말론의 세부 주제를 맡아 강의하였다. 이제 그 결과물을 엮어 책으로 출판함으로써, 역사적으로는 연구한 발표물들과 강의 자료를 보존하고, 실용적으로는 한국 교회와 신학계의 독자(讀者)들과 함께 나누고자 한다.

본서의 제1부 '신약성경의 종말 이해'에는 '제47회 성서신학마당'에서 발표된 열 편의 '신약의 종말론' 연구물을 편집하여 여섯 장으로, 제2부 '신구약성경과 한국 교회사에 나타난 종말 이해'에는 '제6회 소석 성서학 학술마당'에서 발표된 '성경에 나타난 종말론' 주제의 세 편의 연구물을 편집하여 수록하였다. 그 세부적인 주제는 다음과 같다.

먼저, 제1부의 제1장 '예수의 종말 이해'는 편집자가 발표한 "나사렛 예수의 종말에 대한 가르침"을, 제2장 '바울의 종말 이해'는 박영호 박사(한일장신대학교 교수)가 발표한 "바울의 종말론적 신학"과 "신자의 사후 상태에 대한 바울의 이해"를 옮겨 놓았다. 제3장 '공관복음서 저자의 종말 이해'는 김창선 박사(장로회신학대학교 초빙 교원)가 발표한 "공관복음의 종말론"을 수정한 것이며, 제4장 '요한의 종말 이해'는 김동수 박사(평택대학교 교수)가 발표한 "요한의 종말론"과 "개인의 종말", "요한의 크로노스와 카이로스"를 묶어 소개하였다. 제5장 '요한계시록 저자의 종말 이해'는 박두환 박사(나사렛대학교 교수)가 발표한 "사탄의 파워 구조를 통해 보는 요한계시록 종말론의 중심 주제"를 엮은 것이다. 제6장 '신약성경의 종말 이해의 요약'은 편집자가 '신약성경의 종말론'이 각각의 신학적 강세와 특징을 가지고 있지만, 통일적인 것을 정리하여 "신약성경 종말론의 신학적인 특성"으로 담았다. 곧 '신약성경의 종말론'은 '선취(先取)적 종말론', '중간기의 종말론', '윤리적 종말론', '성령론적 종말론', '기독론적 종말론'이다.

제2부의 제7장은 왕대일 박사(감리교신학대학교 구약학 교수)가 발표한 "성서적 종말론, 성경 속의 종말론"을 '구약의 종말 이해'에 담았고, 제8장은 박두환 박사(나사렛대학교 신약학 교수)가 발표한 "신약성서의 종말론의 다양성"을 '신약의 종말 이해'에 담았다. 그러고 나서 제9장은 안교성 박사(장로회신학대학교 역사신학 교수)가 한국 교회사 전반과 종말론을 연결하여 발표한 통사(通史)적 연구 논문인 "한국 교회사에 나타난 종말론 유형"의 연구 내용을 '한국 교회사의 종말 이해'에 담았다. 이는 한국 교회가 종말을 어떻게 이해해 왔고, 또 앞으로 어떻게 이해해야 하는지를 알게 하는 중요한 연구물이다.

끝으로, 교회를 위한 성경적 종말론 연구를 위해 분주한 가운데서도 기꺼이 연구물을 발표하여 주시고 출판할 수 있도록 정리해 주신 발표자(필진) 여러분께 심심한 감사를 드린다. 또 이를 책으로 출판할 수 있도록 수고한 「한국성서학연구소」 전임 연구원 장성민 박사와 라병원 목사(장로회신학대학교 박사 과정)에게도 고마움을 전한다.

무엇보다도, 이 책이 세상에서 빛을 볼 수 있게 된 것은 전적으로 처음이요 나중이 되시는 하나님의 은혜이다. 모든 영광을 주님께 돌린다. 본서가 성경적 종말 이해에 대한 올바른 이해와 종말 의식의 회복과 강화, 그에 따른 신앙적 응답의 삶의 요구 앞에 서 있는 한국 교회와 신학계에 도움이 되기를 바랄 뿐이다.

2016년 연지골 「한국성서학연구소」에서

이 책을 엮은 이, 장 흥 길

차 례

차 례

교회를 위한
종말론 연구

신약성경의
종말론

Eschatology
in the New Testament

제1부

신약성경의 종말 이해

교회를 위한 종말론 연구 신약성경의 종말론

Eschatology in the New Testament

제1부 신약성경의 종말 이해

제1장 예수의 종말 이해

나사렛 예수의 종말에 대한 가르침

장흥길

장로회신학대학교 교수/신약학

나사렛 예수의 종말에 대한 가르침

I. **들어가는 말**

II. **구약성경의 종말론**

III. **신약 종말론의 기초로서 '예수의 종말론'의 특징**

1. 변증법적 종말론

가. 미래적 종말론

나. 현재적 종말론

다. 하나님 나라의 현재성과 미래성의 관계

2. 선취적 종말론

3. 윤리적 종말론

IV. **나가는 말**

나사렛 예수의 종말에 대한 가르침

I. 들어가는 말

세상과 역사의 종말은 있는가? 종말이 있다면, 언제 오는가, 또는 어떻게 일어나는가? 종말이 다가온다면 다가올 종말에 대하여 그리스도인은 어떤 자세로 살아야 하는가? 종말과 관련하여 이런 질문에 대한 적절한 답을 얻으려 한다면, 성경은 종말에 대해 어떻게, 무엇을 말하는가를 살펴보아야 한다.

신구약성경 전체를 관통하는 통일적인 주제는 '하나님의 나라', 곧 '하나님의 구원'이다. 구원이 신구약성경의 핵심 메시지라면 성경은 분명히 종말론적이다. 곧 성경은 세상과 인류의 기원을 다루는 창세기 태고사 단락(1-11장)의 시원론(始原論) 주제에서 시작하여, 사도 요한이 천상의 예수 그리스도로부터 받은 마지막 때의 계시를 다루는 종말론(終末論) 주제로써 마감된다. 성경전서의 서두와 말미뿐 아니라, 그 사이에 있는 모든 성경 각 권은 종말에 대한 가르침으로 점철(點綴)되어 있다.

종말에 대한 성경의 가르침에서 종말은 분명히 있다. 그렇지만 종말이 있다고 하여 사람이 알 수 있는 특정 시간이나 특정 장소에 도래하는 것은 아니다. 그렇다면 성경에서 찾을 수 있는 종말에 대한 가르침은 무엇인가? 구약성경에서 다루어졌던 종말에 대한 가르침을 현재화한 신약성경 역시 마태복음부터 요한계시록까지 종말에 대한 가르침으로 채색(彩色)되어 있다. 이처럼 종말론으로 점철된 신약성경의 종말론을 살펴보려면, 신약성경의 다른 주제들과 마찬가지로, 그 토대와 기초가 되는 '나사렛 예수의 종말에 대한 가르침'에서 시작해야 한다.

신구약성경을 관통하는 통일적인 주제가 하나님의 나라, 곧 하나님의 구원이라면 예수의 종말론도 구속사(救贖史) 내지는 계시사(啓示史)적 관점에서 보아야 한다. 그렇다면 '예수의 종말론'은 구약의 종말론과 어떤 차이가 있는가? 또 그것은 어떤 신학적 특징을 가지고 있는가?

본 글에서는 이러한 질문에 답하면서 '나사렛 예수의 종말에 대한 가르침'을 살펴보기 전에, 먼저 '구약성경의 종말론'을 간단하게 일별하고 (II), 신약성경의 종말론에서 그 기초가 되는 '나사렛 예수 종말론의 특징'(III)을 다루어 현대의 그리스도인들이 '신약의 종말론'을 올바르게 이해하고, 이에 부합된 그리스도인의 자세와 삶이 무엇인지 해명하고자 한다.

II. 구약성경의 종말론[1)]

이 글의 목적이 '구약성경의 종말론'을 다루는 것이 아니지만 나사렛 예수의 종말론은 전승사적으로 구약의 종말론과 이어지는 선상(線上)에 놓여 있기 때문에 이 글에서는 구속사적 관점에서 구약성경의 마지막 단계의 계시인 '묵시(黙示)'에 나타난 종말론을 다루기로 한다.[2)] 그것은 '예

---

1) 이 단락은 필자가 『교육교회』 429호(장로회신학대학교 기독교교육연구원, 2013년 12월호)에 기고한 글인 "마지막(종말)에 대해 어떻게 가르칠 것인가?: 신약성경의 종말론"의 14-16을 수정하여 옮긴 것이다. 또 필자의 『하나님 나라 선포의 관점으로 읽는 하나님의 구원 이야기- 구속사의 눈으로 신약성경 읽기』(서울: 한국성서학연구소, 2015), 253-57도 참조하라.

2) 이에 대하여는 1988년 독일 마인즈(Mainz) 대학 신학부에서 통과된 자거

수의 종말론'을 해명하려 하는 경우에 구약성경의 '묵시적 종말론'과 가장 의미 있게 관련된다는 것을 말한다.

구약의 전통적 신앙관에서 본다면 역사(歷史)는 하나님께서 활동하시는 '무대'이다. 하나님은 '세상'에서 활동하시며, 자신의 뜻을 '역사' 안에 계시하신다.

구약성경의 첫 부분인 '율법서'(Torah)에서 '역사'(history)는 세상을 선하게 창조하셨으나 아담의 죄악으로 말미암아 왜곡된 세상의 구원을 위해 아브라함을 선택하시고 그에게 약속을 주시고 그것을 이루어 가시는 '하나님의 이야기'(God's story)이다.

'예언서'(Nebi'im)의 경우 하나님의 뜻은 역사의 현장 안에 분명하게 나타난다. 이 때 율법서의 '규범적 신앙 원칙'(normative Yahwehism)이 역사에 적용된다. 곧 역사는 인간의 생사화복(生死禍福)이 하나님 앞에 놓여 있으며, 인간이 하나님의 말씀에 순종하면 '복'과 '생명'을 받고, 불순종하면 '저주'와 '죽음'을 받는다는 공식(신 30:15-20 참조)이 적용되는 현장이다. 하나님의 백성이 역사 안에서 심판을 받는다면, 그것은 하나님께 대한 그들의 불순종 때문이다. 역사의 결과는 인간이 하나님의 뜻에 대하여 순종하는가 아니면 불순종하는가에서 판가름이 나며, 이런 점에서 인간 행위에 대한 결과는 미래의 역사에서도 그 예측이 가능하다.

이러한 사정은 후기 예언서에 이르면 다르게 나타난다. 전기 예언서에서는 '규범적인 하나님 신앙 원칙'이 잘 지켜졌다. 곧 죄인은 마땅히 벌을 받아야 한다. 그러나 죄인이 회개한다면, 그 죄에 대한 하나님의 형벌이 하나님의 은혜로 취소될 수도 있었다. 곧 인간의 회개 여부에 따라 하나

(W. Zager)의 박사학위 논문, *Begriff und Wertung der Apokalyptik in der neutestamentlichen Forschung*, EHS.T 358(Frankfurt am Main: Peter Lang, 1989)을 참조하라. 자거는 1832년 이후로 쿨만(O. Cullmann)과 큄멜(W. G. Kümmel)에 이르기까지 150여 년 동안 독일 신약학계에서 묵시에 대한 개념과 평가에 대하여 연구사적으로 조사하였다.

님께서 움직이시는 '역사의 궤도' 수정이 가능하였다.

이런 점에서 전기 예언서에서 미래는 인간의 회개 여부에 따라 열려 있었다. 마땅히 형벌을 받아야 할 죄인이라 할지라도, 그가 하나님께로 돌아선다면 지은 죄를 용서 받고 살 수 있었다. 그러므로 전기 예언서에는 '죄 – 벌 – 회개 – 구원'의 도식과 같이, 역사에 대한 일종의 '낙관주의'(optimism)가 나타나 있다. 이처럼 이스라엘의 전통적 역사관에서 '역사'란 하나님의 뜻이 계시되고 실현되는 현장이요, 무대였다.

후기 예언서에 이르러 이러한 역사관은 주전 587년, 하나님의 백성 유다가 바벨론에 포로로 잡혀가는 엄청난 역사적 비극에 직면하여 흔들리기 시작했다. 주전 621년 신앙 개혁을 이끌었던 요시야 왕의 선정(善政)에도 불구하고(왕하 22-23장), 유다가 바벨론에 포로로 잡혀간 것은 하나님의 선민으로 자부하던 유다에게는 엄청난 충격이었을 뿐 아니라, 자신들이 믿어왔던 전통적 신앙 역사관마저도 모호하게 만들었다.

바로 이런 시기에 하나님의 백성들 가운데서 "과연 역사는 하나님께서 활동하시는 무대인가?"라는 역사에 대한 신학적 회의(懷疑)가 일어났다. 게다가 그에 대한 감정적인 반발도 일어났다. 선조로부터 물려받은 전통적인 역사관을 갖고 있던 유다는 선민인 하나님의 백성이 할례 받지 않은 이방인에게 포로로 잡혀가는 당시의 현실에 대하여 더 이상 이해하고 납득하지 못했다. 그들에게는 현재 자신들이 겪고 있는 절망적 고난의 암울한 현실 경험에 대하는 새로운 역사 이해가 절실하게 필요하였다. 악이 득세(得勢)한 세상에서 하나님의 선민은 어둠의 세력에 눌려 사는 현실을 더 이상 '하나님의 활동 무대'로 수용할 수 없었다.

이처럼 전통적 신앙 역사관이 모호해지고 불투명해진 이 시기에 제기된 문제에 대하여 후기 예언자들이 찾은 대답이 바로 '묵시'였다. 묵시가들(Seers)은 마치 역사의 현장에 하나님이 계시지 않는 것 같은 비극적인 역사 현실에서 하나님을 대변(代辯)하고 변호하였다. 곧 묵시가는 "비록 우리가 불의를 행하였다 하더라도 불의한 이방인을 통하여서라도 우리를 벌하시는 하나님이 과연 의로우신 분인가, 이런 일을 보고도 하나님이 관망만 하신다면 하나님이 정말 공평하신 분인가" 밀하는 인간의 항변(抗辯)에 대하여 그렇다고 하더라도 여전히 '하나님은 의로우시다'라는 신정론(神正論)을 대변하였다. 바로 그 암울한 현실에 대한 묵시가의 신학적 대답이 '묵시적 종말론'이었다.

'묵시적 종말론'에서 역사는 현실에서 세를 부리는 악의 세력으로 인하여 어둡고 절망적이다. '묵시'는 이러한 아주 비관적인 현실의 역사에 대한 하나님의 대답으로 등장하였다. 곧 묵시에서 현실은 비관적이지만, 희망은 결코 사라지지 않고 여전히 남아 있다. 그러나 이 희망은 '현실의 역사 안'에 있지 않다. 그것은 역사가 끝나고 도래하는 '종말 이후의 새로운 세상'에 있다.

이런 맥락에서 묵시에서는 '시간적 이원론'(temporal dualism)이 등장한다. 곧 '현 시대'(the present age)는 '어둠의 자식들'(children of darkness)인 악인이 기회를 잡고 득세한 시기이며, '빛의 자녀들'인 의인이 박해를 받는 '어둠의 시대'다. 반면 '다가올 시대'(the age to come)는 현세에서 고통을 받지만 결국은 승리하게 되는 '빛의 자녀들'(children of light)이 하나님나라에 참여하는 '빛의 시대'이다. 이렇게 현 시대는 빛의 자녀들인 의인이 승리를 기대하며 신앙의 절개를 지키기 위해 아직 고난과 박해를 받는 시기이다.

이런 '시간적 이원론'에서 '역사적 결정론'(historical determinism)이 나타난다. 역사의 진로(進路)는 하나님에 의해 이미 결정되었다. 미래는 더 이상 변경되거나 돌이킬 수 없다. '예언'과 달리 '묵시'에서 미래는 닫혀져 있다. 현재의 역사는 단지 한 방향, 곧 '종말'을 향해 나아갈 뿐이다. 비록 역사가 연장된다고 하더라도 소망은 역사 안에 있지 않다. 오히려 소망(구원)은 역사 밖에 있으며, 모든 문제는 역사가 끝나야 해결될 수 있다.

이런 점에서 '묵시적 종말'은 현세의 마지막 때 악의 세력이 파멸함과 함께 빛의 자녀들이 동참하는 '우주적 새 창조'를 의미한다. 곧 '묵시적 종말론'은 '옛 시대'와 '새 시대'로 구분되며, 옛 시대의 마지막에 종말적 대파국(大破局)이 있는, 철저하게 '시간적 이원론' 위에 세워진 종말론이다.

또 다니엘서와 같은 묵시서에는 역사에 대한 '비관주의'가 나타난다. 다니엘서에서는 더 이상 '회개'의 주제가 나타나지 않는다. 오히려 '회개' 대신 '봉(封)함'의 주제가 나타난다(단 7:28; 8:26; 12:4, 9). 묵시가가 현세에서 고난 받는 의인들에게 보여주는 환상은 그들이 박해 받는 역사 안에서 끝까지 신앙의 절개를 지키도록 하기 위함이었다.

주전 587년 바벨론 제국에 의해 솔로몬이 봉헌한 하나님의 성전은 불타고 그 벽은 훼파되었다. 당시 초강대국인 바벨론에 의해 유다의 수도 예루살렘이 초토화되고 수많은 유다 사람이 포로로 잡혀갔다(왕하 25:1-24). 이 역사적 비극의 시기에 다니엘이 받은 묵시는 고난 받는, 소수의 의인에게 신앙의 절개를 지키도록 격려하는 희망의 메시지였다.

유대인들은 유배지 바벨론 땅에서 하나님의 선민이 정치적 억압뿐 아니라 신앙적 박해도 받았다. 이런 상황에서 신앙의 정절(貞節)을 지키기 위해 다니엘의 세 친구인 사드락, 메삭, 아벳느고는 극렬히 타오르는 풀무불에 들어갔으며(3:8-16), 다니엘 또한 사자 굴에 던져졌다(6장). 그러나 그 결과는 예상 밖으로 나타났다. 다니엘의 세 친구는 극렬한 풀무불에 던져졌음에도 불구하고 불 속에서 타 죽지 않았으며, 다니엘 역시 사자 굴에 던져졌지만 맹수의 해를 입지 않았다.

이와 같이 신앙을 지키기 위해 죽음까지도 두려워하지 않았던 다니엘에게 묵시적 환상이 임하였다(7-12장). 세상이 끝나는 마지막 날에는 전무후무(前無後無)한 대(大) 환난(患難)이 있을 것이다(12:1). 그 환난은 성도의 권세가 다 깨어지기까지 이르는 엄청난 파국적 대재난이다(12:7). 그럼에도 불구하고 신앙의 절개를 끝까지 지킨 자는 마지막 날에 자신의 '몫'(하나님 나라의 기업)을 누릴 것이다(12:13). 신앙의 절개를 지킨 소수의 의인들이 끝까지 인내하며 기다릴 수 있도록, 마지막 날을 향한 묵시적 시간 계수, 곧 '초 읽기'(count down)가 시작된다(12:8, 11, 12).

역사를 심판하는 하나님의 '수레바퀴'는 단지 하나님께서 정하신 '시간표'(time schedule) 대로 움직일 뿐이다. 곧 역사는 하나님의 결정에 따라 진행되어 간다. 이처럼 다니엘서와 같은 묵시서는 하나님의 사람들이 목숨까지도 위협 받는 극심한 박해 상황에서 신앙의 절개를 지킬 수 있도록, 그들에게 마지막 때 일어날 비밀을 보여주고, 의로운 삶을 인하여 고통 받는 신앙인들에게 역사 저편의 새로운 세상, 새 시대를 바라보게 함으로써, 소망을 불어 넣는 하나님의 말씀이다.

이와 같이 구약의 '묵시적 종말론'에서는 하나님의 말씀에 순종하는 의인이 복(福)을 받고 살게 되며, 불순종하는 악인이 화(禍)를 입으며 죽으리라는 '규범적 신앙 원칙'이 비록 현세에서 이루어지지 않는다고 하더라도, 내세에서는 반드시 이루어진다고 한다. 곧 구약의 '묵시적 종말론'은 극심한 신앙적 박해 현실에서 신앙의 절개를 지키도록 마지막 때를 미리 보여주는 구약의 마지막 계시이며 신학적 답변이다.

III. 신약 종말론의 기초로서 '예수의 종말론'의 특징

신약성경의 종말론의 토대와 기초는 신약신학의 다른 주제와 마찬가지로, '예수의 종말론'이다. 그것은 신약성경이 예수께서 전하신 '하나님 나라'(ἡ βασιλεία τοῦ θεοῦ) 선포[3)]와 이에 대한 사도적 증인들의 증언 외에 다른 것이 아니기 때문이다.

복음서 저자들은 한결같이 나사렛 예수께서 '하나님 나라'를 전하기

---

3) 이에 대하여는 장흥길, "예수의 하나님 나라 선포", 『하나님 나라와 선교』 (서울: 대한기독교서회, 2001), 41-63과 장흥길, 『하나님 나라 선포의 관점으로 읽는 하나님의 구원 이야기』, 25-42을 참조하라.

위해 세상에 오셨다고 말한다. 그것은 예수께서 공생애 내내 전하신 선포와 행하신 선포 행위뿐 아니라, 공생애 개시(開始) 선포에 대한 복음서 저자들의 요약(막 1:14-15; 마 4:17; 눅 4:17-21)에서 분명하게 드러난다.

예수께서 전하신 '하나님 나라'는 어떤 점에서 구약의 선지자들이 전한 '하나님 나라'를 계승하며, 또 어떤 점에서 그것과 다른가? 신약성경 저자들의 종말론의 토대와 기초가 되는 '예수의 종말론'은 어떤 신학적 특징을 지니고 있는가?

이를 요약해서 세 가지로 말할 수 있다. 곧 '예수의 종말론'은 '변증법적 종말론', '선취(先取)적 종말론', '윤리적 종말론'이다. 이를 자세하게 풀어 해명해 보자.

1. 변증법(辨證法)적 종말론

앞 장에서 살펴본 것처럼, 구약의 종말론을 '묵시적 종말론' 내지는 '미래적 종말론'으로 규정한다면, 신약 종말론의 기초가 되는 '예수의 종말론'은 아직 도래하지 않은 '미래적 종말론'(not yet[noch nicht])과, 이미 임한 '현재적 종말론'(already[schon])이 함께 나타나는 '변증법적 종말론'이다. '예수의 종말론', 곧 종말에 대하여 이처럼 두 양상을 보여주는 종말에 대한 예수의 가르침을 그의 '하나님 나라' 선포에서 찾을 수 있다.

가. 미래적 종말론

구약의 '묵시적 종말론'처럼, 예수께서 전하신 '하나님 나라'는 '미래적 하나님 나라'이다. 그러므로 예수의 종말론은 '미래적 종말론'이다. 이는 예수께서 선포하신 '들어가는 하나님 나라' 말씀에서 분명하게 드러난다.

예를 들면, 예수는 '주기도'(마 6:9-13//눅 11:2-4)의 '하나님 나라'에 대한 간구에서 제자들에게 '당신(하나님)의 나라가 임하게 하소서(ἐλθέτω ἡ βασιλεία σου)'(마 6:10//눅 11:2)라고 기도하라고 가르치셨다. 또 '산상보훈'(마 5-7장)의 '복(福) 선언'(마 5:3-12)에서 예수는 자신을 따르며 말씀을 듣는 제자들에게 '천국'(ἡ βασιλεία τῶν οὐρανῶν, 마 5:3, 10)을 약속하셨다. 게다가 예수는 '간청하는 과부' 비유(눅 18:2-5)에서 제자들에게 '하나님 나라'의 도래를 위해 '항상 기도하고 낙심하지 말라'(눅 18:1)고 가르치셨다. 이러한 '예수의 하나님 나라' 선포에서는 하나님 나라는 아직 도래하지 않았으며, 그러기에 기다려야 하는 '희망재(希望財)'이다.

그렇기는 하지만 예수의 선포에서 하나님 나라는 현세에 아주 가까이 와 있다. 예수께서 십자가를 지시기 전에 세상의 종말에 대하여 예언하셨을 때, '성전의 종말'(막 13:1-13)과 '대환난'(막 13:14-23)에 이어 '인자의 도래'(막 13:24-27)에 대해 말씀하셨다.

그 말씀 중 '그 때'는 구약의 종말론처럼 묵시적으로 묘사되었다. 곧 대환난 후에 해와 달이 어두워지며 별들이 떨어지는 천재 지변이 일어날 것이다. 그 때, 곧 마지막 때에 '인자'가 구름을 타고 큰 권능과 영광으로 오실 것이며(막 13:26), 그가 천사를 보내어 자신이 택한 자들을 사방에서 모을 것이다(막 13:27). 소위 '예수의 어록 자료(Q)'에 나타나는 다시 오실 '인자'(ὁ υἱὸς τοῦ ἀνθρώπου)—말씀에서 앞으로 다가올, 미래적 하나님 나라가 분명히 나타난다(눅 12:8-10[하나님의 사자 앞에서 시인/부인하실 인자], 눅 12:40[생각하지 않은 때에 오실 인자//마 24:44]; 눅 13:35[주의 이름으로 오시는 이]; 눅 17:24[번개가 치는 것같이 오실 인자//마 24:27]; 마 24:37-39[노아의 때와 같이 임하실 인자]).

게다가 예수의 하나님 나라 선포에는 하나님 나라의 미래성만이 아니라 임박성도 나타난다. '인자의 도래'에 대한 말씀을 잇는 '무화과나무' 비유(막 13:28-32)에서 예수는 '그 가지가 연하여지고 잎사귀를 내면 … 인자가 가까이 곧 문 앞에 이른 줄 알라'(ἐγγύς ἐστιν ἐπὶ θύραις, 막 13:28-

29)고 말씀하신다. 이는 예수께서 자신과 함께 도래하는 하나님 나라의 '임박성'을 알리는 대표적인 구절이다. 물론 '가까이'(ἐγγύς)이나 '문 앞에'(ἐπὶ θύραις)는 '양적(量的)인 시간'인 '크로노스'(χρόνος)의 시간이 아니라 '질적(質的)인 시간'인 '카이로스'(καιρός)의 시간을 의미한다.

나. 현재적 종말론

'예수의 하나님 나라' 선포에서는 분명히 그를 믿는 자가 '들어가는 하나님 나라', 곧 '미래적 종말론'이 나타난다. 그렇기는 하지만, 하나님 나라를 선포하시는 예수의 말씀에 '미래적 하나님 나라'의 도래와 그 임박성만 나타나는 것은 아니다. 하나님 나라에 대한 다른 예수의 말씀을 조사해 보면, 예수께서 전하는 하나님 나라는 그것을 전하는 예수와 함께 '여기에, 지금'(hic et nunc) 이미 와 있다.

그러므로 하나님 나라를 전하는 예수는 단지 하나님 나라가 올 것을 전하는 '선포자'(Verkündiger)일 뿐 아니라, 그 하나님 나라를 세상에 '가지고 오시는 운반자'(Bringer)이며, 이를 가지고 계시는 '담지자(擔持者)'(Träger)이시다. '그와 함께'(with Him) 하나님 나라가 세상에 왔고, 그러므로 하나님 나라는 '그 안에'(in Him) 있다.

이런 점에서 예수의 종말론에는 '미래적 종말론'과 함께 '현재적 종말론'이 내포되어 있다. 이는 무엇보다도 마가가 전하는 '예수의 선포 요약(summarium)', 곧 "때가 찼고 하나님의 나라가 가까이 왔으니 회개하고 복음을 믿으라"(ὁ καιρὸς καὶ ἤγγικεν ἡ βασιλεία τοῦ θεοῦ· μετανοεῖτε καὶ πιστεύετε ἐν τῷ εὐαγγελίῳ)는 말씀(막 1:15)에 잘 나타난다.

이 구절에서 '가까이 왔다'(ἤγγικεν)는 헬라어 동사 '엥기제인'(ἐγγίζειν)의 '현재완료 능동태 직설법' 형태이다. 이는 하나님 나라가 예수와 함께 세상에 들어와 지금 그 안에 현존한다는 것이다. 그러므로 하나님의 아들 예수를 '주'와 '그리스도'로 믿는 자는 현세에서 이미 그와 함께 도래한 하나님 나라에 참여하게 된다.

예를 들면, 귀신으로 인하여 말을 못하게 된 사람에게서 귀신을 쫓아내시는 예수를 보고 그의 능력이 귀신의 왕, 비알세불의 힘으로 말미암은 것이라고 말하는 이들에게 예수께서 하신 말씀처럼, 만일 예수께서 하나님의 손(권능)을 힘입어 귀신을 쫓아낸다면 그 사람에게는 하나님의 나라가 이미 임한 것이다(눅 11:20). 이러한 '하나님 나라의 현재성' 내지는 '현재적 종말론'은 예수께서 70인 전도대를 보내신 후에, 보냄을 받았던 그들이 돌아와 주의 이름으로 귀신을 쫓아내었다고 하는 보고를 받으면서 그들에게 "사탄이 하늘로부터 번개 같이 떨어지는 것을 보았다"(눅 10:18)고 하신 말씀에서도 나타난다.

이와 같이 하나님 나라는 예수와 함께 이미 세상에 와서 '그 안에' 있으며, 그를 믿는 자 안에 현존(現存)한다. 이는 바리새인들이 예수께 하나님 나라 도래의 때에 대하여 질문했을 당시에 예수께서 대답하신 말씀에서 알 수 있다. 곧 예수를 믿음으로써 시작되는 하나님 나라는 볼 수 있게 와서 여기 있거나 저기 있는 것이 아니다. 오히려 하나님 나라는 예수를 믿는 자 안에 시작되며 그 안에 있다(눅 17:21).

이처럼 '하나님 나라의 현재성'이 구약의 '묵시적 하나님 나라' 선포와 예수의 '하나님 나라' 선포 사이의 결정적인 차이점이다. 구약의 선지자들은 세례 요한에 이르기까지 '하나님 나라가 올 것이다'라고 '미래적인 하나님 나라'를 선포하였다(눅 16:16). 그러나 예수는 '하나님 나라가 올 것이라'고만 한 것이 아니라 오히려 자신과 함께 하나님 나라가 도래하였으며, 자신을 믿는 자들에게 하나님 나라가 도래하였다고 말하였다.

다. 하나님 나라의 현재성과 미래성의 관계

위에서 밝힌 것처럼 예수께서 전하신 하나님 나라는 '현재성'과 '미래성'이 공존하는 나라이다. 하나님의 나라는 '이미 오신 예수'와 함께 현세에 벌써 와 있다. 이점에서 예수를 믿는 자는 하나님 나라 안에 있다. 그러나 그 하나님 나라는 '다시 오실 예수'와 함께 믿는 자들이 장차 들어갈 나라이기도 하다.

나사렛 예수의 경우 하나님 나라의 '현재성'과 '미래성'은 어떤 점에서 공존(共存)이 가능한가? 양자(兩者)의 공존은 다음 단락에서 다룰 '선취(先取)적 종말론'에서 가능하다.

예수에게서 '미래적 종말론'과 '현재적 종말론'의 공존의 합리성은 예수를 믿고 따르는 자에게 미래적인 하나님 나라가 아직 도래하지 않았지만, 이미 현세에 시작되었다는 점에서 인정된다. 곧 '미래적 종말론'과 '현재적 종말론'은 서로 배타적 관계가 아니라 예수 믿는 자에게 시작되었다는 변증법적 관계 안에 놓여 있다. 양자의 변증법적 관계를 가능하게 하는 '선취적 종말론'을 다음과 같이 해명할 수 있다.

2. 선취(先取)적 종말론(Proleptische Eschatologie)

앞서 밝힌 것처럼, 예수께서 선포하신 하나님 나라는 '미래'와 '현재'가 변증법적으로 공존하는 나라다. 장차 들어갈 내세(來世)적인 하나님 나라가 어떻게 예수 믿는 자에게 임하는 현세적인 하나님 나라와 공존할 수 있는가? 예수를 믿음으로 말미암아 현세에 미래적인 하나님 나라를 선취했다는 것은 무엇을 의미하는가?

자구(字句)적으로 '선취'(προλῆψις)는 '미리(전에) 받다'는 뜻을 지닌 '프로람바네인'(προλαμβάνειν)에서 유래된 명사 형태의 단어다. 물론 이 경우 '선취'가 미래에 받을 것을 현재에 미리 받는 것이지만, '미래적 종말론'과 '현재적 종말론'이 동일하다는 의미는 아니다.

예수를 믿는 자가 선취하는 현재적 하나님 나라는 미래적 하나님 나라와 동일한 것이 아니라, 미래적 하나님 나라를 향하여 나아가는 '시발

(始發)적 하나님 나라'이다. 예수의 종말론을 '선취적 종말론'이라고 정의한다면, 그것은 최종적인 미래적 하나님 나라를 현재에 취하는 하나님 나라를 의미하는 것이 아니라, 현세에서 '이미'(already) 시작되어 참여하고 있지만 최종적, 내세적 하나님 나라에는 '아직 이르지 않은'(not yet) '시발적 종말론'을 의미한다.

예수의 경우 하나님 나라는 여전히 '기다림'의 대상이다. 이점에서 예수께서 전하는 하나님 나라는 이미 이루어진 '완성재'(完成財)나 '성취재'(成就財)가 아니라, 여전히 기다려지는 '희망재'(希望財)이다. 물론 하나님 나라는 막연한 기다림의 대상이 아니다. 그것은 현세에 믿는 자에게서 시작되어 마지막에 이르기까지 소망 가운데 있는 희망재이다. 그렇다고 하여, 미래적 하나님 나라가 믿는 자에 의해 완성되거나 성취되는 과정적인 어떤 것이 아니다.

'이미, 그러나 아직 아니'(already, but not yet)의 공식구(公式句)로 표현되는 하나님 나라에서 나타나는 것처럼, 그것은 예수 믿는 자가 그와 함께 도래하여 시작된 하나님 나라에 참여하게 되었지만, 아직 종말의 때 나타날 최종적인 하나님 나라에는 들어가지 않았음을 의미한다. 이는 그리스도인은 마지막 때 도래할 하나님 나라를 예수 그리스도를 믿음으로 말미암아 앞당겨 미리 받은 자이지만, 완성재를 받은 것이 아니라 시작된 하나님 나라에 참여한 자라는 것이다. 이런 점에서 예수의 '선취(先取)적 종말론'은 '시발(始發)적 종말론'이다. 곧 마지막 때 최종적인 종말의 미래는 예수를 믿는 믿음으로써 시작된 현재이다.

예수의 '선취적 종말론'이 '시발적 종말론'이라면, 이미 시작된 현세와 아직 이르지 않은 종말 사이의 중간기에 있는 그리스도인에게 이러한 '변증법적, 선취적, 시발적 종말론'은 어떤 관련 의미가 있을까? 이 질문은 다음 단락인 '윤리적 종말론'에서 해명된다.

3. '윤리적 종말론'

'종말론'과 '윤리'는 그 용어의 성격상 서로 배타적이다. 윤리는 현세에 속한 것이고, 종말론은 내세적이기 때문이다. 그러나 예수의 종말론이 현세에서 시작되어 내세에 이르게 되는 선취적 종말론이라면, 예수의 종말론은 '윤리적 종말론'이며, 역(亦)으로 예수의 윤리는 '종말론적 윤리'이다. 시작된 현세와 그 현세에 참여한 자가 이르게 되는 내세 사이에는 '중간기'(中間期)가 있다. 이 중간기에 사는 그리스도인에게는 그에게 시작된 하나님 나라에 부합된 삶이 요구된다.

이러한 중간기의 관점에서 예수의 종말론은 '미래적 종말론'이 배제된, 전적으로 이미 '실현된 종말론'(realized eschatology)이 아니며, 또한 현재의 삶과 무관하게 현실도피적이고 피안(彼岸)적인 '내세적 종말론'도 아니다. 오히려 예수 그리스도에 의해 시작된 하나님의 나라와 최종적인 하나님 나라 사이에, 기다리는 소망 가운데 시작된 하나님 나라에 부합된 삶과 관련된 '선취적 종말론'이다. 이와 같이 선취적 종말론의 관점에서 종말론과 윤리는 '상호 배타적 관계'에 있는 것이 아니라, 불가분(不可分)의 '변증법적 상관 관계' 안에 놓여 있다.[4]

예수는 그를 영접하여 그와 함께 시작된 하나님 나라를 경험한 자에게는 그가 최종적인 하나님 나라에 이르기까지 그에 부합된, 합당한 삶이 요구된다고 한다. 그것은 제자들에 대한 예수의 요구에 잘 드러나 있다. 곧 예수는 자신의 제자도에서 중요한 주제가 되는 '기도'와 '경성함'과 '충성'을 제자들에게 요구한다.

'슬기로운 처녀와 어리석은 처녀의 비유'(마 25:1-13)에서처럼, 예수는 '이미'와 '아직 아니' 사이에 사는 제자들에게 기도하고(막 13:18//마

4) 이에 대하여 장흥길, 『신약성경윤리』(서울: 장로회신학대학교 출판부, ²2009), 56-62 참조.

24:20; 눅 21:36) '깨어 있으라'(γρηγορεῖτε)는 '경성함'을 요구하신다(마 26:38; 막 14:34; 눅 21:36). 그것은 언제 주께서 임할는지 누구도 알지 못하기 때문이다(마 24:42; 25:13; 막 13:33, 34, 35, 37).

'그 날과 그 때'는 하늘의 천사들도, 아들조차도 모르고, 다만 아버지만 아신다(막 13:32//행 1:7). 또 '기도'와 '경성함' 외에, 중간기를 사는 제자들에게 '충성'(πίστις)이 요구된다. 이는 무엇보다도 '달란트 비유'(마 25:14-30)나 '므나 비유'(눅 19:11-27)에서 분명하게 드러난다.

예수의 '종말론적 윤리'에서 그리스도인의 삶의 자세 내지는 내용이 되는 것은 무엇보다도 중간기에 놓여 있는 제자들에게 요구되는 '사랑의 이중 계명', 곧 '하나님 사랑'과 '이웃 사랑'이다(막 12:28-31//마 22:34-40//눅 10:25-28). 예수에 의해 시작된 하나님 나라를 현세에서 경험한 그리스도의 제자들은 '더 나은 의'(마 5:20)를 실천하며 살아야 한다.

그것은 다름이 아니라 하나님을 전심(全心)으로 사랑하고, 하나님 사랑으로 이웃을 자신처럼 사랑하는 것이다. 예수에게서 '이웃'(πλησίον)은 어떤 특정한 부류의 인접한 사람이 아니라 인종적, 사회적, 지리적, 종교적 경계 등 어떤 경계도 없는 나 외의 모든 사람[5]이다(눅 19:29-37).

그러므로 '작은 자'(μικρός; 마 10:42)나 '지극히 작은 자'(ἐλάχιστος; 마 25:40, 45)도 예수의 제자들이 사랑해야 할 이웃이며, 원수라고 하더라고 그까지도 사랑해야 할 이웃에 포함된다.

시작된 하나님 나라와 아직 이르지 않은 하나님 나라 사이의 중간기에 예수에 의해 제자들에게 요구되는 그리스도인의 행함과 삶은 어떤 성격을 지니는가?

시작된 하나님 나라를 경험한 그리스도의 제자들이 최종적인 하나님 나라에 이르기 전에 행하는 행위는 결코 최종적인 하나님 나라에 들어가

5) 이에 대하여는 Heinz Schrmann, *Das Lukas-evangelium* II, HThK.NT III 2/1(Freiburg: Herder, 1994), 125-50 참조.

기 위한 목적을 이루는 수단으로서 성취적 목적 행위가 아니다. 오히려 그것은 하나님의 은혜로 예수와 함께, 예수 안에서 시작된 하나님 나라에 부합된, '회개에 합당한 열매'(καρπός ἄξιον τῆς μετανοίας)를 맺는 행위이며(마 3:8), 그 (최종적인) 하나님 나라는 그 나라의 열매 맺는 백성이 받을 것이다(마 21:43). 최종적인 하나님 나라는 중간기를 사는 제자들의 삶에 대한 보상(報償)이나 공로(功勞)에 대한 대가(代價)로 '얻는 것'이 아니라, 예수 그리스도에 의해 시작된 하나님 나라에 부합된 삶으로써 열매 맺는 제자들이 '받을 것'이다.

이러한 점에서 예수의 '중간기적 윤리' 내지는 '종말론적인 윤리'는 최종적인 하나님 나라를 얻기 위한 '목적 윤리'(finale Ethik)가 아니라, 이미 시작된 하나님 나라에 합당한 열매를 맺는 '결과 윤리'(eine konsekutive Ethik)이며, 또한 "감사할 수 있음의 윤리"(Ethik der Dankbarkeit)[6]이다.

IV. 나가는 말

위에서 살펴본 것처럼, 신약성경의 종말론의 기초와 토대가 되는 '예수의 종말론'은 한편으로는 구약의 '묵시적 종말론'을 계승하여 미래적 종말론의 성격을 지니지만, 다른 한편으로는 예수의 '변증법적 종말론', '선취(先取)적 종말론', '윤리적 종말론'으로서 그것과 구분되며, 또한 독특성을 갖는다. 이러한 차별성 내지는 고유성은 이질(異質)적인 '분리의 차별성'이 아니라, 구속사적 관점에서 예언의 성취가 지닌 특성이다.

그리스도인에게는 종말의 때에 임할 '하나님 나라'가 예수 그리스도를 믿음으로 말미암아 현세에 이미 시작되었다. 그리스도인은 시작된 구원

---

6) Wolfgang Nauck, "Das οὖν-paräneticum", *ZNW* 49(1958), 135.

에 참여하여 그것을 현세에 경험하지만, '아직' 마지막 때에 임할 최종적 구원에는 이르지 않았다. 이러한 중간기는 믿는 자들에게 시작된 구원에 합당한 삶이 요구되는 시기이다. 그러므로 이 시기에 그리스도인에게 요구된 삶의 내용은 믿음과 분리될 수 없는 사랑, 곧 '하나님 사랑'과 '이웃 사랑'이다.

이에 덧붙여서 예수의 종말론이 일차적으로 '개인'이 아니라 '신앙 공동체'와 관련되어 있다는 점을 고려해야 한다. 예수의 종말론은 '교회적 종말론'[7]이다. 그러므로 이를 사사로이 개인에게만 적용하여 해석하는 것은 예수의 가르침에 맞지 않는다.

예수의 종말론적 가르침에서 잊지 말아야 할 사실은 그 무게 중심이 '종말'에 있는 것이 아니라, 시작된 종말에 부합되게 최종적 종말을 향해 다가가며 사는 '현세'에 있다는 점이다. 그러므로 예수의 종말론을 '공동체적 신앙' 대신 단지 '개인적 신앙'으로, 또 '역사와 세상에 대한 책임적 신앙' 대신 '탈 세상적, 피안적 내세 신앙'으로, '선취적 내지는 시발적 구원' 대신 최종적 구원을 얻기 위한 '신인(神人) 협력주의'(synergism)로 대체하는 것은 예수의 본래적 의도를 왜곡하여 이해하는 신학적 오류이다.

예수의 종말론에 대한 올바른 이해는 예수의 증인인 신약 저자들의 종말론을 올바르게 이해하는 것을 가능하게 하는 기준이 된다. 예수의 종말론은 그와 함께 시작되어 최종적인 하나님 나라를 향해 설정되어 있지만, 그 나라는 현세에 시작된 하나님 나라에 부합된, 열매 맺는 하나님의 백성들에게 이르는 나라임을 잊지 말아야 한다. 특히 오늘날의 한국 교회는 이 말씀에 귀를 기울여야 한다.

---

7) 이에 대하여는 Heinz-Dietrich Wendland, *Ethik des Neuen Testaments*, NTD Erg. 4 (Göttingen: Vandenhoeck & Ruprecht, 1970), 3을 참조.

● 참고문헌

장흥길. 『신약성경윤리』. 서울: 장로회신학대학교 출판부, [2]2009.

______. 『하나님 나라 선포의 관점으로 읽는 하나님의 구원 이야기- 구속사의 눈으로 신약성경 읽기』. 서울: 한국성서학연구소, 2015.

______. "예수의 하나님 나라 선포". 『하나님 나라와 선교』. 서울: 대한기독교서회, 2001. 41-63.

______. "마지막(종말)에 대해 어떻게 가르칠 것인가?: 신약성경의 종말론". 『교육교회』(2013. 12): 14-21.

Münchow, Chr. *Ethik und Eschatologie*. Göttingen: V. & R., 1981.

Schrage, W. *Ethik des Neuen Testaments*. Göttingen: V. & R., [2]1989.

Zager, W. *Begriff und Wertung der Apokalytik in der neutestamentlichen Forschung*. Frankfurt: Peter Lang, 1989.

바울의 종말론적 신학과 신자의 사후 상태에 대한 이해

박영호

한일장신대학교 교수/신약학

바울의 종말론적 신학과
신자의 사후 상태에 대한 이해

바울의 종말론적 신학과 신자의 사후 상태에 대한 이해

I. 바울의 종말론적 신학

1. 바울의 복음은 처음부터 종말론적이다

종말론은 문자적으로 세상의 끝에 관한 논의 또는 교리라는 말이다. 그 이름에 어울리게 대부분의 조직신학 책이나, 신약신학 책에서는 맨 마지막 장에서 종말론을 다룬다. 이런 배치는 바울이 전한 복음을 정당하게 다루는 방식이 아니다. 티슬턴의 말을 들어 보자.

> '마지막 일'에 대한 바울의 가르침은 대체로 흔히 알려진 바와는 차이가 있다. 첫째, 바울은 큰 세 가지 주제, 곧 부활의 통합적이고 우주적인 사건, 마지막 심판, 그리스도의 파루시아(parousia, 재림)에 비해 개인의 운명 또는 죽음에서 살아나는 것과 '천국'에 대한 관심이 적었다. 둘째, 이것은 멀리 동떨어진 미래의 사건이 아니라 현재의 태도를 철저히 정립하는 미래의 사건이다. 이 사건은 중간 정차역에서 '당신의 현 위치'를 알려주며 아직 얼마나 많은 역이 남았는지 세어보게 하는 지하철 노선도의 종착역과 같은 것이 아니다. 그것은 연대기적 시간표의 일부가 아니다.[1]

---

1) Anthony C. Thiselton/윤성현 역, 『살아있는 바울』(서울: CLC, 2011), 219.

미래의 사건임은 분명하지만 종말은 시간적인 미래에 갇혀 있는 사건이 아니라 현재의 의미를 근본적으로 새롭게 규정하는 사건이다. 신약성서의 종말 이해는 어떤 철학적 개념이기 이전에 유대 전통의 세계관, 구체적으로는 제2성전기(주전 515년-주후 70년)의 유대인들의 종말 기대에서 나온 생각이다.

바울은 유대인이었다. 그리스도를 전하는 사역자로 평생을 보낸 후에 로마에 도착했을 때에 바울은 자신이 "이스라엘의 소망으로 말미암아" 쇠사슬에 매인 바 되었다고 말한다(행 28:21). 바울서신의 많은 부분, 특히 로마서 9-11장은 바울이 끝까지 철저하게 유대적 소망 속에서 살았다는 것을 보여 준다.

그 유대적 소망은 근본적으로 종말론적이었다. 그 종말론은 초기 그리스도인들이 예수의 부활을 해석하는 모판(matrix)의 역할을 했다. 그러므로 예수 당시 유대의 종말론, 구체적으로 다소 출신 바리새인인 열혈청년 사울이 가졌을 법한 종말론적 기대를 이해하는 것은 바울이 전한 복음을 이해하는데 필수적이다.

2. 마가복음 16장의 놀라움과 다메섹 도상에서 바울의 놀라움

다수의 학자들은 본래의 마가복음 본문이 16장 8절에서 끝나는 것으로 본다. 빈 무덤을 목격하고 예수님이 부활하셨다는 말을 전해들은 여인들은 다음과 같은 반응을 보였다.

> 여자들이 몹시 놀라 떨며 나와 무덤에서 도망하고 무서워하여 아무에게 아무 말도 하지 못하더라(막 16:8).

이들이 왜 충격을 받았을까? 그들은 죽은 자의 부활이 아예 없다고 생각한 이들이 아니었다. 요한복음 11장에서 마르다는 "마지막 날 부활 때에는 다시 살아날 줄을 내가 아나이다(요 11:24)"라고 한다.

이런 유대인의 종말 기대는 구약에서 시작해서 중간기의 묵시문학을 거쳐서 형성된 것이다. 구약성서 다니엘 12장에서는 분명한 부활의 기대가 보인다. 에스겔 37장의 마른 뼈가 살아나는 환상(vision)에서도 초기에는 의기소침한 이스라엘 백성들이 활력을 얻고 늠름한 정예 부대로 거듭나는 것, 또는 바벨론 포로에서 돌아올 백성들의 당당함을 예언한 것으로 이해되었다. 그러나 실지로 예레미야가 예언한 대로 그들이 바벨론 포로에서 돌아왔지만 그 모습은 마른 뼈가 살아나서 당당한 군대를 이루는 모습과는 거리가 멀었다.

더욱이 솔로몬 성전보다 훨씬 더 웅장하고 영광스럽게 회복될 성전의 예언에 대한 에스겔의 예언(겔 40-44장)과 포로 후에 그들이 재건한 성전의 실상(스 3:12)을 비교해 보아도 그들의 포로 귀환은 에스겔이 예언한 이스라엘의 영광스러운 회복과는 거리가 너무도 멀었다.

계속되는 이방인들의 압제로 인한 고난은 이 실망의 깊이를 더했고, 종말의 소망은 더 강화되었다. 안티오쿠스 에피파네스의 극악한 고문과 살육 앞에서 견고한 창조 신앙에 입각한 종말 신앙은 하나님이 이 불의한 세계를 다시 회복시키고 바로 잡으실 것임을 천명한다.

그 핵심에 부활 신앙이 있었다(마카비하서 7장). 쿰란 문헌에서 에스겔 37장은 중요하게 다루어졌고,[2] 맛사다에서 발견된 유적은 로마의 침공으로 죽어가던 공동체의 신앙에서 에스겔 37장의 소망이 중심적인 역할을 했음을 보여준다.

유대 묵시문학에 나타난 신앙에서 부활은 세계 회복의 핵심이다. 이는 고난 받는 의로운 이스라엘, 그 의인들이 지금은 비참하게 죽어가지만 하나님은 반드시 이 역사에 개입하셔서 의인들을 부활시키시고 그들이 옳았음을 확언해 주실 것이라는(vindication) 기대이다. 여기에 악한 이들, 특별히 이방의 집권자들에 대한 심판과 창조 세계의 온전한 회복이

---

2) 4Q385 2.

라는 기대가 긴밀하게 연결되어 있었다.

결국 그들이 기대하는 부활은 이스라엘의 회복이요, 의인의 부활이요, 창조 세계 전체를 회복하시는 새 창조의 사역이었다. 메시아는 이런 이스라엘 회복의 기대를 성취할 분이셨다. 이런 상황에서 메시아로 인정되는 이가 왔고, 그가 죽임을 당했다. 이방 권력에 의해서! 또 그 여인들은 빈 무덤 앞에서 서서 그가 부활하셨다는 소식을 듣고 놀란다. 왜 놀랐을까? 그들이 놀란 것은 죽은 자가 살아났다는 사실 자체가 아니다.

요한복음 11장에 나오는 마르다의 묵시적 부활의 기대를 이 대목에 적용시켜 볼 필요가 있다. 의인의 부활과 이스라엘의 회복을 기다려 온 그들에게 예수 혼자 부활했다는 것은 어떤 의미가 있는가? 혹 지금이 의인이 부활하리라 약속하셨던 그 때인가? 예수가 부활했다면 보편적 의인의 부활은 어떻게 된 것인가?

바로 이 질문이 다메섹 도상에서 부활한 예수를 만난 청년 사울의 사고를 뿌리 채 흔들어 놓았던 의문이었다. 이 질문에 답하기 위해 우리가 먼저 물어야 할 질문이 하나 있다.

3. 왜 청년 사울은 예수 믿는 이들을 죽이려 다녔을까?

청년 사울이 그리스도인들을 죽이러 다닌 동기를 우리는 어떻게 설명할 수 있을까?

바리새인들은 이스라엘의 회복을 앞당기기 위해서 이스라엘 백성은 율법을 따라 흠없이 의롭게 살아야 한다고 생각했다. 철저한 바리새인인 바울은 자신도 이 일에 철저하게 헌신했고, 온 민족이 그렇게 살기를 바라왔다. 그래야 오욕과 고난의 역사가 끝나고 이스라엘의 영광이 시작될 수 있을 테니까!

그런데 그 전열을 흩트리는 무리가 있다. 바로 그리스도인들이다. 이방인들과 어울리고, 성전을 모욕하는 등, 신성모독을 행하는 이들은 청년 사울이 간절히 바라던 바, 이스라엘의 회복을 더디게 할 뿐이었다. 하나님의 나라의 도래, 곧 이스라엘의 회복을 간절히 염원하던 사울은 그 회복을 지연시키는 행동을 용납할 수 없었다.

4. 새 창조는 이미 시작되었다.

그렇게 칼을 들고 다메섹으로 가던 바울에게 부활하신 그리스도가 나타나셨다. 이는 무엇을 말하는가?

바울은 이 문제를 붙잡고 씨름해야 했다. 물론 이 씨름을 통해 얻은 바울의 통찰의 핵심에는 하나님의 계시(갈 1:16)가 있다. 그러나 바울에게 있어서 계시는 잘 정리된 수학 문제의 해답집을 전달해 주는 것과 같은 식이 아니었다. 어려운 문제와 그 문제를 풀기 위한 공식을 함께 주고, 옆에서 그 문제를 풀어가는 방법을 차근 차근히 안내해 주는 교사와 같이 성령께서 빛을 비추어 주신 것이다.

기본적으로 같은 전승을 전달 받았지만, 베드로를 비롯한 다른 사도들과 바울이 풀어낸 그림이 세부적인 사항에서 차이가 있을 수 있는 것이 이런 이유이다. 바울이 풀어낸 그림이 신약성서신학의 중심을 차지하고 있다는 사실을 보면, 하나님께서 바울을 택하시고 사용하신 특별한 섭리가 보인다고 할 수 있겠다.

구약성경과 유대 전통에 정통한 바울은 예수 부활의 의미를 온 이스라엘이 담당해야 할 세계 구원의 사명을 예수가 홀로 감당한 것으로 이해했다. 의로운 자의 부활은 이미 일어났다. 그토록 염원하던 하나님의 종말론적인 역사의 개입이 이미 발생한 것이다.

이는 창세기 1장에 나오는 처음 창조의 중요성에 비길 만한 새 창조이다. 고린도후서에서 바울은 이렇게 선언한다.

누구든지 그리스도 안에 있으면 새로운 피조물이라(고후 5:17a).

이를 KJV 는 If anyone is in Christ, (he is) a new creature로 번역한다. 그러나 NRSV는 뒷 부분을 there is a new creation이라 번역하며, 2011년에 새로 개정된 NIV는 the new creation has come 으로 번역한다. 기본적으로 NRSV와 같은 의미이다.

그리스도 안에 있는 사람이 새로운 피조물이 된다는 것은 물론 사실이다. 그러나 이 구절이 말하려는 것은 그리스도를 통해서 하나님이 창조하신 완전히 새로운 세계를 살아간다는 말이다.

보라! 새 것이 되었도다(고후 5:17b).

이 말은 자신을 보라는 말이 아니라, 눈을 들어 세계를 보라는 말이다. 그리스도인이 된다는 것은 하나님께 속한 사람이 된다는 것이며, 하나님의 새 창조 속에서 살아간다는 것이다. 이 말씀은 의역하면 "누구든지 그리스도 안에 있으면, 그에게는 만물이 새롭다"이다.

세상 전체를 새로운 시각으로 보게 되었기 때문에 이제부터 우리는 아무도 육체를 따라 알지 아니하며(고후 5:16), 옛 방식을 따라 살지 않는다. 새로운 삶의 방식은 화해의 사신으로서 살아가는 것이다(고후 5:18).

에베소서 2장은 구원의 두 가지 측면을 선명하게 보여 준다. 1-10절이 "그 은혜에 의하여 믿음으로 말미암는 구원"을 말한다면, 11-22절은 멀리 있던 "둘로 하나를 만드사" "막힌 담을 허시는" 화해의 사역을 보여 준다.

5. 그리스도의 부활과 우리의 부활

그리스도의 부활은 이스라엘이 기대하던 의인의 부활이다. 세상의 빛이 되어 세상을 구원하고 만민을 축복하는 통로가 되어야 할 이스라엘이 그 사명을 감당하지 못했다. 그리스도께서 홀로 이 사명을 감당했다. 그리고 하나님께서 그리스도를 죽은 자 가운데서 일으키셨다. 본래 이스라엘이 기대하던 의인의 부활, 이스라엘의 종말적 회복이 그리스도의 부활 안에서 일어난 것이다.

민족적 이스라엘이 모두 다 의인에 대한 종말적 부활에 참여하지 못하리라는 사고는 이미 제2 성전기에 확립된 생각이었다. 이스라엘 중에서도 의인들과 악인들이 나뉠 것이다. 바울은 그리스도 외에 의인은 없다(롬 3:10)고 한다. 유일한 의인이신 예수께서 부활하셨다.

그러나 그 부활은 혼자만의 고립된 사건이 아니다. 장차 하나님의 백성 전체를 부활시킬 것이라는 하나님의 계획의 첫 단계로 그리스도께서 먼저 부활하신 것이다. 예전에는 "이스라엘 안에" 있는 자들이 하나님의 백성이었으나 이제는 "그리스도 안에" 있는 자들이 하나님의 백성이다.

예수께서 혼자 먼저 부활하신 사실과 앞으로 하나님의 백성, 곧 그리스도께 속한 모든 이가 부활할 것이라는 사실을 연결하기 위하여 바울은 집요한 신학적 노력을 기울인다. 이를 위해 바울이 동원한 주요 개념들은 아래와 같다.

1) 첫 열매(ἀπαρχή)

> 그러나 이제 그리스도께서 죽은 자 가운데서 다시 살아나사 잠자는 자들의 첫 열매가 되셨도다(고전 15:20).

구약성경에서 "첫 열매"는 전체의 대표로서 전체와 떨어질 수 없는 부분이었다. 첫 열매를 드린다는 것은 전체가 하나님의 것임을 인정하는 것으로 여겨졌다(레 23:10-11). "제사하는 처음 익은 곡식 가루가 거룩한즉 떡덩이도(롬 11:16)" 거룩하다는 말처럼 첫 열매는 그 나머지와 불가분리의 일체로 이해되었다. 첫 열매가 드려졌다는 것은 이미 추수가 시작되었다는 말이다. 뒤이어 전체를 추수하실 것은 의심할 여지가 없다. "그리스도에게 속한 자" 모두가 부활할 것이다.

그러나 각각 자기 차례대로 되리니 먼저는 첫 열매인 그리스도요 다음에는 그가 강림하실 때에 그리스도에게 속한 자요(고전 15:23).

로마서 8장 23절은 "그뿐 아니라 또한 우리, 곧 성령의 처음 익은 열매를 받은 우리까지도 속으로 탄식하여 양자될 것 곧 우리 몸의 속량을 기다리느니라"라고 하여, 그리스도인에게 주어진 성령을 같은 단어 ἀπαρχή로 묘사한다. 그리스도가 첫 열매이며, 성령도 첫 열매라는 말은 그리스도와 그리스도인들의 불가분리성이라는 강조점 아래서 공유되는 은유라 할 수 있다. 이는 다음 개념 보증과 연결된다.

2) 보증(ἀρραβών)으로서 성령

부활하신 그리스도가 "첫 열매"이며, 동시에 그리스도인들이 받은 성령도 "첫 열매"라는 같은 은유를 사용하는 것은 바울의 사고의 심층 구조 속에 이 둘이 하나로 연결되어 있음을 보여 준다. 에스겔 37장에서 하나님의 영이 임할 때 마른 뼈가 살아났다. 부활은 하나님의 영의 작용으로 기대되었다. 이 구도 속에서 바울은 그리스도의 부활을 이해하며, 같은 영의 작용으로 그리스도인의 부활의 확실성을 증거한다.

예수를 죽은 자 가운데서 살리신 이의 영이 너희 안에 거하시면 그리스도 예수를 죽은 자 가운데서 살리신 이가 너희 안에 거하시는 그의 영으로 말미암아 너희 죽을 몸도 살리시리라(롬 8:11).

이미 성령은 그리스도인들 안에 계신다. 그 성령은 그리스도의 부활과 그리스도인의 부활을 연결짓는 강력한 보증이다.

그가 또한 우리에게 인치시고 보증으로 우리 마음에 성령을 주셨느니라(고후 1:22).
곧 이것을 우리에게 이루게 하시고 보증으로 성령을 우리에게 주신 이는 하나님이시니라(고후 5:5).

'Αρραβών은 당시의 파피루스들에게 발견되는 상업적 용어이다. 이 용어는 첫 회 불입금(downpayment)으로 번역된다. 이 단어의 의미는 계약 당사자가 아닌 제3자가 만일의 경우에 책임을 지겠다는 잠정적인 의사 표현을 나타내는 우리말의 보증이 주는 어감과는 차이가 있다. 'Αρραβών은 계약 당사자가 앞으로 지불하게 될 금액을 먼저 지불하는 것이다. 만약 계약이 파기되더라도 돌려받을 수 없는 돈이다.

온전한 구원은 하나님께서 우리와 온전히 함께 하시는 것이다. 하나님 자신을 우리에게 주시는 것이 구원이다. 그 하나님이 우리 가운데 거하기 시작하였으며, 그것은 취소할 수 없는 계약의 이행에 이미 들어가셨다는 말이다.

3) 양자됨, 또는 자녀 삼음

우리 구원의 보증이 되신 성령이 구체적으로 하시는 일은 다음과 같이 묘사된다.

> 무릇 하나님의 영으로 인도함을 받는 사람은 곧 하나님의 아들이라. 너희는 다시 무서워하는 종의 영을 받지 아니하고 양자의 영(πνεῦμα υἱοθεσίας)을 받았으므로 우리가 아빠 아버지라고 부르짖느니라. 성령이 친히 우리의 영과 더불어 우리가 하나님의 자녀인 것을 증언하시나니, 자녀이면 또한 상속자 곧 하나님의 상속자요 그리스도와 함께 한 상속자니 우리가 그와 함께 영광을 받기 위하여 고난도 함께 받아야 할 것이니라(롬 8:14-17).

바울은 그리스도인들이 성령을 받은 강력한 증거는 하나님을 "아빠 아버지"라고 부르게 되는 것이라고 한다. 이는 그리스도인들이 예배 가운데서 경험하는 하나님과의 친밀함을 말한다.

이러한 맥락에서 바울은 그리스도인들은 "종의 영"이 아닌 "πνεῦμα υἱοθεσίας"를 받은 사람들이라고 한다. 여기서 종의 영은 출애굽 이전의 노예 생활과 그 이후의 해방된 상태의 대비를 암시하는 유비로 보인다. Πνεῦμα υἱοθεσίας를 개역 개정은 "양자의 영"으로 번역하지만, NRSV는 "the spirit of adoption(입양의 영)"이라고 옮겼다. 입양이 원어의 의미에 가깝다. 그러나 이 행위의 주체가 하나님인 이상 인간 사회에서의 법적인 입양 체계 안에서 이 말을 해석할 필요가 없다. Υἱοθεσία는 문자적으로 "자녀 삼음"을 뜻한다. 그러나 입양이라는 법적인 절차가 이 단어의 의미에 빛을 던져 주기는 해도 이 의미 전체를 설명하지는 못한다.

법적인 유비를 확장하면, 객관적으로 우리를 하나님의 자녀 삼으시는 사역, 우리를 하나님의 호적으로 옮겨 놓을 수 있는 근거를 그리스도께서 마련하셨다. 곧 그리스도의 사역으로 우리는 하나님의 자녀가 되었다.

그러나 모든 자녀가 다 아버지와 친밀함을 경험하고 사는 것은 아니다. 성령이 그리스도인들로 하여금 하나님을 "아빠 아버지"라고 부를 수 있게 한다는 것은 이미 부자 관계가 되었지만, 그 관계가 실감나게 하신다는 것, 스스럼없이 아버지의 품에 안길 수 있는 자녀가 되게 하신다는 말이다. 그래서 법적으로 우리를 하나님 자녀 만드시는 입양보다는 "자녀 삼음"이라고 번역하는 것이 좋다.

내용적으로는 이미 자녀가 된 우리가 아버지와의 친밀함을 누리며 살 수 있게 하는 사역을 말한다. 예전에는 두려움의 대상이던 하나님을 이제 친밀한 관계 안에서 만난다. 초기 교회는 이런 성령 경험을 통해 그들이 종말의 현실을 사는 공동체임을 확신했다.

4) 세례(롬 6:1-11)

바울에게 있어서 세례는 그리스도의 부활과 그리스도인의 부활을 연결하는 든든한 끈이었다.

> 무릇 그리스도 예수와 합하여 세례를 받은 우리는 그의 죽으심과 합하여 세례를 받은 줄을 알지 못하느냐? 그러므로 우리가 그의 죽으심과 합하

> 여 세례를 받음으로 그와 함께 장사되었나니 이는 아버지의 영광으로 말미암아 그리스도를 죽은 자 가운데서 살리심과 같이 우리로 또한 새 생명 가운데서 행하게 하려 함이라. 만일 우리가 그의 죽으심과 같은 모양으로 연합한 자가 되었으면 또한 그의 부활과 같은 모양으로 연합한 자도 되리라(롬 6:3-5).

세례 받을 때 물 속에 잠기는 상징적인 행위를 통해서, 그리스도인들은 그리스도와 함께 죽고 장사되었다.

여기서 그리스도와의 연합이라는 주제가 두드러진다. 그리스도께서 우리를 위하여(for us) 죽으셨지만, 하나님께서는 우리가 그리스도와 함께(with Christ) 죽은 것으로 간주해 주신다. 그 논리적 결과는 우리가 그리스도의 부활에 참여하게 될 것이라는 데에 이른다. 이 대목에서 "또한 그의 부활과 같은 모양으로 연합한 자도 되리라(ἐσόμεθα)"고 미래 동사를 쓴 것은 의도적이다.

세례를 통해서 그리스도인들은 그리스도처럼 부활하게 될 것이라는 것을 안다. 그러나 그것은 미래의 일이다. 이 시간의 차이가 종말론적 긴장을 창조한다.

6. 이미와 아직 아니

바울이 다메섹 사건 이전에 가졌던 바리새인으로서의 묵시적 종말 이해, 당시 바리새인들이 가졌던 전형적인 종말 기대를 아래와 같이 도식화할 수 있다.

다메섹 이전의 묵시적 종말 이해

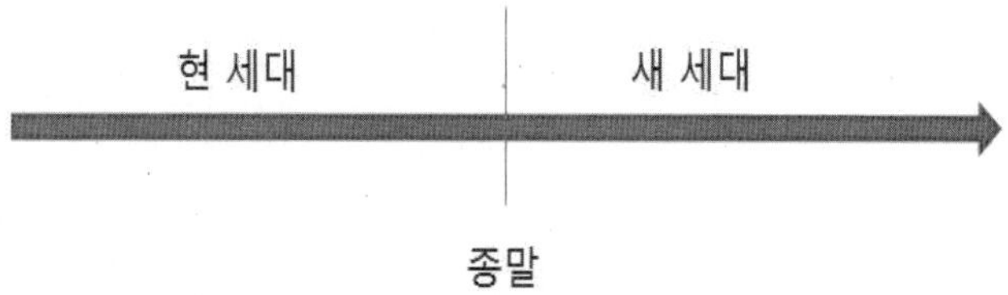

이 종말은 이스라엘의 회복, 하나님의 통치의 실현, 곧 하나님의 나라의 임함이었다. 고난 가운데 죽어간 모든 의인이 이 때 부활해서 영광스러운 하나님의 나라에 참여할 것이다. 그 세대가 곧 다가올 세대(the age to come)이다. 그러나 다메섹에서 그리스도를 만난 이후에 바울의 이해는 아래와 같이 변했다.

그리스도를 만난 후의 종말 이해

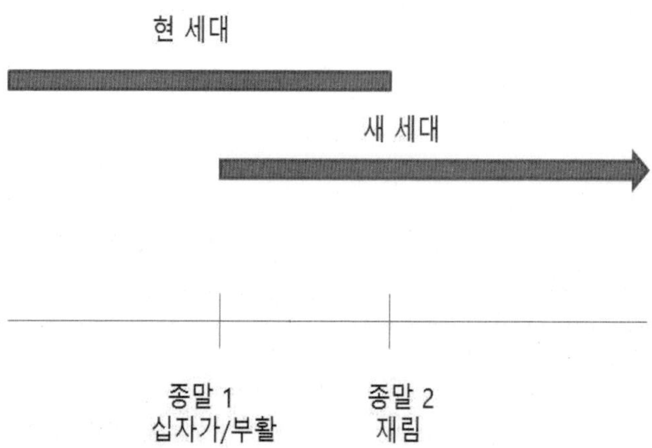

그리스도의 부활로 이미 종말이 시작되었지만 아직 완성되지 않았다. 세 세대는 왔지만, 옛 세대는 아직 사라지지 않았다. 이 중간 세대는 구약에서 이스라엘이 세상의 빛이 되는 소명을 교회가 걸머지고, 이방에 그리스도의 복음을 선포해야 하는 시기이다. "너희는 이 세대를 본받지 말고 오직 마음을 새롭게 함으로 변화를 받아 … "는 그리스도인의 실존이 두 세대 사이에 있음을 전제한다.

그리스도를 믿고 세례를 받음으로 우리는 새 세대에 속하게 되었지만, 아직 우리의 지상적 실존은 이 세대(this age)를 살아가고 있다는 사실도 부인할 수 없다. 이는 멸망할 옛 세대를 따라 사는 삶이 아닌, 이미 시작된 새 세대에 속한 삶을 살라는 권면이다.

결국 그리스도인다운 삶은 단순히 다르게 살겠다는 결심만으로 되는 것이 아니라, 그리스도의 부활로 이미 새 세대가 시작되었음을 아는 세계관의 변화 안에서 가능한 것이다. 그 세계관의 변화의 핵심에 종말론이 자리하고 있음은 물론이다.

7. 결론에 대신하여 – 종말과 묵시

신학교에서 가르치면서 느끼는 어려운 점은 학생들이 모르는 것을 가르치는 것이 아니라, 잘못 알고 있는 것을 교정하는 것이다. 대표적인 것이 "종말"에 대한 것이다. 대개 우리는 종말을 멸망과 파괴로 생각하고, 구원이란 그것을 피해서 살아남는 것이라 생각한다. 종말은 우리가 타락했으니까, 하나님이 진노를 쏟아 부으시는 것이다. 예를 들면 밥상 앞에서 손자들이 까불고, 아들 부부는 언성을 높이며 싸우고 그럴 때, 참다못해 밥상을 둘러 엎으시는 화난 할아버지의 얼굴, 그게 종말의 이미지이다. 그렇다면 할아버지의 분노를 촉발하지 않게 조용 조용히 밥을 먹는 게 신앙 생활이 된다!

성경의 역사관은 종말을 완성으로 본다. 죄로 인해 깨어지고 타락한 세상이지만, 하나님께서 이 세상을 포기하지 않으시고, 자신의 계획을 이루어 가실 것이며, 언젠가는 그 역사가 절정에 도달하여, 하나님의 계획이 승리할 것이라는 것이 성경적 종말론의 요체이다. "하나님의 승리"라는 역사적 관점이 있어야, 그리스도의 십자가와 부활이 종말적 사건이라는 것을 이해할 수 있다.

그러면 "묵시"는 무엇인가? 이 종말이 지금의 세상과는 아주 다른, 현세와는 단절된 모습으로 올 것이라는 생각이 묵시적 사고이다. 묵시문헌은 종말에 대한 진리를 담기 위한 문학적 도구 중의 하나라고 보면 된다. 종말이 상위 개념이고, 묵시는 하위 개념이다. 묵시에서 파괴로서의 종말, 이 세상과의 단절로서의 종말이 강조되는데, 파괴로서의 종말은 상위 개념인 완성으로서의 종말 아래에 위치해 있어야 한다. 단절을 완성보다 더 강조하는 사고는 이 땅에서의 삶을 무의미하게 만드는, 현실 도피적 신학이 될 수 밖에 없다.

종말은 심판이 아니라, 완성을 향한 하나님의 사랑의 역사의 귀결점이다. 심판은 이에 이르는 과정일 뿐이다. 그 역사는 이미 이 세상 속에서 시작되어 싹이 나서 자라고 있다. 하나님 나라의 백성으로 이 땅에서 사는 것은 그 사랑의 역사의 일부로 살아간다는 의미이다. 이 땅에서의 삶은 이제 곧 무너질 집을 새단장하는 것과 같은 어리석은 일이 아니라. 하나님의 사랑의 역사에 동참하는, 의미 있는 일이라는 것이 성경의 일관된 증언이다. 그래서 바울은 그리스도의 부활을 종말의 관점에서 설명하는 고린도전서 15장을 이렇게 끝맺는다.

> 우리 주 예수 그리스도로 말미암아 우리에게 승리를 주시는 하나님께 감사하노니, 그러므로 내 사랑하는 형제들아 견실하며 흔들리지 말고 항상 주의 일에 더욱 힘쓰는 자들이 되라 이는 너희 수고가 주 안에서 헛되지 않은 줄 앎이라.

II. 신자의 사후 상태에 대한 바울의 이해

1. 들어가는 말

역사 전체의 변혁을 기대하는 우주적 종말론이 바울신학의 핵심임은 분명하다. 그렇다면 개인은 어떻게 되는가? 개인의 사후 세계에 대해서 바울은 관심이 없는가? 우주적 종말에 비해 바울의 개인적 종말에 대한 관심이 부수적이라고 해도 현재의 목회적 상황은 개인의 사후 상태에 대해서 보다 분명한 설명을 요구하고 있지는 않은가?

이러한 점을 감안하면 우리가 바울이 남긴 텍스트를 향해 개인의 종말과 관련한 밀도 있는 질문을 던지는 것은 정당하고 또 필요하다고 하겠다. 개인의 종말과 관련해서 관심의 대상이 되어온 바울의 언급을 집필 시간 순으로 배열하면 아래와 같다.

- 데살로니가전서 4장– 우리 살아 남아 있는 자도 자는 자보다 결코 앞서지 못하리라
- 고린도전서 15장– 우리가 다 잠 잘 것이 아니요 마지막 나팔에 순식간에 홀연히 다 변화되리니
- 고린도후서 5장– 벗고자 함이 아니요 오히려 덧입고자 함이니
- 빌립보서 1장– 떠나서 그리스도와 함께 있는 것이 훨씬 더 좋은 일이라

데살로니가전서 4장에서는 "우리 살아 남아 있는 자도"(15, 17절)라고 말히여 비울은 지신이 살아서 재림을 맞을 것임을 당연한 사실로 전제한다. 그러나 빌립보서 1장 23절에서는 "내가 그 둘 사이에 끼었으니 차라리 세상을 떠나서 그리스도와 함께 있는 것이 훨씬 더 좋은 일이라 그렇게 하고 싶으나"라고 하며 재림 이전에 자신의 죽음이 먼저 다가올 가능성 쪽으로 옮겨간 모습을 보인다.

이 둘 사이에 어떤 변화가 있었는가? 단순히 나이가 들고, 재림의 지연이라는 사실을 받아들이게 된 것인가? 아니면 그 사이에 종말론과 관련한 근본적인 사고의 변화가 있었는가?

1. 바울 종말론의 내적 발전

찰스(R. H. Charles)는 바울의 종말론에서 분명한 변화를 목격할 수 있다고 보는 대표적인 학자이다. 그는 1913년의 저작에서 바울의 종말 이해의 변화를 네 단계로 구분한다.[3)]

(1) **1단계 데살로니가전-후서:** 파루시아 때 살아있는 성도가 "자는" 성도들과 함께 그리스도의 부활과 영광에 참여할 것이라는 것이 강조되어 있지만, 자는 자들이 구체적으로 어떤 상태에 있는지에 대하여는 명확하게 나타나지 않는다.

(2) **2단계 고린도전서:** 바울은 여전히 아주 가까운 미래에 파루시아가 있을 줄로 기대한다("때가 단축하여진 고로", 고전 7:29; 16:22). 종말론의 큰 틀에서는 변화가 없다. 데살로니가후서에서 파루시아 이전의 적그리스도의 등장이라는 시나리오가 사라진 것이 가장 큰 변화이다. 부활로 임한 내세와 현세의 날카로운 대립은 바울이 "약함"의 신학을 펼치는 중요한 근거를 이룬다.

(3) **3단계 고린도후서와 로마서:** 고린도전서와 고린도후서의 사이에서 바울은 본인이 유대교의 전통적 종말론으로부터 이탈한다는 명확한 의식은 없었지만, 이 생애가 끝나고 나면 바로 부활로 들어가게 되리라는 생각을 하게 되었다고 한다. 고린도후서 5장 1-8절이 그 근거이다. 먼저 복음이 온 세계에 편만하게 증거되는 일 이후에 이런 부활이 올 것이

---

3) R. H. Charles, *A Critical History of the Doctrine of a Future Life: In Israel, in Judaism, and in Christianity* (London: A. & C. Black, 1913), 379-417.

라는(롬 9-11장) 역사적 인식이 이 단계 사고의 중요한 발전이다.

(4) 4단계 빌립보서, 골로새서, 에베소서: 두 번째 단계에서는 하나님 나라의 완성이 성부의 주도권에 맡겨져 있으나(고전 15:24), 이 단계에서는 성자가 완성의 주체로 등장한다(엡 1:10). 창조에 있어서의 성자의 주도적 역할의 강조와(골 1:15-17) 종말에 있어서의 성자의 주도성이 함께 강조되는, 신학적 균형을 이루고 있는 것이 특징이다.

이 구도에서 1, 2단계와 3, 4단계가 각각 유사하며, 2단계와 3단계 사이에 현격한 차이를 보인다. 특히 본 글의 주제인 신자 개인이 죽음 이후에 맞게 될 상황에 대해서 큰 차이가 있는 것으로 보인다. 결국 고린도전서와 고린도후서 사이, 곧 같은 교회에 보낸 시간적으로 큰 차이가 나지 않는 두 서신의 종말론이 현격한 차이를 보인다는 결론에 이른다.

다드(C. H. Dodd)는 사도 바울이 고린도후서에서 밝히는 바, 에베소에서의 고난의 경험, "살 소망까지 끊어지고" "마음에 사형 선고를 받은 줄 알았다"고 한, 죽음에 가까이 간 개인적인 경험이 바울의 종말 이해의 틀을 바꾸어 놓았다고 주장했다.

만약에 바울에게 중요한 사고의 전환이 있었다면 독자의 입장에서 먼저 편지와의(고전 15장) 차이로 혼란을 느끼지 않았을까? 그렇다면 바울의 입장에서 입장 전환에 대한 최소한의 설명을 하려 하지 않았을까? 그런 언급이 보이지 않을 뿐 아니라, 고린도후서 5장 1절의 도입부 "우리가 알거니와(οἴδαμεν) 문구는 이미 바울과 고린도 교인들이 익히 알고 있는 어떤 지식을 다른 상황에서 적용한 것이라는 인상을 준다.

3. 연속성의 근거들

이러한 견해에 맞서서 바울의 종말 이해의 연속성을 강조하려는 학자들이 많다. 이와 관련하여 고린도후서 5장 1-10절을 유심히 살펴보자.

만일 땅에 있는 우리의 장막 집이 무너지면 하나님께서 지으신 집 곧 손으로 지은 것이 아니요 하늘에 있는 영원한 집이 우리에게 있는 줄 아느니라. 참으로 우리가 여기 있어 탄식하며 하늘로부터 오는 우리 처소로 덧입기를 간절히 사모하노라. 이렇게 입음은 우리가 벗은 자들로 발견되지 않으려 함이라. 참으로 이 장막에 있는 우리가 짐진 것 같이 탄식하는 것은 벗고자 함이 아니요 오히려 덧입고자 함이니 죽을 것이 생명에 삼킨 바 되게 하려 함이라. 곧 이것을 우리에게 이루게 하시고 보증으로 성령을 우리에게 주신 이는 하나님이시니라. 그러므로 우리가 항상 담대하여 몸으로 있을 때에는 주와 따로 있는 줄을 아노니, 이는 우리가 믿음으로 행하고 보는 것으로 행하지 아니함이로라. 우리가 담대하여 원하는 바는 차라리 몸을 떠나 주와 함께 있는 그것이라. 그런즉 우리는 몸으로 있든지 떠나든지 주를 기쁘시게 하는 자가 되기를 힘쓰노라. 이는 우리가 다 반드시 그리스도의 심판대 앞에 나타나게 되어 각각 선악간에 그 몸으로 행한 것을 따라 받으려 함이라.

1절의 "장막(σκῆνος)"이 무엇을 의미하는가에 대해 다양한 해석이 있으나 인간의 육신을 뜻한다고 보는 것이 옳다. 지혜서 9장 15절과 1, 4절과 긴밀한 병행을 주목해 볼 필요가 있다.

썩어 없어질 몸이 혼을 무겁게 하고 흙으로 된 이 장막이 시름겨운 정신을 짓누릅니다(φθαρτὸν γὰρ σῶμα βαρύνει ψυχήν καὶ βρίθει τὸ γεῶδες σκῆνος νοῦν πολυφρόντιδα).

솔로몬의 지혜서라고 불리는 이 책과 스토아 철학 또는 중기 플라톤주의 사상과의 유사성은 널리 받아들여져 있다.[4)]

이 구절에 나타나는 몸(σῶμα)와 혼(ψυχή)의 날카로운 대립과 육체적 실존이 극복되어야 할 짐으로 여겨지는 점은 헬라 철학의 이원론적 인간

4) D. Winston, "Solomon, Wisdom of", *ABD* 6:120-27.

관과 닿아 있는 것으로 보인다.

"하늘에 있는 영원한 집(1절)"에 대해서도 하늘에 있는 거처, 하늘의 성전, 그리스도의 부활한 몸 등 다양한 견해가 있으나,[5] 구원이 완성된 상태에서의 몸으로 보는 것이 타당하다.

그렇다고 한다면 이 본문에서 개인의 죽음과 부활 사이의 소위 "중간 상태"에 대한 정보를 얻어내려는 노력들이 있었던 것은 당연하다. 역시 다양한 해석이 있으나, 크게 세 가지로 분류할 수 있다.

(1) 의식이 없는 상태에서 보편적 부활을 기다린다고 보는 견해가 있다. 이는 죽은 자들을 "자는 자들로" 표현하는 데살로니가전서 4장과 고린도전서 15장의 구도 속에서 고린도후서 5장을 해석하는 것이다. 4절의 "죽을 것이 생명에 삼킨 바" 될 것이라는 시점을 고린도후서 15장 54절의 "이 썩을 것이 썩지 아니함을 입고 이 죽을 것이 죽지 아니함을 입을 때에는 사망을 삼키고" 이길 것이라는 시점과 동일시하는 것이다.

(2) 주님과 함께 있긴 하지만, 여전히 "벗은" 채로 있다. 이 입장은 1절의 "우리에게 있다(ἔχομεν)"는 현재형 동사를 미래적으로 해석한 것이다. 문법적으로 가능하다. 프랭크 마테라는 아래와 같이 주장한다.

> 비록 그것이 몸이 없는 존재(a bodiless existence)의 벌거벗음을 경험하게 만들더라도, 주님과 함께 있는 것이 몸으로 있는 것보다는 더 좋다. 그 신자를 비록 아직 하늘의 몸을 덧입지는 않았더라도 주님과 함께 있을 것이기 때문이다.[6]

---

5) Thrall은 최소한 아홉 가지의 해석이 제출되어 있다고 한다. Margaret E. Thrall, *A Critical and Exegetical Commentary on the Second Epistle to the Corinthians* (Edinburgh: T. & T. Clark, 1994), 363-68.

6) Joseph Plevnik/김병모 옮김, 『최근 바울과 종말론 연구 동향』(서울: CLC, 2011), 97.

(3) 죽는 즉시 신령한 몸을 받는다. 브루스는 이렇게 말한다.

> 바울이 여기서 기대하는 새로운 몸과 고린도전서 15장의 가르침에 따라 마지막 나팔이 울릴 때 덧입게 될 신령한 몸이 서로 다르다고 할 수는 없을 것이다 … . 여기서 언급된 새로운 몸이 고린도전서 15장의 신령한 몸이라면, 바울은 그 몸을 받으려고 파루시아까지 기다릴 필요가 없다는 것이다.[7)]

> 브루스는 바울이 기독교인이 되기 전의 내세관에서는 죽음과 부활 사이의 상태에 대해서는 거의 아는 바가 없었을 것이라 추측한다. 그는 "죽은 자는 죽은 것이고 그 상태로 계속 있다가 부활의 날에 하나님의 권능으로 말미암아 다시 살아날 것이다"는 단순한 견해를 갖고 있었는데, 그리스도의 부활로 말미암아 그의 사고 방식에 근본적인 변화가 일어났다고 본다.

이 문제를 다루면서 우리는 바울이 자신의 사고를 표현하는 언어의 성격과 한계에 대해 고찰할 필요가 있다. 먼저 "벌거벗음"이라는 용어에는 사후의 상태에 대한 헬라적 사고의 영향이 있다는 것을 부인하기 힘들다.[8)] 그러나 플라톤이나 필로, 영지주의의 사고에서 "벗는" 것은 육체의 속박을 벗어버리는 긍정적인 의미로 쓰이는 것에 주의해야 한다.[9)]

불트만은 바울이 "벗고자 함이 아니요"라고 한 본문을 영지주의와의 대결의 맥락에서 이해한다.[10)] 지상의 몸을 벗고 하늘로 올라가 신성에 연

---

7) F. F. Bruce/박문재 옮김, 『바울』(서울: 크리스챤 다이제스트, 1992), 338.

8) Plato, *Cratyl*. 403B; *Gorgias* 523E-524D.

9) 참조. Margaret E. Thrall, *A Critical and Exegetical Commentary on the Second Epistle to the Corinthians I* (Edinburgh: T. & T. Clark, 1994), 374.

10) R. Bultmann, *The Second Letter to the Corinthians*, tr. by R. A. Harrisville (Minneapolis: Augsburg Publishing House, 1985), 129-39.

합한다는 식의 영지주의의 구원론을 교정하기 위한 의도에서 이를 사용했다는 것이다. "벗는다", "하늘의 옷을 입는다"는 표현은 영지주의의 용어이며, 바울은 영지주의를 반박하기 위해 그들의 용어를 차용했다는 것이다. 바울이 개인의 사후 세계에 관한 특정 견해를 반박하기 위해 그들의 표현을 가져다 썼다는 견해는 적절하다.

그러나 바울이 대결하는 이들을 영지주의로 범주화하는 것은 근거가 부족하다. 불트만은 본문의 전후 맥락과의 관계를 설명하지 못한다. 그는 왜 이 대목에서 불쑥 영지주의와의 대결이 등장하는지 제시하지 못하면서, 단순히 5장 1-5절이 주제에서의 이탈(digression)이라고 주장한다.

퍼니쉬의 주석은 4장 16절의 "그러므로 우리가 낙심하지 아니하노니 우리의 겉사람은 낡아지나 우리의 속사람은 날로 새로워지도다"라는 대목과의 연장선상에서 본문을 파악한다. 또 이 단락은 2장 14절에서 5장 19절에 이르는 지상적인 관점에서 연약한 바울의 실존과 사도직을 변호하는 맥락과 긴밀히 연결되어 있다는 것이다.[11]

뢰첼 역시 고린도후서 전체를 통해서 바울은 승리주의적(triumphalist) 경향을 가진 자들과 투쟁하고 있다는 시각에서 이 본문을 해석한다. 곧 바울은 자신이 겪는 고난을 그가 온전한 사도가 아니라는, 또는 제대로 된 기독교인이 아니라는 증거라 몰아 붙이는 악선전에 맞서 자신의 사도권을 변호하는 맥락에서 여전히 두려워하고 탄식해야 하는 그리스도인의 약한 실존을 강조한다. 자신들은 신과 인간의 차이를 극복했지만, 바울의 연약함은 아직 그 단계에 이르지 못했다고 주장하는 이들과 대결하며 이들에 맞서서 바울은 여전히 남아 있는 하나님과 인간과의 거리를 강조해야 했다. 자신들은 이미 인간적인 수준을 넘어서서 그리스도의 영광에 합일했다고 주장하는 이들에 대항하여, 바울은 죽음의 실재성과 두려움

---

11) Victor P. Furnish, *II Corinthians* (New Haven: Yale University Press, 2010), 299-301.

을 강조하는 것이다.[12)]

이러한 해석의 결과로 우리는 바울은 지금 죽은 자들이 "벗은 상태에 있다"는 교리를 전하는 것이 아니라는 결론에 도달한다. 불트만도 여기의 "벗은" 상태라는 것이 실제로 벗어서 몸이 없는 상태가 될 것이라는 말이 아니라, 바울이 자신의 논리 전개를 위해서 우리에게 하늘의 집/옷이 없다면 벗은 상태가 될 수밖에 없을 것이라는 가설적 가능성을 설정한 것이라고 본다.[13)]

현재의 탄식은 소망이 없는 절망적 탄식이 아니라, "덧입기를" 바라는 강한 사모의 탄식이다. "입는다"는 표현은 세례를 받은 이들이 그리스도로 옷 입었다는 표현에서 나온 것으로 보인다(갈 3:27). 이미 시작된 구원, 이미 실현된 그리스도와의 연합이 온전히 완성되지 않았기 때문이라는, 바울의 "이미–아직 아니"라는 종말론적인 구도가 여기에도 전제되어 있다. 퍼니쉬는 "벗은 상태"는 그리스도를 입는다는 세례 공식문과 반대되는 상황을 논리적으로 구성한 이미지라고 본다. 그렇다면 벗은 상태는 몸이 없는 상태라기보다는 그리스도로부터 멀어진 상태, 그리스도 없는 상태라고 보아야 한다는 설명이다.[14)] "이 장막에 있는 우리가 탄식(4절)" 하고 있지만, 동시에 "우리에게 … 보증으로 성령을(5절)" 주셨기 때문에 우리는 담대할 수 있다(6절).

결국 고린도후서 5장 1-10절에서 바울이 강조하는 것은 아직 미완성된 구원으로 인한 현재의 탄식이지("이 장막에 있는 우리가 짐진 것 같이 탄식하는 것은"), 죽음 후의 비참하고 불안한 상태가 아니다. 바울이 여기서 개진하는 것은 "죽음학(thanatology)"이 아니라 그리스도인의 종말론적

---

12) Calvin J. Roetzel, "As Dying, and Behold We Live Death and Resurrection in Paul's Theology", *Interpretation* 46, 1(1992): 16.

13) Bultmann, *The Second Letter to the Corinthians*, 138.

14) Victor P. Furnish, *II Corinthians* (New Haven: Yale University Press, 2010), 299.

실존의 현재적 의미와 그에 따른 사도직의 성격이다.[15)]

이러한 관칠을 도대로 데살로니가전서 4장과 고린도후서 15장에서 바울이 사용하는 "자는 자들"이라는 표현을 다시 주목해 볼 필요가 있다. 바울이 이 표현을 쓰기는 하지만, 이는 유대 전통에서 이어 받은 표현이다. 헬레니즘 세계에서도 죽은 자를 자는 것으로 표현한 용례가 많이 발견된다.[16)] 따라서 "잔다(κοιμάομαι)"는 표현의 문자적 내포에 지나치게 집착해서는 안 된다. 구약성서나 유대 문헌에서도 "잔다"라는 말이 반드시 사후 세계의 상태에 대한 신학적 확신을 표현하는 것은 아니었다. 이 표현은 "죽었다"는 말의 완곡어법(euphemism)인 경우가 많다. 우리말에서도 "돌아가셨다"라고 하는 경우 그것이 반드시 사후에 영혼의 존재가 본래의 자리로 회귀한다는 인식을 전제하지 않는 것과 마찬가지이다.

데살로니가전서 4장 13절에서 바울은 소위 중간 상태에 관한 논의를 "자는 자들에 관하여는(περὶ τῶν κεκοιμημένων)" 표현으로 시작한다. 이는 바울이 새로운 주제를 다루는 경우에 자주 쓰는 표현으로, "문단의 소제목" 역할을 한다. 여기서는 데살로니가 교인들이 바울에게 질문을 해 왔던 주제, 또는 데살로니가 교인들 사이에서 논란이 된다고 전해진 어떤 주제를 도입하는 정형구이다. 이미 데살로니가 교인들 사이에서 "자는 자들은 어떻게 되는 거지?"하는 식의 토론이 진행되고 있었고, 바울이 그에 대해 대답하는 것이다.

이와 같이 "잔다"는 표현은 바울과 그 편지의 수신자들이 공유하던 숙어적 표현이며, 크게는 유대 전통, 심지어는 그레코-로만 세계에서도 통용되던 표현이었다. 바울은 이 표현이 부활 신앙에 입각한 자신의 종말론적 구도에 크게 벗어나지 않는다고 생각했기에 이를 사용했을 확률이 높다.

---

15) Furnish, *II Corinthians*, 288-305. 물론 이 말이 사후의 중간 상태에 대한 바울의 사고의 정보를 전혀 끌어낼 수 없다는 것은 아니다.

16) R. Bultmann, "θάνατος", *TDNT* III, 14n6.

이런 맥락에서 이 용어가 데살로니가전서와 고린도전서에서만 쓰이고 그 이후에는 한 번도 등장하지 않는다는 점은 무엇을 말하는가 생각해 볼 필요가 있다. 왜 바울은 고린도후서 5장에서나 빌립보서 1장에서 "잔다"라는 용어를 쓰지 않았을까? 이 말이 자신의 사후 세계에 대한 견해를 잘 반영하는 핵심적인 표현은 아니지만, 청중들의 세계에서 숙어로 정착된 말이기에 사용해 왔는데, 상황이 바뀌면서 자연스레 그 표현에서 떠났다고 보는 것이 옳을 것이다.

그러므로 신자 개인의 중간 상태에 대한 견해를 "잔다"라는 용어가 허락하는 범위 안에서 구성하려는 시도는 오류이다. 예를 들면, 중간 상태가 미완성이라는 점을 강조하는 학자들은 자는 자들을 요한계시록 6장 9-10절의 "죽음을 당한 영혼들"이 제단 앞에서 신원을 요청하는 대목과 연결시키는데, 이는 "자는 자들"의 무의식 상태와는 엄연히 차이가 난다.

사실 "자는 자들"의 상태에 대해서는 바울의 초기 서신과 후기 서신뿐만 아니라, 데살로니가전서 4장 안에도 긴장이 있다. 바울은 자는 자들을 그리스도께서 "데리고 오시리라"(4:14)고 말한다. 적어도 이 대목은 빌립보서 1장 23절이 말하는 "떠나서 주와 함께 있는" 상태에 가깝다. 찰스는 1단계의 사고 안에 4단계의 이해가 들어 있다고 구분한다. 그들은 이미 부활의 몸을 입고 주님과 함께 있는가, 아니면 자면서(의식이 없는 상태에서) 그 날을 기다리는가?

티셀톤은 모순처럼 보이는 이 문제를 "관찰자 시점"과 "참여자의 시점"이라는 관점의 차이로 설명한다. 그는 라일의 파라독스의 해석학을 인용하는데, 라일은 아킬레스와 거북이의 경주에 대한 제논의 논리 게임을 예로 들면서 진리에 대한 두 가지 판이한 접근이 있음을 제시한다. 하나는 보모의 시각으로 실제적인 일의 진행에 관심이 있다. 다른 하나는 논리학자의 시각으로 추상적인 논리의 전개에 초점이 있다. 라일은 이 둘을 같은 평면에 놓고 볼 때에 역설과 갈등이 생긴다고 한다.[17] 티셀톤은

---

17) Gilbert Ryle, "Achilles and the Tortoise", *Dilemmas* (Cambridge, England:

이 원리를 아래와 같이 적용한다.

> 철학적 신학에서는 같은 원리가 시간에 대한 불필요한 논쟁을 야기한다. 어떤 이들은 신자들이 죽고 난 후 곧바로 "그리스도와 함께(빌 1:23)" 있는 상태로 들어간다는 주장과 죽은 신자들이 "잠을 자는" 상태로 마지막 날을 기다린다는 주장(고전 15:51)을 갈등과 역설 관계에 있는 것으로 본다. 그러나 그것은 두 주장 다 문맥의 지배를 받기 때문에 나타나는 것이라고 보아야 한다. 빌립보서의 주장은 참여자의 시점에서 본 것이다. 그 과정 중에 있는 참여자는 즉각적인 변화를 경험한다. 고린도전서 15장은 사후 상태를 돌보는 보모의 실제적인 입장이 아니라, 우주적 차원의 논리학자의 진술이다. 우주적 관점 하에서는 신자는 부활이 공적이고 공동적인 사건이 될 때에 일어날, 만물의 마지막 완성을 "기다린다".

고린도후서 5장의 해석에서 "벌거벗은" 상태로 기다려야 하는 중간 상태는 없다는 시나리오를 수용한다면, 이 "벌거벗은"이라는 표현도 종말론을 설명하기 위한 하나의 가설적 도구(a hypothetical tool)에 불과하게 된다. 여기서 바울의 초점은 하늘에 있는 집/옷에 대한 강렬한 소망을 피력하면서도, 지상에서의 몸에 대해 지나치게 부정적인 견해로부터 거리를 유지하는 것이다.

"벗고자 함이 아니요, 덧입고자 함이라"는 말은 죽음을 중심으로 이 쪽과 저 쪽의 연속성에 대한 바울의 강력한 애착을 보여 준다고 하겠다. 바울이 그 집이 "하늘로부터 오는(2절)" 것이라는 데에 초점을 맞추지, 공간적인 의미에서 하늘로 간다는 표현을 쓰지 않는 것에 주목할 필요가 있다. 바울은 고린도후서 5장에서 한편으로는 탄식할 수밖에 없는 미완의 실존을 인정해야 했고,[18] 다른 한편으로는 성령을 보증으로 받은 구원

Cambridge University Press, 1954), 31-45.

18) 빌립보서 3장 21절에서 "우리의 낮은 몸"이라는 표현과 "내가 이미 얻었다 함도 아니요 온전히 이루었다 함도 아니라"는 미완의 상태에 대한 강조 역

의 확실성을 담보해야 하는 위험한 외줄타기를 한다. 두려움과 탄식에도 불구하고, 결국 바울의 선택은 "우리가 담대하여 원하는 바는 차라리 몸을 떠나 주와 함께 있는 그것이라"는 데에 있다. 미래에 대한 이런 전망과 사후에 완성될 그리스도와의 연합은 현재의 삶의 방향을 결정한다.

> 그런즉 우리는 몸으로 있든지 떠나든지 주를 기쁘시게 하는 자가 되기를 힘쓰노라(고후 5:9).

4. 부활한 몸은 어떤 몸일까?

고린도전서 15장 42-44절은 부활의 몸에 대하여 아래와 같이 말한다.

> 죽은 자의 부활도 그와 같으니 썩을 것으로 심고 썩지 아니할 것으로 다시 살아나며, 욕된 것으로 심고 영광스러운 것으로 다시 살아나며 약한 것으로 심고 강한 것으로 다시 살아나며, 육의 몸(σῶμα ψυχικόν)으로 심고 신령한 몸(σῶμα πνευματικόν)으로 다시 살아나나니 육의 몸이 있은즉 또 영의 몸도 있느니라.

여기서 각각 육의 몸, 영의 몸으로 번역된 소마 푸쉬키콘과 소마 프뉴마티콘은 무엇을 말하는가? 고린도전서 2장에서 바울은 푸쉬키코스와 프뉴마티코스라는 형용사로 사람들을 두 종류로 구분한다.

> "푸쉬키코스 안쓰로포스"(육에 속한 사람)는 하나님의 성령의 일들을 받지 아니하나니 이는 그것들이 그에게는 어리석게 보임이요, 또 그는 그것들을 알 수도 없나니 그러한 일은 영적으로 분별되기 때문이라. "호 프뉴마티코스"(신령한 자)는 모든 것을 판단하나 자기는 아무에게도 판단을 받지 아니하느니라(고전 2:14-15).

시 같은 주제가 관통하는 것으로 보아야 한다.

이 구절의 배경은 고린도 교인들 중 일부가 자신들은 보통 사람(푸쉬키코스 안쓰로포스)과 다른 "호 프뉴마티코스"라고 한 주장에 있다. 이에 대해 바울은 정말 프뉴마티코스 안쓰로포스가 무엇인지를 논박한다.

푸쉬케는 "혼", "영혼", "생명", "도덕적 지적 자아" 등의 뜻을 나타내는, 기본적으로 비물질적이라는 개념이 전제된 말이다. 호머에서는 육신을 떠난 영, 유령 등으로 쓰이기도 한다. 아리스토텔레스는 푸쉬키코스를 소마티코스와 대조되는 형용사로 "비물질적", "비육체적"이라는 의미로 사용한다(Arist. *Eth.* 1117b28). 칠십인역에서도 이 단어는 "비육체적인"의 의미로 쓰인다.

이떤 욕망은 정신적(ψυχικαί mental)이거나 또 다른 욕망은 육체적(σωματικαί physical)인데, 이성(ὁ λογισμός)이 이 둘을 다 다스리는 것은 분명하다(영어 표현은 NRSV의 것. 제4 마카비서 1:32). *LSJ*는 이 단어가 "자연적인" 또는 "동물의" 뜻으로 쓰이기도 했다는 항목 아래에 고린도전서 2장 14절의 예를 배치하고, 호 프뉴마티코스에 대조되는 natural man이라고 번역한다.

종합하면 푸쉬키코스 안쓰로포스를 "육에 속한 사람", "육적인 인간"으로 번역하는 것은 심각한 오역이다. 문자적으로 "혼적인 인간"이라는 직역이 어색하지만 가능하며, "자연적인 인간" 정도로 의역할 수 있겠다.

라이트는 이런 오역이 단순한 실수가 아니라 서구인들의 사고를 지배하는 플라톤적 이원론이 반영된 것이라고 본다. 부활의 몸을 말하면서도, 사실상 그것은 비육체적인 무엇으로 끌고 가는 이원론적 사고 말이다. 라이트는 "-ικος"로 끝나는 형용사는 대체로 물질적인 재료를 말하기보다 "…에 적합한", "…의 기관이 되도록 형성된"의 의미임을 강조한다.[19] "어떤 것을 구성하는 물질 또는 실질이 아니라 윤리적 또는 기능적인 의

19) N. T. Wright/박문재 옮김, 『하나님의 아들의 부활』(서울: 크리스챤 다이제스트, 2005), 556.

미를 지니고 있다"[20]는 것이다.

프뉴마티코스가 "영감 받은 말" 등으로 쓰이는 것은 전형적이다. 푸쉬키코스와 프뉴마티코스의 차이는 배가 철로 만들어졌는가, 나무로 만들어졌는가 하는 차이가 아니라, 배가 증기에 의해 움직이는가 아니면 바람에 의해 움직이는가 하는 식의 차이를 말하는 것이다.[21] 현대식으로 말한다면 자동차를 철로 만들었는가, 플라스틱으로 만들었는가 하는 차이가 아니라, 전기 자동차인가, 휘발유 자동차인가 하는 차이이다.

소마 푸쉬키콘은 "통상적인 종류의 인간의 몸, 통상적인 생명의 호흡에 의해 활동하는 몸"이며, 소마 프뉴마티콘은 "살아계신 하나님의 성령에 의해서 활동하는 몸이다."[22]

창세기 2장 7절에서 하나님이 "생기(프쉬케)를 그 코에" 불어 넣으셔서 사람이 ψυχὴν ζῶσαν이 되었다고 한다. 개역 개정은 "생령"이 되었다고 하여 프뉴마와 비슷한 인상을 주지만, 이 어구는 단순히 살아있는 존재(a living being, RSV, NRSV, NIV)라는 말이지, 어떤 영적인 차원을 말하는 것이 아니다.

이 만드신 사람이 소마 프쉬키콘이다. 바울은 창세기 2장 7절의 표현을 그대로 사용하여 아담과 그리스도의 차이를 설명한다.

> 첫 사람 아담이 살아있는 존재(ψυχὴν ζῶσαν)[23]가 되었다 함과 같이 마지막 아담은 살려 주는 영(πνεῦμα ζῳοποιοῦν)이 되었나니(고전 15:45).[24]

---

20) Wright, 『하나님의 아들의 부활』 556.

21) Wright, 『하나님의 아들의 부활』 557.

22) Wright, 『하나님의 아들의 부활』 560.

23) 개역 개정은 여기서도 "생령"이라 번역한다.

24) NRSV와 비교하면 개역 개정의 번역이 얼마나 잘못 되었는지 알 수 있다. Thus it is written, "The first man, Adam, became a living being"; the last Adam became a life-giving spirit.

이같이 말하면서 바울은 자연적 인간/혼적인 인간인 아담과 그리스도의 대비가 기독교 부활 신앙의 핵심적인 틀을 제공하는 것임을 분명히 한다. 혼적(ψυχικός)이라는 말은 자연적이라는 말이며, 영적(πνευματικός)이라는 말은 이 자연적인 것을 넘어 서는, 곧 "인간의 몸과 삶 속에서 작용하기는 하지만 그 몸과 삶으로서는 불가능했을 일들을 할 수 있게 해주는 것들이다."[25]

판넨베르그가 소마 프뉴마티콘을 "신적 창조자의 영이 온전히 스며들어 있는 생명"이라고 한 것도 비슷한 맥락에서 이해할 수 있다. 비록 아직 미완이고 불완전하기는 하지만, 영적인 삶이 우리가 육체를 입고 있는 상태에서도 여전히 가능하다.

5. 결론

이상에서 우리는 신자 개인의 사후 상태, 이른 바 "죽음과 파루시아의 중간 상태"에 대한 바울의 견해가 초점의 이동과 표현의 변화가 있었지만 큰 틀에서 일관성을 유지하고 있는 것을 발견했다.

목회적 차원에서 적용한다면 빌립보서 1장에 나타난 이해, 신자가 이 땅의 삶을 끝내는 순간 바로 그리스도와 함께 있는 상태, 고난의 현실에서 사모할 만한 복된 상태로 들어갈 것이라는 이해를 기준으로 다른 본문들을 함께 고려하는 식으로 접근하는 것이 좋다는 결론을 제시할 수 있겠다. 더 중요한 것은 바울의 우주적인 종말론 뿐 아니라, 개인적인 종말론도 오늘 우리가 이 땅에서의 삶을 어떻게 이해하고 살아가야 할 것인가에 철저히 맞추어져 있음을 확인한 사실이다.

우리가 종말론적인 삶을 살아간다는 것, 파루시아를 기다린다는 것은 무엇을 의미하는가? 티셀톤은 비트겐슈타인을 인용하여 그리스도인의 신

25) Wright, 『하나님의 아들의 부활』 553.

앙의 중심인 종말 기대에 대해 설명한다.

> 그(비트겐슈타인)는 기대는 적절한 행동이나 주어진 상황 속에서의 행위로 구성된다는 점을 강조했다. 그는 만일 내가 누군가 네 시에 차를 마시러 오는 것은 '기대한다면' 그 '기대'는 케이크를 사고 방을 정리하며 찻잔과 받침, 접시를 내놓고 주전자에 물을 올리는 것이라고 주장한다. 그것은 손님의 방문을 머리로 그려보는 것이 아니다.[26]

종말론이 미래에 일어날 사건에 대한 호기심에 대한 대답이 아닌 이유이다. 종말 신앙은 그리스도인의 오늘의 삶을 규정하는 강력한 사고 체계이다. 예수님 당시 유대인들에게 의로운 삶은 하나님의 나라를 기다리는 삶이었다(막 15:43; 눅 2:25). 이제 그리스도인들에게는 그리스도의 재림을 사모하는 마음이 그들의 삶을 규정한다.

> 또 죽은 자들 가운데서 다시 살리신 그의 아들이 하늘로부터 강림하실 것을 너희가 어떻게 기다리는지를 말하니 이는 장래의 노하심에서 우리를 건지시는 예수시니라(살전 1:10).

> 이제 후로는 나를 위하여 의의 면류관이 예비되었으므로 주 곧 의로우신 재판장이 그 날에 내게 주실 것이며 내게만 아니라 주의 나타나심을 사모하는 모든 자에게도니라(딤전 4:8).

---

26) Anthony C. Thiselton, 『살아있는 바울』, 223.

공관복음의 종말론

김창선

장로회신학대학교 초빙 교원/신약학

공관복음의 종말론

I. 공관복음 이해의 전제

1. 원시 그리스도교의 사상적 토대인 "종말론"과 그 개념
2. 선포 패러다임의 변화
3. 원시 그리스도교의 통일성과 다양성
4. 편집 비평– 신학자로서 복음서 저자의 중요성 강조

II. 마가의 종말론

1. 마가복음의 저자, 생성 연대 및 장소
2. 마가복음과 메시아 비밀론
3. 마가의 바실레이아 이해
4. 마가의 인자 기독론
5. "예수 따름"의 제자도와 종말론 사이의 밀접한 관계

III. 마태의 종말론

1. 마태복음에 대한 개론적 이해
2. 마태의 역사관에 담긴 특징
3. 종말론적 심판 강조

IV. 누가의 종말론

1. 누가복음에 대한 개론적 이해
2. 누가의 구원사 이해– 누가 종말론의 토대
3. 구원사적 운명의 도시, 예루살렘의 중요성을 강조
4. "하나님 나라" 개념의 강조점 변화
5. 누가의 구원 이해
6. 재림 지연의 문제와 세계 선교의 기회
7. 승천과 재림

공관복음의 종말론

I. 공관복음 이해의 전제

마태, 마가, 누가복음을 총칭하는 공관복음은 대략 주후 70-90년대 사이에 기록된 원시 그리스도교의 산물이다. 원시 그리스도교의 제2세대나 제3세대에 속하는 그리스도인이었던 공관복음서의 세 저자는 앞선 세대, 즉 제1세대(주후 30-60년경)로부터 물려 받은 전승과 메시지를 각기 자신의 언어로 표현하여 복음서를 기록하였다.

원시 그리스도교 제1세대가 행한 신학 작업은 크게 두 가지 방식으로 진행되었다. 한 가지 방식은 예수 전승을 자신들이 처한 삶의 자리에서 현재화시키는 것이다. 예수 전승의 현재화 작업은 카리스마를 지닌 유랑 선교사들에 의해 주후 50-60년경에 생성된 이른바 "예수 어록"(Q)에 잘 나타난다.[1] 다른 방식은 신앙고백 가운데 해석된 예수 그리스도의 운명의 관점에서 예수 전승을 새롭게 해석하는 것이다. 제1세대의 위대한 선교사 바울이 바로 이 경우에 해당한다.

공관복음의 세 저자는 앞선 원시 그리스도교의 제1세대가 전해준 두 가지 신학 작업의 전통을 이어 받아 통합시키고, 또한 그러한 전통을 자신들의 삶의 자리에서 새롭게 해석하여 후대에 전해줌으로써 앞선 세대

1) J. M Robinson / P. Hoffmann / J. S. Kloppenborg, *The Critical Edition of Q* (Leuven: Peeters Press; Minneapolis, 2000).

의 신학적 작업을 이어갔다. 그와 더불어 복음을 신학화하는 작업이 더욱 정교해진다. 공관복음은 앞선 세대의 믿음의 선배가 전해준 예수 그리스도에 관한 케리그마를 후대에 전하는 "전달자"로서의 역할을 했을 뿐만 아니라, 동시에 저마다 강조하는 독특한 신학적 구상을 통해 "신학자"로서의 복음서 저자의 중요성을 보여주는 증거물이다.

이런 의미에서 공관복음을 역사적 예수의 생애를 담은 일종의 위인전이나 회상록으로 파악할 것이 아니라, 예수를 통해 인간을 구원하시는 하나님의 활동을 담은 "케리그마적 역사 서술"(R. Schnackenburg)로 읽어야 한다. 공관복음의 세 저자가 표방하는 종말론을 올바로 파악하기 위해서는 먼저 몇 가지 주제에 대한 독자들의 선이해가 필요하다.

1. 원시 그리스도교의 "종말론"과 그 개념

고대 유대교의 모태에서 탄생한 원시 그리스도교는 강한 종말론적 사고 방식에서 생각하고 살았다. 그것은 공관복음의 세 저자가 속한 원시 그리스도교의 사상적 토대를 이룬다. 원시 그리스도교에 앞서 이미 고대 유대교의 한 종파인 "쿰란 공동체"(= 에센파)도 유대 종파들 가운데 예외적으로 강한 종말 의식을 갖고 살았다.[2)]

나사렛 예수 역시 바실레이아(βασιλεία), 즉 하나님 나라에 대한 종말론적인 메시지를 선포했다. 일반적으로 하나님의 미래 행위와 관련된 진술이 종말론의 중심 내용에 속하나, 바실레이아에 관한 예수의 메시지에는 "현재 종말론적"인 강세가 담겨 있다. 이는 구원과 관련된 하나님의 미래 종말론적인 통치 행위가 지금 현재에 예수의 등장과 더불어 드러나기 시작했다는 사실을 뜻한다(참조. 막 1:15). 예레미아스(J. Jeremias)

2) 이에 대해 필자의 졸저, 『쿰란문서와 유대교』(서울: 한국성서학연구소, 2007)을 참조하라.

는 이를 "실현되는 종말론"(sich realisierende Eschatologie)이라 하였다. 원시 그리스도교는 이와 같은 예수의 종말론을 물려 받았다. 바로 이 점에서 원시 그리스도교의 종말론 이해와 구약성경 및 고대 유대교의 일반적인 종말론 이해 사이에 차이가 있다.

"종말론" 및 그와 연관된 "묵시론/묵시주의/묵시문학", 이 두 가지 개념은 기독교 신학을 이해하는 데 매우 중요하다. 그만큼 이 두 개념을 둘러싸고 학계에 논란이 분분하다. 독일 괴팅엔대학교 교수인 슈테게만(H. Stegemann)의 입장이 설득력이 있어 보이는데, 그는 묵시문학(Apokalyptic)은 하늘에서 계시된 비밀스런 지식을 담은 책의 형태로 기록된 것을 가리킨다고 한다.[3] 그런데 이와 달리 특정한 내용을 담은 본문, 곧 천사들의 명단, 인자의 등장, 상징어, 이원론적 사고나 두 세대설 등의 표상이 나타나는 본문을 일괄적으로 "묵시문학"이라고 부르는 경향이 있다. 하지만 이와 같은 이해는 묵시문학의 필요 조건은 될 수 있으나 필요 충분 조건으로 삼기는 어렵다. 묵시문학의 핵심은 하늘의 비밀 지식을 문서를 통해 전달하는(= 계시하는) 데 있기 때문이다.

반면에 종말론(Eschatology)은 묵시문학과 구분되는 독자적인 것으로 전승사적으로 보다 오래된 현상이다. 미래에는 현재보다 나은 상태로의 획기적인 전환이 이루어질 것을 소망하는 구원사적인 전망이 종말론의 특징을 이룬다고 말할 수 있다. 이러한 대전환은 일반적으로 하나님의 개입을 통해 사악한 자들에겐 심판을 내리나 경건한 사람들에겐 구원을 베풀어 줌으로써 이루어진다.

종말론의 경우에 이와 같이 역사가 전개되라는 것에 대한 지식은 하늘로부터 주어진 계시에서가 아니라 주어진 구원사적 역사 이해로부터

---

3) 묵시문학과 종말론에 대한 구분과 정의는 슈테게만("Die Bedeutung der Qumranfunde für die Erforschung der Apokalyptik", in: D. Hellholn [ed.], *Apocalypticism in the Mediterranean World and the Near East* [Tübingen, 1983], 498 이하)에 따른 것이다.

얻는 것이다. 이러한 종말론적 역사 이해에 따라 현재의 고난과 박해는 시간적으로 제한될 뿐이고 미래의 대전환이 언젠가 반드시 도래하리라는 확신을 갖게 된다. 하나님의 개입을 통해 미래의 마지막 날에, 즉 종말에 그러한 대전환이 일어나리라는 소망이 종말론의 핵심을 이룬다.

예수의 사역과 더불어 현재 실현되는 구원의 차원과 아직 도래하지 않은 미래적 구원의 차원, 즉 미래에 드러날 구원의 완성의 차원이 서로 긴장 관계에 있다는 사실이 원시 그리스도교 종말론의 특징을 이룬다. 원시 그리스도교의 종말론 이해와 관련하여 이 자리에서 기독교 신학의 모태를 둘러싸고 신약학의 두 대가가 1960년대에 벌였던 논쟁에 대해 잠시 살펴보는 것도 유익하리라 여긴다.

케제만과 불트만 사이의 논쟁

케제만(E. Käsemann)은 1960년의 논문 "기독교 신학의 시작"(Die Anfänge christlicher Theologie)에서 "아포칼립틱은 전체 기독교 신학의 어머니였다"고 주장했다. 이는 신약성서는 아포칼립틱에 많은 빚을 지고 있고, 심판주로 오실 인자의 현현에 대한 대망이 묵시문학의 중심 모티브를 이룬다는 것이다.

이러한 케제만의 입장에 대해 불트만(R. Bultmann)은 "아포칼립틱이 기독교 신학의 어머니라고?"(Ist die Apokaltptik die Mutter der christlichen Theologie?, 1964)라는 논문에서 강하게 반박했다. 여기에서 불트만은 기독교 메시지의 특징은 무엇보다도 예수 그리스도와 더불어 종말이 현실이 되었다는 사실에 있음을 강조하면서, 아포칼립틱이 아니라 오히려 종말론이 기독교 신학의 중심에 있다고 여긴다(참조. 요 5:24-25 "내 말을 듣고 나 보내신 이를 믿는 자는 영생을 얻었고 심판에 이르지 아니하나니 사망에서 생명으로 옮겼느니라"; 고후 6:2 "보라 지금은 은혜 받을 만한 때요 보라 지금은 구원의 날이로다"; 고후 5:17 "누구든지 그리스도 안에 있으면 새로운 피조물이라 이전 것은 지나갔으니 보라 새 것이 되었도다").

2. 선포 패러다임의 변화
- 하나님 나라 선포에서 예수 그리스도 선포로

공관복음서 저자들이 표방하는 신학을 올바로 이해하기 위해서는 무엇보다도 나사렛 예수의 메시지와 원시 그리스도교가 선포한 메시지 사이에 근본적인 변화가 있었다는 사실을 인식할 필요가 있다. 종말론의 틀 안에서 나사렛 예수는 바실레이아, 즉 하나님 나라의 도래를 핵심 주제로 선포했으나, 원시 그리스도교는 구세주 예수 그리스도를 중심 메시지로 선포했다는 사실이다. 이는 실로 엄청난 변화를 의미한다.

그래서 20세기 신약학의 거장 불트만(R. Bultmann)은 이러한 변화를 초기 그리스도교에서 일어난 가장 놀라운 불가사의한 사건이라고 말했다. 우리가 다루고자 하는 공관복음서 세 저자의 종말론은 나사렛 예수가 선포했던 하나님 나라 메시지와 직결되었다기 보다 예수 그리스도를 만백성을 위한 구세주로 고백하는 초기 그리스도교의 신앙고백, 즉 기독론 이해와 직결되어 있다는 사실을 이해할 필요가 있다.

3. 원시 그리스도교의 통일성과 다양성[4]

원시 그리스도교에 속한 모든 공동체가 나사렛 예수가 온 세상을 위한 구세주이자 하나님의 아들임을 선포했다는 차원에서 원시 그리스도교의 통일성을 말할 수 있다. 그러나 동시에 원시 그리스도교는 다양한 신학적 입장으로 구성된 복합물이고, 그 결과 공관복음의 세 저자가 표방하는 종말론 사이에는 차이가 나타나기 때문에 원시 그리스도교의 다양성을 말할 수 있다.

---

4) 아래의 내용은 김창선의 신간 『역사적 성서해석과 신학적 성서해석』(서울: 교육과학사, 2016)에서 가져온 것이다(254-62).

그리스도교가 탄생한 첫 세대 말경에 유대 그리스도교와 이방계 그리스도교 사이에 갈등이 점차 악화된다. 그 사이에 이방계 그리스도교는 급성장을 이루는 반면, 유대 그리스도교는 소수로 전락하고 만다. 그런데 주후 60년대 이후, 즉 사도 이후의 시대에 들어오면서 팔레스타인에 두 가지 사건이 터지면서 유대 그리스도교는 거센 소용돌이에 휩쓸린다.

첫 번째 사건은 젤롯당이 주도하여 66년에 일으킨 "유대 전쟁"이다. 70년에 예루살렘 성전이 멸망함으로써 전체 유대교가 파국에 이르렀고, 이 봉기에 동참하지 않았던 유대 그리스도교는 예루살렘을 탈출하나, 동시에 일반 유대인들과 유대 그리스도교인들 사이의 갈등은 극에 달한다.

두 번째 사건은 성전 멸망 후 얍네/얌니아(Yavne/Yamnia)에서 요하난 벤 차카이(Jochanan b. Zakkai)를 중심으로 일으킨 바리새파 랍비 유대교(Rabbinic Judaism) 운동이다. 여기에서 유대 그리스도교는 완전히 배제된다. 이 무렵 유대인들의 일상 기도문인 "쉬모네 에스레"(Shmoneh Esreh)[5]의 12번째 기도 항목의 "비르캇 하-미님"(Birkat ha-Minim)이라는 이단 저주문에 유대 그리스도인들이 포함되면서 유대 그리스도교는 더 이상 회당에 참여할 수 없게 되고, 큰 타격을 받고 위축되었으며, 더 이상 법적 보호를 받지 못하고 유대 회당과 로마 당국의 박해에 그대로 노출된다.

이러한 위기 상황과 더불어 예루살렘 모교회의 영향권에서 벗어난 제2-3세대의 원시 그리스도교는 더욱 확장되면서 크게 네 분파로 발전한다.[6] 이들 분파는 정통과 이단의 관계처럼 서로 극한 대립 관계에 처해

---

5) 참조. 김창선, 『유대교와 헬레니즘』(서울: 한국성서학연구소, 2011), 148 이하.

6) 여기서 언급하는 네 분파의 구분은 타이센의 구분에 따른 것이다. 그는 이외에도 각 분파에서 파생된 하위 분파와 그들 사이의 횡적 연합에 대해서도 언급한다(*Die Religion der ersten Christen* [Gütersloh: Kaiser, ^{2}2001], 348 이하 참조). 슈넬레(Udo Schnelle)는 최근 저서 *Die etsten 100 Jahre des Christentums 30-130 n. Chr.* (Göttingen, 2015)에서 1세기 말경에 형성된 다섯 가지 신학적 주요 분파에 대해 다룬다(바울, 공관복음, 베드로, 요한, 야고보와 유대 그리스도교).

있었던 것은 아니나, 각자가 표방하는 메시지 사이에 적지 않은 차이를 드러낸다. 이제 네 분파에 대해 간단히 살펴보자.

가. 유대 그리스도교(Jewish Christianity)

유대 그리스도교는 근원적으로 예수의 형제 야고보와 관련된다. 야고보는 바울을 적대시했던 극단적인 유대주의자는 아니지만 율법을 엄격히 지키는 유대 그리스도인이었다. 베드로가 예루살렘을 떠난 후 야고보는 예루살렘 교회의 수장에 올랐으나, 주후 62년에 대제사장 아나니아스(= Hannas II)의 사주로 돌로 맞아 순교한다(Josephus, *Ant.* XX,200).

그 후 몇 해 뒤에 일어난 유대 전쟁(67-70년)의 여파로 예루살렘 교회의 역사는 일단 끝난다. 예루살렘 교회의 후계자들은 여러 지역으로 흩어진다. 전쟁이 끝난 후 일부 교인들이 예루살렘에 돌아와 다시 교회를 재건한다. 이 교회가 비록 예수와 야고보의 친척들이 지도자가 됨으로써 예전 교회와 연결되었다 할지라도[7] 예전 교회가 지녔던 전체 그리스도교를 위한 모교회로서의 위상은 더 이상 유지하지 못했다.

교회사가 유세비우스의 보도(*Hist. eccl.* III,5,2f)에서는 예루살렘에 있던 옛 교회가 계시에 따라 유대 전쟁이 발발하기 직전 66년에 펠라(Pella)로 이주했다고 하나, 이 보도의 역사성을 확정짓기 어렵다.[8] 이것이 역사

---

7) 유세비우스는 예수의 친척인 클로파스의 아들 시몬이 야고보의 후계자가 되었다고 보도하며(*Hist. eccl.* III,10,11), 또한 예수의 형제 유다의 손자가 트라얀 황제 통치기까지 교회의 지도자 역할을 했다고 보도한다(III,20,1-6).

8) 슈트렉커(G. Strecker)는 이 보도를 펠라에 거주한 유대 그리스도인들이 자신들의 위상을 위해 지어낸 원인론적 전설일 것으로 추측한다("Judenchristentum", 316). 그러나 베네르트(J. Wehnert)는 예루살렘 공동체의 펠라 이주설을 지지한다. "Die Auswanderung der Jerusalemer Christen nach Pella–historisches Faktum oder theologische Konstruktion?", in: *Zeitschrift für Kirchengeschichte* 102 (1991), 231-55.

적이라면 예루살렘 교인들이 그곳 거주민들을 얻는 데 성공했음을 뜻하는 것이며, 전설이라면 펠라가 중요한 신앙 공동체의 처소였기 때문에 그런 전설이 생긴 것으로 추정된다.[9] 아무튼 이곳이 유대 그리스도교의 한 중심지였던 것은 분명한 사실이다.

또 하나의 중심지로는 시리아 서부에 위치한 베뢰아(Beroea)가 물망에 오른다. 히에로니무스는 여기에서 나사렛파 복음을 접했다고 말한다(De viris illustribus 3). 따라서 동요르단이나 시리아 서부 지역이 유대 그리스도교의 주요 활동 무대였다고 말할 수 있다.

유대 그리스도교는 하나로 통일된 공동체가 아니었다. 그 중 일부는 자기들만의 전통을 완고하게 고집하다가 변방 집단으로 전락한다. 이들은 훗날 "에비온파"로 불리며 이단으로 정죄되나(Irenaeus, *Adv. haer.* I,26,2), 다른 일부는 대교회와 연대를 모색하면서 위기를 극복한다. 유대 그리스도교에서 유래한 비정경적 복음서들이 단편으로 전해 내려온다.[10]

(1) 나사렛파 복음 (2) 에비온파 복음 (3) 히브리인들의 복음

나. 바울계 그리스도교(Pauline Christianity)

이방인의 사도로서 소명 받은 바울은 할례에서 자유로운 선교 사역을 소아시아와 그리스에서 성공적으로 수행했고, 그의 이방인 선교 사역은 기독교 확산에 결정적인 기여를 했다. 60년대 초반 바울이 순교한 다음 한 두 세대가 지나서 그의 유업을 수용한 무리를 바울계 그리스도교라 한다. 바울주의를 표방하는 이른바 "제2바울서신"이 여기에 속한다.

---

9) H. Conzelmann, *Geschichte des Urchristentums* (Göttingen: V. & R.: 1983), 119.

10) 참조. Ph. Vielhauer, *Geschichte der urchristlichen Literatur* (Berlin/New York: de Gruyter, 1975), 648-61; W. Rebell, *Neutestamentliche Apokryphen und Apostolische Väter* (München: Kaiser, 1992), 106-13.

먼저 골로새서와 에베소서가 이에 해당한다. 이 두 문서는 이른바 "수정된 바울주의"를 표방한다. 수정된 바울주의는 비교적 급진적이었던 바울의 본래 사상이 후대의 교회 상황에서 일정 부분 보수적인 방향으로 바뀐 바울주의를 가리킨다. 예를 들면 바울은 노예 제도와 관련하여 노예인 오네시모의 해방을 역설(빌레몬서)했지만 골로새서(3:22-4:1)나 에베소서(6:5-9)는 그리스도교인 노예와 그 주인의 관계를 정상적인 것으로 전제하고 말한다. 또 바울은 가부장제와 관련해서 가족과 교회 안에서의 평등성을 주장했으나(고전 7장), 골로새서(3:18-19)와 에베소서(5:22-33)는 대가족 안의 위계 질서에 따른 가르침을 강조한다. 신학적인 차원에서 수정된 바울주의는 현재의 구원 체험을 중시하는 현재적 종말론을 강조한다(골 2:15-17; 엡 2:5). 또 그리스도는 교회의 머리이고 교회는 그의 몸이라는 "그리스도의 몸 교회론"뿐만 아니라, 온 세상의 신앙인을 포괄하는 "보편적 교회론"을 강조한다(골 1:15-20; 엡 1:22-23).

그러나 목회서신과 데살로니가후서는 앞서 언급한 두 서신과 차이가 있다. 데살로니가후서는 임박한 종말론을 거부한다. 그래서 "주님의 날"은 즉시 오는 것이 아니라 일련의 다른 사건이 도래한 후에야 온다고 한다(살후 2:1-12). 디모데후서(2:18)는 부활이 이미 일어났다고 주장하는 현재적 종말론을 거부한다. 또한 목회서신과 데살로니가후서에는 그리스도의 몸 교회론도 나타나지 않는다. 목회서신은 제도화된 그리스도교의 특징을 반영한 교회 질서를 강조하는 가운데 교회를 가정의 본을 따라 "하나님의 집"이라 하고(딤전 3:15), 감독과 장로의 권위를 매우 중요하게 여긴다. 이런 시각에서 목회서신과 데살로니가후서를 "우익 바울주의"라 할 수 있다.[11] 바울 그리스도교의 주요 활동 무대는 바울의 유산이 상하게 남아 있는 에베소와 같은 소아시아 지역이다.

---

11) 뤼데만은 신약 외경 "바울행전"에 있는 반영지주의적 문서인 "제3고린도서신"을 우익 바울주의에 속하는 문서로 간주한다(*Ketzer*, 150ff). 여기서 바울은 교회의 교사이며 교회 전승을 구체화시킨 자로 묘사된다. 참조. E. Hennecke /W. Schneemelcher(eds.). *Neutestamentliche Apokryphen* II, 232-34.

다. 공관복음적 그리스도교(Synoptic Christianity)

초기 그리스도교 역사에서 이방계 그리스도교와 유대계 그리스도교를 하나로 엮은 것을 가리키는 공관복음적 그리스도교가 차지하는 위치를 밝히는 일은 쉽지 않다. 분명한 것은 이방 그리스도교적 요소와 유대 그리스도교적 요소가 여기에 공존한다는 사실이다. 그러나 양자를 하나로 통일시키는 것을 목표로 하는 급진적인 바울신학은 나타나지 않는다. 마태복음의 자료로 사용된 마태 특수 자료(M)와 예수 어록(Q)은 명백히 유대 그리스도교적 특징을 나타낸다. 다른 한편 마가복음과 누가의 두 작품(누가복음과 사도행전)은 의심의 여지없이 이방 그리스도교의 영향을 받았다. 마가와 누가는 둘 다 "하나님 경외자"(σεβόμενοι 또는 φοβούμενοι τὸν θέον) 출신의 이방계 그리스도인일 가능성이 크다. 누가의 두 작품은 그가 당시 문학적 기예와 양식에 익숙한 사람이었음을 잘 보여준다.[12)]

1세기 때 유대 그리스도교적 요소와 이방 그리스도교적 요소의 연합을 보여주는 대표적인 인물은 베드로와 바나바이다. 베드로는 이스라엘 선교를 대표하고,[13)] 바나바는 이방 선교를 대표하는 인물이다. 따라서 고대 교회 전통(Eusebius, *Hist. eccl.* III,39,14 이하)은 마가복음을 베드로와 연결지어 베드로의 비서이자 통역자인 요한 마가를 마가복음의 저자로 간주했다(Papias, 2세기 중엽). 요한 마가는 바나바의 친척이며 그의 신망

---

12) 예컨대 보봉(F. Bovon)은 누가를 일찍이 유대교에 관심을 보였던 태생적 그리스인으로서 그리스 수사학과 유대 성서 주석 방법에 익숙했던 마게도니아 출신의 "하나님 경외자"로 간주한다. *Das Evangelium nach Lukas* I (Zürich: Benzinger, 1989), 22-24.

13) 헹엘(M. Hengel)은 아그립바 박해 이후(43년경) 베드로는 팔레스타인 본토 밖에 사는 유대인 선교에 집중했고, 동시에 디아스포라 회당에서 만나는 이방인인 "하나님 경외자들"에게도 복음을 전했다고 말한다. 또한 베드로는 예수 전승의 신뢰할 만한 증인으로서 이방인 교회들 가운데 명망이 높았다고 강조한다. *Der unterschätzte Petrus* (Tübingen: Mohr, 2006), 163-64.

을 받은 사람이었다. 요한 마가를 신뢰하던 공동체가 마가복음의 저자를 요한 마가로 설정한 것으로 추측할 수 있다. 이 공동체는 베드로와 바나비도 존경했을 것이다. 공관복음적 그리스도교의 주요 활동 무대는 시리아 지역일 가능성이 크다.

라. 요한계 그리스도교(Johannine Christianity)

요한계 그리스도교는 1세기 말경 새로운 언어와 사고 방식으로 예수 그리스도를 표현하여 초기 그리스도교의 새로운 신학 세계를 구축한 분파로, 초기 그리스도교에 나타난 여러 분파 중 오늘날 파악하기 가장 어려운 분파이다. 이 분파는 본래 팔레스타인이나 시리아를 중심으로 일어난 카리스마적 유랑 선교사 운동에서 유래했으나,[14] 유대 회당과 논쟁을 벌이면서 어려움에 처하게 되고 결국 유대교에서 이탈한다.[15]

그 후 요한 공동체는 소아시아로 이주하게 되는데, 이때 기독론을 둘러싸고 공동체가 분열된다. 공동체의 한 무리는 성육신을 부정하며 천상적 구원자 그리스도를 내세우는 영지주의에 가까운 기독론을 주장했다(요일 4:2). 그러나 보다 소규모의 다른 한 무리는 성육신을 끝까지 고수하였고 소아시아의 공교회 운동에 합류한다. 바로 이 때가 1세기 말경으로 오늘날 우리가 알고 있는 요한복음의 최종 형태가 완성되는 시점이다. 요한복음은 언어 사용과 신학적 개념에서 공관복음과 확연하게 차이가 나는 놀라운 기독론을 발전시켰다. 공관복음은 하나님 나라를 예수 선포의 중심으로 묘사하나, 요한복음은 계시자로 온 예수 그리스도 자신을 중심 내용으로 삼는다.[16]

---

14) 그닐카(J. Gnilka)는 요한 공동체의 생성을 60년대 이전으로 잡을 수 없다고 말한다. *Die Frühen Christen*(Freiburg/Basel/Wien: Herder, 1999), 273.

15) 이러한 이탈이 훗날 요한 공동체에게 트라우마로 남는다(요 9:22; 12:42; 16:2).

16) 트로크메는 요한복음을 그리스도교가 유대교와 분리된 후 나타난 "성숙한 그리스도교의 가장 완전한 표현"으로 이해한다(『초기 그리스도교의 형성』, 193).

요한계 그리스도교는 사마리아에서 복음을 전했던 헬라파의 한 무리와 관련되었을 것으로 보인다. 그와 같은 사실은 요한복음이 사마리아 지역에 대해 보인 관심에서 드러난다. 공관복음 그리스도교가 사마리아 지역을 의도적으로 외면한 것과 달리, 요한복음에서 사마리아는 긍정적인 의미를 지닌다. 온 세상이 복음을 거부하는 것처럼 보이나, 유독 사마리아는 복음을 수용한다. 요한복음 4장에 나오는 사마리아 여인 이야기는 사마리아 그리스도교의 설립을 간접적으로 보여준다.[17)]

위에 언급한 네 원시 그리스도교 분파는 비록 복음의 공통된 유산을 물려받았다 할지라도 서로 상이한 신학적 입장을 표방하였다. 유사하게 공관복음의 세 저자도 "공관복음적 그리스도교"에 속한다는 공통점이 있음에도 불구하고, 세부적으로는 저마다 강조하는 신학에 차이가 나타난다. 그에 따라 마태, 마가, 누가가 묘사하는 종말론에도 차이가 있다.

4. 편집비평(Redaktionskritik)– 신학자로서 복음서 저자의 중요성

공관복음의 종말론을 다루기 위한 마지막 전제로 "편집비평"에 대한 이해가 필요하다. 역사비평에 속한 편집비평은 20세기 중엽에 본격화된 성경해석 방법론이다. 복음서와 관련해 말한다면, 복음서는 저자들이 앞선 시대의 전승에서 수집한 여러 자료를 단순히 정리하여 나열한 것이 아니라, 그러한 자료를 가지고 자기 고유의 신앙 및 신학적 입장에 따라 편집한 문서라는 사실이 편집비평을 통해 밝혀졌다. 마태, 마가, 누가복음에 나타나는 종말론을 파악하는 일은 본문에 대한 편집비평적 분석과 분

---

17) 쾨스터(H. Köster)는 요한 전승이 "팔레스타인 유대교 주변에서 발전했으나, 동시에 예루살렘 산헤드린의 통제 외부 지역, 즉 사마리아 같은 곳에서 발전했다"고 추정한다. *Einführung in das Neue Testament* (Berlin/New York: de Gruyter, 1980), 620.

리할 수 없다. 편집비평을 통해 마태, 마가, 누가가 강조하려는 고유한 신학적 주제에 대한 이해가 가능해지기 때문이다.[18]

공관복음의 세 저자가 묘사하는 종말론도 각 저자가 갖고 있는 편집비평적 관점과 분리시킬 수 없다. 위에서 언급한 네 가지 선이해 위에서 이제 각 복음서 저자의 종말론 이해를 차례로 살펴보자.

II. 마가의 종말론

종말론은 마가복음의 중심 주제 가운데 하나이다. 이 주제는 마가신학의 중심을 이루는 기독론의 토대를 이룬다는 점에서 중요하다. 마가의 종말론으로 들어가기에 앞서 마가복음의 개론적인 내용을 살펴보자.

하나님의 아들 예수 그리스도의 지상적 삶을 감동적인 이야기 형태로 기술한 것은 특히 마가의 공헌으로 돌려야 마땅하다. 마가보다 앞서 50년대에 글을 남긴 바울은 미처 그러한 생각을 하지 못했고, 선교 현장과 관련된 "편지들"을 남겼을 뿐이다. 또한 마가보다 한 발 앞서 기록되었다가 소실된 예수 어록(Q)도 단지 예수의 '말씀 전승'을 담았을 뿐이다.

마가는 최초로 예수의 말씀과 행위를 이야기 형태(narrative)에 담은 "복음서"를 기록했다. 예수에 대한 '이야기 전승'이 유실되지 않고 보존될 수 있었던 것은 다름 아닌 마가의 공헌이다. 마가복음이 이야기 형태를 취한 것은 단순한 문학적 장치의 기능만이 아니라 저자의 신학적 의도를 드러내는 구상이다. 다시 말해 마가가 취한 문학적 형태는 그가 증언하려

---

18) 편집비평은 보른캄의 논문 "Die Sturmstillung im Matthäusevangelium", WuD NF(1948), 49-54에서 시작된 것으로 간주된다. 마가복음에 대한 편집비평적 연구로 W. Marxen, *Der Evangelist Markus. Studien zur Redaktionsgeschichte des Evangeliums* (Göttingen: V. & R., 1956); 누가복음의 경우는 H. Conzelmann, *Die Mitte der Zeit. Studien zur Theologie des Lukas* (Tübingen: Mohr, 1954)가 유명하다.

는 신학적 내용을 드러내는 표현이다.

독일의 조직신학자 켈러(M. Kähler, 1835-1912년)는 복음서들은 "긴 서론을 가진 수난 이야기들"(Passionsgeschichten mit ausführlicher Einleitung)이라는 복음서의 특징을 가리키는 유명한 말을 남겼다.[19] 이는 특히 마가복음의 핵심을 잘 파악한 것이다. 마가는 자신의 복음서에서 일련의 사건을 다루고 등장인물의 태도 묘사에서 일관된 관점을 견지했다. 그것은 핵심 인물인 예수의 길은 강압적인 죽음의 길이라는 것이다.[20] 이러한 켈러의 관점은 보충될 필요가 있다. 마가복음을 규정짓는 또 하나의 초점은 수난에 이어 십자가에 죽은 예수의 부활에 있으며, 수난의 그림자뿐 아니라 부활의 황금빛이 복음서를 관통하기 때문이다. 이런 의미에서 디벨리우스(M. Dibelius, 1883-1947년)는 마가복음을 "비밀스런 현현의 책"(Buch der geheimen Epiphanien)이라고 하였다. 부활을 통해 밝히 드러나는 예수의 참된 본질은 마가가 묘사하는 예수의 지상 사역에서 반복하여 드러나나 사람들은 그것을 알아차리거나 깨닫지 못한다는 것이다.

1. 마가복음의 저자, 생성 연대 및 장소

가. 저자

마가는 할례를 받지는 않았으나 성경 말씀 듣기를 좋아하여 유대 회당을 가까이 했던 이른바 "하나님 경외자" 출신의 익명의 이방 그리스도

---

19) *Der sogenannte historische Jesus und der geschichtliche, biblische Christus* (^{2}1896), 80.

20) 마가는 예수 이야기의 중심을 수난에 맞춘 것에 걸맞게 본격적인 수난이 시작되는 14-15장에 앞서 도처에 예수가 당할 고난과 수난을 암시하는 복선을 깔았다. 혼인 잔치 손님들이 신랑을 빼앗길 날이 오리라는 전망(2:20)은 마가가 수난을 암시하며 구상한 최초의 복선에 해당한다. 이 진술을 통해 마가는 자신의 공동체가 처한 변화된 상황을 드러냈다.

인으로 보인다.[21] 마가는 히브리어나 아람어 표현이 나올 경우 번역을 붙였고(막 3:17; 5:41; 7:11, 34; 9:43; 14:36; 15:22, 34), 유대 제의와 관련된 규정이 나오면 이를 설명하는 것으로 미루어(막 7:3-4; 14:12; 15:42), 그의 교회는 주로 이방 그리스도인으로 구성된 팔레스타인 본토 밖에 위치했던 것으로 보인다. 마가복음에는 "율법"(nomos)이라는 단어가 나타나지 않을 뿐만 아니라, 율법이 제의법이 아니라 단지 윤리법으로(막 10:1-12, 17-27; 12:28-34) 거론된다는 사실도 마가복음의 저자가 이방인임을 뒷받침한다. "마가"라는 저자명은 고대 교회 전통에 따른 것이다(Eusebius, *Hist. eccl.* III,39,14-15).

나. 생성 연대와 장소

많은 학자는 예수의 종말론적 설교를 전하는 마가복음 13장에 근거하여 유대 전쟁(67-70년)이 마가복음 저자가 염두에 두었던 구체적인 시대 배경이었을 것으로 추정한다. 특히 13:2("예수께서 이르시되 네가 이 큰 건물들을 보느냐 돌 하나도 돌 위에 남지 않고 다 무너뜨려지리라 하시니라")이 중요하다. 예루살렘 성전 멸망이 이미 일어난 것으로 보아 이 구절을 "사건 후 예언"(vaticinium ex eventu)으로 볼 것인지, 아니면 성전 멸망이 목전에 놓여 있었던 때로 볼 것인지가 생성 연대 판단의 열쇠가 된다. 학자들은 대체로 누가복음이 유대 전쟁이 끝나는 시기인 70년경에 기록되었다고 간주한다. 그런데 성전 멸망이 이미 일어났다는 암시가 분명하지 않고 단지 그럴 가능성이 암시되었을 뿐이라는 이유에서 유대 전쟁이 일어나기 직전 69년에 기록된 것으로 여기는 학자가 있는 반면(Roloff), 마가가 예수 설교 도입 장면에서 성전 구역 파괴 사건을 세밀하게 회고하고

---

21) 이와 같이 W. G. Kümmel; U. Schnelle; I. Broer; J. Roloff 등. 그러나 그닐카(J. Gnilka)는 서방의 이방 그리스도교를 염두에 두고 기록한 유대 그리스도인으로 간주한다(*Das Evangelium nach Markus* I, 1978, 32ff); 또한 Pokorny / Heckel, *Einleitung*, 375.

있다는 관점에서 생성 시기를 이미 성전 파괴가 일어난 70년 직후로 잡는 학자도 한다(Theissen, Ebner).[22]

고대 교회 전통에서는 로마를 마가복음의 생성 장소로 여긴다(Irenaeus). 특히 군사 용어("군대" legio 5:9, 15; "경비병" speculator 6:27; "부대" pratorium 15:16; "백부장" centurio 15:39, 44-45)와 경제 분야 용어("세금" census 12:14; "데나리온" denarius 6:37), 관용어("길을 열다" iter facere 2:23; "다 죽게 되다" in extremis esse 5:23; "의논하다" consilium dare/capere 3:6; 15:1)와 관련된 라틴어식 표현이 그것을 뒷받침한다고 한다. 그러나 이를 장소 확정의 실제 증거로 삼기는 어렵다. 이스라엘 땅과 어느 정도 떨어져 있으면서도, 다른 한편 오래된 예수 전승들이 잘 알려진 장소에서 마가복음이 기록되었을 것이라는 관점에서 시리아가 보다 유력해 보인다(L. Schenke; G. Theissen; I. Broer). 하지만 갈릴리(W. Marxsen) 또는 데가볼리(S. Schulz)를 선호하는 학자도 한다.

2. 마가복음과 메시아 비밀론

마가의 종말론은 마가신학의 중심을 이루는 기독론을 토대로 한다. 그의 기독론은 초기 그리스도교의 예수상을 형성하는 데 커다란 영향을 끼쳤다. 마가의 기독론과 관련하여 유명한 이론은 브레데(William Wrede,

---

22) J. Roloff, *Einführung in das NT*, 153; G. Theissen, *Die Entstehung des NT als literaturgeschichtliches Problem* (Heidelberg, 2011), 78; M. Ebner, 『신약성경 개론』, 257. 쿰란에서 파피루스 단편(7Q5)이 발견되었는데, 이 안에 나오는 판독하기 어려운 10개 정도의 철자가 마가복음 6:52-53의 인용문이라는 주장에서 마가복음의 생성 시기를 50년경으로 앞당기려는 시도가 있다(J. O'Callaghan; C. P. Thiede). 그러나 이는 근거가 빈약한데, 칠십인경과 호머나 투키디데스의 문헌에도 그러한 형태의 유사성이 나타난다.

1859-1906년)가 강조한 "메시아 비밀론"이다. 그것은 마가복음서 저자가 전승을 편집하여 한층 확고하게 구축한 이론으로서 복음서 전체를 관통하는 중요한 신학적 모티브라는 것이다.

마가복음을 자세히 살펴보면 하나님의 아들(또는 메시아) 예수의 모습이 한편으로는 겉으로 드러나는 반면, 다른 한편으로는 감추어진 것으로 묘사된다. 이처럼 드러남과 감추임이 복음서 전체에 걸쳐 일종의 긴장 관계를 이루는데, "메시아 비밀"은 이를 묘사하는 말이다. 브레데는 이 메시아 비밀 모티브가 역사적인 사실이 아니라 복음서 기자(또는 그 보다 앞선 전승자)의 신학적 도그마에서 유래된 한 이론이라고 주장하였다.[23] 브레데는 이 이론의 목적을 한편으론 비(非) 메시아적이었던 역사적 예수의 삶과 다른 한편으론 부활을 체험한 공동체가 예수를 메시아이며 하나님의 아들로 고백한 것 사이에 놓인 긴장 관계를 해소시키려는 의도에서 찾았다.[24] 마가의 비밀론은 다음의 세 차원과 관련된다.

(1) 귀신들의 메시아 고백과 그에 대한 예수의 침묵 명령(막 1:25; 1:34; 3:12). 여기서 예수는 자신의 인격에 대해 정확히 알고 있는 귀신들에게 침묵 명령을 내린다. 이로써 마가는 예수가 누구인가에 대한 참다운 인식은 그의 기적 행위를 통하여서 일어나는 것이 아님을 강조한다. 곧 기적 행위로는 예수가 하나님의 아들임을 드러내지 못한다는 것이다.

(2) 자신이 기적을 행하였다는 것을 소문내지 말라는 예수의 명령에도 불구하고 그것을 어김(막 5:43a; 7:36a). 예수는 질병 치유를 받은 사람들

---

23) W. Wrede, *Das Messiasgeheimnis in den Evangelien* (Göttingen, ^{4}1969), 131.

24) "Das Messiasgeheimnis in den Evangelien. Zugleich ein Beitrag zum Verständnis des Markusevangeliums"(Göttingen, 1901). 이러한 이론을 담고 있는 브레데의 연구서 『복음서에 나오는 메시아 비밀: 마가복음 이해에 관한 한 기여』가 발표된 이래, 메시아 비밀은 여전히 마가복음서 연구의 한 중심을 이루고 있다. 마가의 메시아 비밀론에 대해서는 김창선, 『21세기 신약성서신학』(예영커뮤니케이션, 2004), 275-95을 참조하라.

에게 소문을 내지 말라고 명령하나, 그것이 지켜지지 않는다(막 7:36b; 1:45). 이로써 마가는 오로지 기적에 의해서만 예수를 이해하려는 시도를 차단하면서 예수의 비밀은 기적을 통해서는 온전히 드러나지 않는다는 것을 말한다. 동시에 그 명령이 준수되지 않는 것은 기적 행위자로서의 예수의 현현이 감춰질 수 없다는 점을 말하는 것이다(막 7:24).

(3) 예수의 참된 본질을 깨닫지 못하는 한심한 제자들의 모습. 8:27에 이르기까지 제자들의 몰이해는 예수의 가르침(막 4:13; 7:18)과 그의 인격(막 4:40-41; 6:52)에 국한된다. 이때까지만 해도 제자들은 마음이 완악해서 깨닫지 못하는 자들로 묘사된다. 그런데 8:27부터 상황이 바뀐다. 제자들을 향한 예수의 비밀스런 가르침과 제자들의 몰이해가 집중되어 나타난다. 8:29의 베드로의 고백이 전환점을 이룬다. 이제 제자들은 예수가 메시아라는 점을 자각한다. 그럼에도 불구하고 제자들은 예수가 감내해야 할 고난의 비밀에 대해서는 여전히 무지하다(막 8:27-33; 9:5-6; 9:30-32; 10:32-34). 제자들은 메시아로서 예수가 드러낼 영광만을 생각할 뿐 고난의 차원은 받아들이지 못한다.

메시아 비밀론은 마가가 강조하려는 기독론 이해와 직결되어 있다. 마가는 독자들에게 예수가 누구인가를 온전히 이해시키려 한다. 하나님의 아들로서 예수의 참된 지위는 기적을 행하는 것과 같은 영광의 모습에만 국한되지 않고 동시에 고난의 모습도 포함되어 드러난다는 사실을 독자들에게 강조한다. 베드로가 비록 예수를 유대를 해방시킬 승리의 왕으로 고백하나, 그는 예수의 메시아 직분을 오해했다. 하나님의 아들로서 예수의 참된 본질은 십자가의 고난에서 드러난다는 사실을 베드로는 깨닫지 못했다. 바로 이 점을 마가는 강조한다. 이렇게 마가의 비밀론은 예수가 누구인가에 대해 깊이 성찰한 빼어난 신학자 마가의 모습을 보여준다. 타이센은 "마가의 비밀 모티브는 마가의 예수 전승과 마가복음에 있는 해석을 유일한 해석으로 정당화하기 위한 하나의 방법"이라고 말한다.[25)]

---

25) 타이센, 『복음서의 교회정치학』, 32.

3. 마가의 바실레이아(Basileia) 이해

마가의 종말론을 규정하는 경우 무엇보다도 그의 바실레이아 이해와 인자 개념이 중요하다. 마가는 예수의 바실레이아 메시지를 하나님의 관점에서 "하나님의 바실레이아"로 묘사한다(βασιλεία τοῦ θεοῦ, 막 1:15; 4:11, 26, 30; 9:1, 47; 10:14-15, 23-25; 12:34; 14:25; 15:43). 즉 바실레이아는 하나님에 의해 마련되는 새로운 실재이다. 그것은 특히 복음서 앞부분에서 예수 선포의 핵심을 마가가 요약하는 구절에 잘 나타난다.

> (막 1:14-15) 요한이 잡힌 후 예수께서 갈릴리에 오셔서 하나님의 복음을 전파하여 이르시되 때가 찼고 하나님의 나라가 가까이 왔으니 회개하고 복음을 믿으라 하시더라.

여기서 "때가 찼다"(πεπλήρωται ὁ καιρός)는 진술은 명백히 종말론적인 진술이다. 이 표현을 통해 마가는 이 세상의 역사와 시간이 끝나고, 이와 전적으로 구분되는 새로운 것이 현재 도래하였다는 사실을 선언한다.[26] 이제까지 역사 가운데 드러나지 않았던 하나님 나라/하나님 통치가 시작되었다는 뜻이다.

하나님 나라가 "가까이 왔다"는 진술을 두고 학계에 논란이 있다. 막센(W. Marxsen)은 마가가 "가까우나 아직 일어나지 않은 사건"으로서 "파루시아", 즉 주님의 재림을 염두에 두고 있다고 해석했다. 그와 달리 헨헨(E. Haenchen)은 때가 찼다는 진술에 합당하게 하나님 나라는 단지 근접해 있는 것이 아니라 실제로 와 있다고 말한다. 즉 하나님 나라는 천사가 내려오고 하늘 나팔이 울리며 무덤이 열리는 우주적 사건으로서 드러나

---

26) 마태는 마가복음 1:15을 수용했으나, 하나님 나라의 현재성을 드러내는 마가의 중심 표현인 "때가 찼다" 표현을 삭제하여 천국의 미래상을 부각시킨다(마 4:17, "이 때부터 예수께서 비로소 전파하여 이르시되 회개하라 천국이 가까이 왔느니라 하시더라").

는 것이 아니라, 오직 신앙의 눈으로써만 볼 수 있는 숨겨진 시작으로 드러난다는 것이다.[27] 이런 의미에서 마가는 "하나님 나라의 비밀"(막 4:11)에 대해 말할 수 있었다.

마가는 예수의 등장과 함께 하나님의 통치가 시작되었다고 믿었다. 그는 예수의 오심과 더불어 세상의 역사는 끝나가고 하나님 나라의 구원이 가까이 왔다(ἤγγικεν ἡ βασιλεία τοῦ θεοῦ)고 확신했다. 여기서 마가는 "이미"와 "아직 아니" 사이의 긴장 관계, 즉 구원이 이미 도래했다는 사실과 다른 한편 구원의 완성이 아직 이루어지지 않았다는 사실 사이의 긴장 관계를 의식한 것으로 보인다. 그래서 "가까이 왔다"는 말로 예수의 하나님 나라 선포에 담긴 그러한 양면성을 표현하였다고 이해할 수 있다.[28]

1:15 외에도 마가는 하나님 나라가 가까이 왔음을 누차 강조한다. (9:1) "여기 서 있는 사람 중에는 죽기 전에 하나님의 나라가 권능으로 임하는 것을 볼 자들도 있느니라"; (10:23-25) "하나님의 나라에 들어가기가 얼마나 어려운지 낙타가 바늘귀로 나가는 것이 … "; (14:25) "내가 포도나무에서 난 것을 하나님 나라에서 새 것으로 마시는 날까지 다시 마시지 아니하리라"; (15:43) "아리마대 요셉은 … 하나님의 나라를 기다리는 자라".

동시에 마가는 하나님의 나라가 현재에 이미 영향력을 미치고 있다고

---

27) W. Marxsen, *Der Evangeluist Masrkus. Studien zur Redaktionsgeschichte des Evangeliums* (Göttingen, ²1959), 89; E. Haenchen, *Der Weg Jesu* (Berlin, ²1968), 73.

28) 마가에게는 예수의 바실레이아 선포에서 강조된 현재 종말론적 차원이 어느 정도 약화되어 있다. 로핑크(G. Lohfink)는 *Jesus von Nazaret*(2012)에서 예수의 바실레이아 선포에 담긴 현재 종말론의 중요성을 강조한다. 그는 예수의 바실레이아 선포를 "이미와 아직 아니"의 긴장 관계로 설명하면서 하나님 통치의 현재성을 결국 무시하는 오늘날 학계의 경향을 강하게 비판한다(『예수 마음 코칭』, 김혁태 역[서울: 생활성서사, 2015], 64-68 참조). 또한 저명한 유대인 학자 D. Flusser(*Jesus*, 96)의 "예수는 사람들이 종말의 경계선상에 있을 뿐만 아니라, 구원의 새 시대가 이미 시작했다는 사실을 선포한 인물로서 우리에게 알려진 유일한 고대 유대인이다"는 진술 참조.

도 말한다. (4:11) "하나님 나라의 비밀을 너희에게 주었으나 타인에게는 모든 것을 비유로 하나니"; (10:13-15) "누구든지 하나님의 나라를 어린 아이와 같이 받들지 않는 자는 결단코 그 곳에 들어가지 못하리라"; (12:34) "네가 하나님의 나라에서 멀지 않도다."

임박한 하나님 나라에 대한 "하나님의 복음"을 선포하는 것이 마가가 전하는 예수 선포의 핵심이다. 하나님 나라에 대한 복음 선포야말로 예수의 핵심 사명이라는 사실을 마가는 거듭 강조한다.

많은 병자를 고쳐 주신 가버나움에 계속 머무시기를 제자들이 바랐던 때에 예수는 다음과 같이 말한다.

우리가 다른 가까운 마을로 가자 거기서도 전도하리니 내가 이를 위하여 왔노라 하시고 이에 온 갈릴리에 다니시며 그들의 여러 회당에서 전도하시고 또 귀신들을 내쫓으시더라(막 1:38-39).

이러한 예수의 메시지는 열두 제자 파송 때에도 나타난다.

열둘을 세우셨으니 이는 자기와 함께 있게 하시고 또 보내사 전도도 하며 귀신을 내쫓는 권능도 가지게 하려 하심이러라"(막 3:14-15).

"전도하다"에 해당하는 그리스어는 κηρύσσω이다. 이는 '복음을 널리 선포하다'는 뜻을 갖고 있다. 여기에 드러나듯이 마가는 예수가 귀신을 쫓아내는 것을 하나님 나라가 가까이 온 것에 대한 증거로 여겼다. 귀신 들려 괴로워하는 사람에게서 귀신을 내쫓는 일은 단지 치병 사역에 불과한 것이 아니라(참조. 막 5:1-10) 인간을 해방시켜 줄 하나님 나라가 가까이 오는 것을 방해하는 악의 권세를 무너뜨리는 것을 상징한다.

마가가 묘사하는 복음은 단지 하나님 나라의 임박한 도래에 대한 예수의 선포에 국한되지 않는다. 심지어 예수의 죽음도 복음에 속한다. 그와 같은 사실은 베다니에서 온 한 여인이 예수의 몸에 향유를 발라 드린 일에서 잘 드러난다. 여기에서 예수는 "온 세상 어디든지 복음이 선포되는 곳마다 이 여자가 한 일도 전해져서 이 여자를 기억하게 될 것이다"(막 14:9)라고 말한다. 곧 죽음에 이르는 예수의 운명도 복음에 속한다는 것이다. 마가는 이 장면을 예수 수난 이야기 맨 앞에 배치하여 이어지는 수난 관련 이야기가 모두 이 복음 선포의 빛에 있음을 분명히 한다.[29)]

하나님 나라가 가까이 왔음을 강조하지만 마가는 하나님의 최후 심판과 구원의 완성이 가까이 이른 것으로는 여기지 않았다. 또한 마가는 제자들이 부활의 열광주의에 빠져 현재 하나님 나라를 온전히 소유하고 있다고 주장하는 것에 대해 경계했다. 최후 심판의 "날과 때"는 인자 예수를 포함하여 어느 누구도 알 수 없고, 오직 하나님만 알 수 있을 뿐이라는 진술에서(막 13:32) 그와 같은 사실을 알 수 있다.

하나님 나라가 가까이 왔다는 엄중한 현실에 직면하여 마가가 독자들에게 강조하고 싶은 것은 사람들이 속히 회개하고 하나님의 복음을 믿는 일이며(막 1:15), 또한 극단적인 결단을 내리는 일이다(막 9:42-48). 미래 소망의 근거는 지금 현재에 예수와 그의 말씀에 대한 믿음/신실함에 있기 때문이다. 마가는 4:11에서 "하나님 나라의 비밀"에 대해 언급하는데, 마가에게 그 비밀은 예수 그리스도의 비밀과 직결된다. 그 비밀은 인자 예수 그리스도의 재림과 더불어 완성된다.

---

29) 물론 마가보다 앞서 초기 교회가 전해준 "십자가와 부활"에 관한 케리그마가 있었고, 그것을 수용한 제1세대 그리스도인인 바울은 십자가와 부활로 요약할 수 있는 예수의 구원 사건을 복음으로 강조했다. 이러한 전통 위에서 제2세대 그리스도인인 마가는 복음을 초기 교회가 전해준 십자가와 부활의 케리그마에 국한시키지 않고 예수의 생애 전체를 복음으로 확대시켜 이해했다. 그에 따라 "하나님의 아들 예수 그리스도에 대한 복음의 책"(막 1:1) 제목 아래에 예수의 공사역 전체를 담은 "마가복음"을 기술했다.

4. 마가의 인자 기독론

마가복음에 모두 14번 사용된[30] "인자"(ὑιὸς ἀνθρώπου) 칭호는 "하나님의 아들"(ὑιὸς θεοῦ)[31] 칭호와 더불어 마가의 기독론을 이해하는 데 매우 중요하다. 마가의 인자 기독론은 그의 종말론 이해와 직결되어 있다. "하나님의 아들" 칭호가 하나님과 긴밀하게 연결된 예수의 본질을 드러낸다면, "인자" 칭호는 주로 예수의 사역과 기능에 초점을 맞춘다. 마가가 전하는 인자 말씀은 보통 세 가지로 나뉜다.

가. 종말론적 미래에 오실 인자(막 13:26; 14:62)

여기서 사용된 인자 칭호에는 유대 전통에서 물려받은 인자의 성격이 가장 잘 드러난다. 즉 인자는 종말의 문맥에서 영광 중에 오시는 지존하신 분으로 묘사된다. 13:26에서는 이 시대가 환란 중에 뒤흔들리고 우주적 표징이 나타난 뒤, 사람들은 "인자가 구름을 타고 큰 권능과 영광으로 오는 것을" 보리라 한다. 이는 다니엘 7:13의 예언을 예수의 모습과 관련시킨 것으로 보인다.[32] 14:61-62에서 인자는 '권능자의 우편에 앉은 인자가 하늘 구름을 타고 오는' 지극히 높으신 분으로 묘사된다. 이런 전승은 초기 교회에서 생겨났을 것이다. 묵시주의에서 고대하던 인자가 다름 아

---

30) 막 2:10, 28; 8:31, 38; 9:9, 12, 31; 10:33, 45; 13:26; 14:21, 41, 62.

31) 마가는 "하나님의 아들" 개념을 중요한 기독론적인 칭호로 사용한다. 이 칭호는 예수의 본질을 신적인 인간으로, 또 종말론적인 구원 시대의 왕으로 강조하여 나타낸다. 마가는 이 칭호를 복음서의 시작(1:1)과 끝 부분(15:39)에 사용한다. (1:1) "하나님의 아들 예수 그리스도의 복음의 시작이라"; (15:39) "예수를 향하여 섰던 백부장이 그렇게 숨지심을 보고 이르되 이 사람은 진실로 하나님의 아들이었도다 하더라". 이 칭호는 1:11(세례 때); 3:11; 5:7; 9:7(변화산에서)에서도 나타난다.

32) 다니엘 7:13의 "인자 같은 이"는 다니엘 7:18, 22, 2527에서 "지극히 높으신 이의 거룩한 백성"으로 묘사된다.

닌 예수라는 확신을 마가는 초기 교회에서 수용했다.

미래 종말론적 인자 표상은 하나님 나라의 도래와 연결된다. 9:1에서 예수는 "권능으로 임하는 하나님 나라"에 대해 말하는데, 이 도래는 우주적인 것으로 지상적 질서가 붕괴되면서 인자 예수가 "큰 영광과 구름을 타고 큰 권능과 영광으로" 오는 가운데 이루어진다(13:24 이하). 이렇게 도래한 인자는 "천사들을 보내어 자기가 택하신 자들을 땅 끝으로부터 하늘 끝까지 사방에서 모을 것이다"(13:27). 이처럼 마가는 인자의 재림과 더불어 하나님 나라가 온전히 도래하리라 믿었다(참조. 8:38; 9:1; 14:25).

나. 권세를 가지고 현재 지상에서 활동하시는 인자(막 2:10; 2:28)

이 인자 칭호 역시 겸손의 칭호와는 거리가 멀고 예수를 지극히 높이는 지존의 칭호이다. 2:10에서 예수는 중풍병자의 죄를 용서하는 것을 서기관들이 비난하자 "인자가 땅에서 죄를 사하는 권세가 있는 줄을 너희로 알게 하려 하노라" 말씀하신다. 여기에는 지상에서 죄를 사할 권세를 예수가 지니고 있다는 놀라운 메시지가 담겨 있다. 2:28에서는 "인자가 안식일에도 주인"임을 천명한다. 곧 예수는 하나님에게서 율법 해석의 전권을 부여받은 자이기에 안식일 계명에 대한 유대 전통적인 해석을 초월하는 분이다.

인자가 죄 사함의 전권을 가진다는 해석을 마가는 초기 교회에서 물려받았다. 권세를 가지고 현재 활동하는 인자상을 통해 마가는 이미 예수의 지상 활동 가운데 지존하신 그의 위엄을 드러냈다(참조. 가르칠 때 막 1:22; 축귀와 치유 사역 때 막 1:27, 41; 3:10-11; 5:1-20 등).

다. 고난 받는 인자(8:31; 9:9, 12, 31; 10:33, 45; 14:21, 41)

고난 받는 인자 말씀이 가장 많이 나타난다(8번). 여기에는 원시 그리스도교가 선포한 예수의 십자가와 부활에 대한 케리그마가 전제되어 있다.

고난 받는 인자상은 초기 교회에서는 발견되지 않는 마가 특유의 진술이다. 이 경우 세 번에 걸친 예수의 고난 예고가 특히 중요하다(8:31; 9:31; 10:33). 세 수난 예고는 예수 수난 사건의 정점을 향해 점차 나아가는 성격을 띤다. 첫 번째 고난 예고는 케리그마로 발전하고, 두 번째 고난 예고는 예수를 넘겨주는 관점에서 좀 더 세련된 케리그마로 다듬어진 수난 이야기에서 유래하였고, 마지막 세 번째 고난 예고는 이미 수난 죽음의 길에 접어든 단계를 차례대로 묘사한다.[33]

여기서 마가는 인자 예수께서 당할 고난을 예고하면서 갈릴리를 떠나 예루살렘으로 향하는 길을 묘사한다. 인자는 마침내 죽음의 장소인 예루살렘에서 조롱을 받으며 십자가에서 사망한다. 인자의 죽음은 그의 부활을 위해 반드시 거쳐야 하는 길이다. 따라서 세 번에 걸친 고난 예고의 끝부분에서 부활이 언급된다.

마지막 세 번째 고난 예고에 처음으로 고난의 의미가 드러난다.

> 인자가 온 것은 섬김을 받으려 함이 아니라 섬기려 하고 자기 목숨을 많은 사람의 대속물로 주려 한다(막 10:45).

아마도 마가 이전의 편집자가 이 말씀을 10:44와 연결시켜놓은 것을 마가가 수용한 것으로 보인다. 아무튼 마가는 비천한 인자상과 그의 죽음으로 이루어지는 속죄 행위를 자신의 인자 신학에 담았다.

마가가 인자 칭호를 특별히 중요하게 여긴 것은 인자 칭호가 하나님의 아들 칭호를 가지고는 상상할 수 없었던 전망, 곧 예수의 삶과 죽음과 부활과 재림에 담긴 구원사적 전망을 열어주기 때문이다.

---

33) R. 슈낙켄부르크/김병학 옮김, 『복음서의 예수 그리스도』(칠곡: 분도출판사, 2009), 109.

5. "예수 따름"의 제자도와 종말론 사이의 밀접한 관계

마가는 예수의 제자들을 전반적으로 부정적인 모습으로 묘사한다. 예수가 가르침을 이해하기 쉽게 설명해 주어도 제자들은 깨닫지 못하고 심지어 이기적이거나 나약하거나, 실패자의 모습으로 자주 등장한다.

(막 8:17-18) 너희가 … 아직도 알지 못하며 깨닫지 못하느냐 너희 마음이 둔하냐 너희가 눈이 있어도 보지 못하며 귀가 있어도 듣지 못하느냐 또 기억하지 못하느냐.

그럼에도 제자들은 부활 이후 교회의 모델을 이룬다는 점에서 중요하다. 예수의 부름에 순종하여 따라간 제자들의 체험을 통해 마가복음을 읽는 독자들은 자신들을 제자들과 동일시할 수 있다. 마가는 독자들로 하여금 제자들의 실패를 교훈으로 삼으라고 말한다. 곧 그는 예수를 따르는 길은 기적과 환상과 황홀경을 통한 영광의 길이 아니고(9:2-10), 자기를 부인하고 자기 십자가를 지고 가야만 하는 고난의 길이라는 사실을 강조한다(8:34; 10:42-45). 그것은 곧 모든 사람의 으뜸이 되는 것이 아니라 모든 사람의 종이 되어 자신을 내려놓고 타인을 섬기는 삶이다.

따라서 마가가 강조하는 제자도는 예수의 고난의 운명과 직결된다(8:34-38). 제자도는 예수의 인격과 그의 길을 무조건 따르는 것이다. 모든 시련을 끝까지 견뎌낸 제자는 종국에 구원을 받게 될 것이다(13:9-13).
또 부유한 자의 경우처럼(막 10:17-22) 율법에 충실한 삶을 살더라도 지상의 것에 대한 집착을 갖고 있는 자는 예수의 제자가 될 수 없다. 예수의 제자도는 한마디로 고난의 제자도이다. 고난 받는 인자 예수의 모습을 강조한 마가는 그에 걸맞게 제자들도 그러한 예수의 삶을 따라야 한다는 점을 누차 강조한다.

마가복음에서 예수 따름의 말씀은 예수의 종말론적 전망과 연결되어 나타난다(참조. 막 8:34-9:1; 10:23-31, 35-40; 13:5-13, 24-27). 인자가 재림하게 되면 당신이 택하신 자들을 땅 끝으로부터 하늘 끝까지 사방에서 모으게 되는데, 이때 모든 시험과 위험을 끝까지 견뎌낸 택함을 받은 자들은 영생을 상으로 받는 반면 택함을 받지 못한 불충한 자들은 구원에서 배제된다.

III. 마태의 종말론

종말론은 마태가 처한 역사적 위치와 신학적 위치 이해에 중요한 개념이다. 하나님의 미래 종말론적 행위에 관한 진술이 마태의 현재적 관점을 결정하기 때문이다. 그에 걸맞게 종말론적 심판 사상은 다른 복음서의 경우와 달리 마태복음을 관통하는 중심 주제에 속한다. 본 주제로 들어가기에 앞서 먼저 마태복음에 대한 개론적인 이해를 다루어 보자.

1. 마태복음에 대한 개론적 이해

고대 교회 전승에서 마태복음은 가장 오래된 복음서이고, 사도 마태가 유대인들 사이에서 히브리어로 기록한 증언(Irenaeus, *Adv. haer.* III,1,1)으로 나타난다. 마태복음에는 예수 그리스도에 대한 구약성서의 예언이 성취되었음을 강조하는 구약 인용문이 가득할 뿐만 아니라, 또한 예수의 위대한 메시지를 담은 유명한 "산상수훈"(마 5-7장)이 나온다. 게다가 복음서에서 유일하게 "교회"(ἐκκλησία)라는 개념이 나타난다(마 16:18; 18:17).

이런 관찰 등에 따라 마태복음은 교회사에서 다른 복음서보다 더 많은 사랑을 받으면서 가장 중요한 "교회의 복음서"로 간주되었고, 그리하여 정경의 순서상 맨 앞에 위치하는 영예를 얻었다. 그러나 마태복음을 가장 오래된 복음서로 여긴 고대 교회 전승은 근대에 들어와 역사비평적 연구를 통해 더 이상 견지되기 어려워졌다.

가. 유래 및 저자

복음서의 제목인 "카타 마타이온"(KATA ΜΑΘΘΑΙΟΝ, "마태에 따른 [복음]")은 이 복음서의 저자를 부활 이전의 열두 제자에 속했던 세리 마태로 보았음을 말해준다. 2세기 때 소아시아 히에라폴리스의 감독 파피아스(Papias)의 증언도 이를 뒷받침하는 듯하다.[34]

마가복음 2:13 이하의 예수께서 세관 레위를 제자로 부르시는 장면이 마태복음에서는 레위 대신 마태를 부르는 것으로 되어 있다(참조. 마 10:3). 이러한 변경의 배후에는 마태를 예수의 직제자로 보려는 경향이 있다. 따라서 이 변경은 오히려 마태가 복음서의 진정한 저자가 아님을 말해주는 증거로 보인다. 뿐만 아니라 이 복음서의 저자가 직제자가 기록하지 않은 마가복음을 이용했다는 사실은 예수의 직제자 마태가 저자이기 어렵다는 결정적인 증거이다. 복음서 자체에는 저자에 대한 아무런 암시도 나오지 않는다.

오늘날 많은 학자들은 마태복음의 저자를 유대 그리스도인으로 여기고, 마태복음을 유대 기독교적인 복음서로 간주한다.[35]

다음과 같은 점이 유대 그리스도교적 입장을 드러낸다.[36]

(1) 율법을 근본적으로 긍정한다(참조. 마 5:17-20; 23:3a, 23b).
(2) 구약성서를 지속적으로 인용하고, 구약의 약속이 성취되었음을 강조한다(참조. 마 1:22-23; 2:5-6, 15, 17-18; 3:3; 4:14-16; 8:17 등).
(3) 예수의 선교를 근본적으로 이스라엘에 국한시킨다
(참조. 마 10:5-6; 15:24).
(4) 마태 공동체는 안식일을 지킨다(참조. 마 24:20).

---

34) Eusebius, *His. Eccl.* III,39,16: "마태는 히브리어로 말씀들을 모았다. 그러나 저마다 그것들을 능력에 따라 번역했다."

35) E. Schweizer; U. Luz; J. Gnilka; J. Roloff; I. Broer; M. Ebner.

36) 참조. U. Schnelle, *Einleitung in das NT*, 264.

(5) 마태 공동체는 계속해서 유대교와 연합하여 살아간다(참조. 마 17:24-27; 23:1-3).

(6) 모세 모형론(마 2:13 이하; 4:1-2; 5:1)과 예수의 다섯 개의 긴 설교는 모세를 떠올리게 한다.

(7) 마태복음의 언어, 구조, 구약 수용, 논증, 영향사가 유대 그리스도교 전통을 뒷받침한다.

마태를 "헬레니즘의 영향을 받은 자유로운 디아스포라 유대 그리스도교를 대표하는 사람"(U. Schnelle)으로 보려는 입장이 현재 탄력을 받고 있다. 다시 말해, 그는 유대교에 대한 세밀한 지식을 갖춘 유대인 출신의 그리스어를 구사하는 익명의 디아스포라 그리스도인으로 보인다.

참고로 타이센(G. Theissen)은 마가복음과 마태복음 모두 시리아에서 생성된 것으로 여기면서, "마태는 자기의 고향에서 발견한 가장 오래된 마가복음서를 수정하고 확장"하였다고 한다. 또 두 개의 유대 기독교 자료인 예수 어록(Q)과 마태 특수 자료(M)가 빠진 것을 마가복음에서 발견한 마태가 이 세 가지 자료를 통합하여 새로운 예수 이미지를 창출하고자 했던 것으로 설명한다.[37]

나. 생성 연대와 장소

마태복음 22:7("임금이 노하여 군대를 보내어 그 살인한 자들을 진멸하고 그 동네를 불사르다")에 예루살렘 성전 파괴(70년)가 암시되었다고 볼 수 있다. 성전 파괴는 하나님의 초대를 거부하고 예수를 죽인 이스라엘에 대한 형벌로 해석된다. 또 마태복음이 마가복음을 이용하였기 때문에 생성 연대를 유대 전쟁(66-70년) 이후로 잡아야 한다.

---

37) 타이센, 『복음서의 교회정치학』, 73-74.

게다가 이미 110-115년경 시리아에서 생성된 폴리캅 서신이 마태복음을 인용하고(Pol 2,3= 마 7:2; 5:3, 10; Pol 7:2= 마 6:13; 26:41), 또 2세기 초 시리아에서 생성된 "디다케"와 "이그나티우스 서신"이 마태복음을 알고 있던 것으로 보인다(Sm 1:1 ἵνα πληρωθῇ πᾶσα δικαιοσύνη, "그에 의해 모든 의가 이루어지도록" 참조. 마 3:15). 이에 근거하여 대체로 마태복음이 주후 80년대에 생성되었을 것으로 추정한다.

마태복음의 생성 장소는 유대인 출신의 그리스어를 말하는 그리스도인이 다수를 이루는 시리아 지역일 가능성이 크다. 예수에 대한 소문이 시리아까지 퍼지면서 치유를 바라는 최초의 병자들이 몰려오고(마 4:24), 그런 다음에야 유대 중심 지역에서도 무리가 몰려왔다는 진술(4:25)이 간접 증거가 될 수 있다. 안디옥의 감독 이그나티우스와, 역시 시리아에서 생겨난 디다케(Did 8,2[주기도문]; 11,3; 15,3-4)가 마태복음을 알고 있다는 사실도 그것을 뒷받침한다.

또 마태는 시리아에서 사람들이 그리스도인을 부르는 경우에 사용하는 "나조라이오스"(Ναζωραῖος)로 예수를 부른다(마 2:23). 마태복음의 생성은 유대교의 영향권에서 예수 어록(Q)이 생겨난 것과 같은 환경에서 이루어진 일이었을 것이다.

유랑 선교사들의 극단적인 삶의 방식, 즉 종말론적으로 동기 부여된 가난과 포기의 삶을 선택하면서 예수 따름을 실천한 삶의 방식이 마태에게 큰 영향을 끼쳤을 것이다. 마태의 교회는 느슨한 조직으로 이루어져 고정된 직분은 아직 존재하지 않았고, 특정인과 관련된 그리스도교 서기관의 기능이 있었던 것으로 보인다(마 13:52).

다. 마태복음 특유의 구조 – 예수의 다섯 설교

마태는 마가복음과 예수 어록(Q), 마태 특수 자료를 사용하여 자신이 참조한 마가복음보다 훨씬 풍성한 내용을 갖춘 복음서를 기록했다. 마태는 자료를 단순히 확대시키는 데 그치지 않고 자신의 편집 의도, 즉 신학적 구상에 따라 여러 전승을 체계적으로 재구성했다. 이런 의미에서 롤로프는 마태를 "조직가"(Systematiker)라고 부른다.[38)]

마태는 마가복음에 산발적으로 나오는 기적 이야기를 8-9장에 모았으며, 또한 원래 독자적으로 존재했던 예수 로기온 전승이나 개별적인 전승 단위를 합쳐서 비교적 긴 예수의 설교 말씀을 만들었다. 마태는 이와 같은 작업을 다른 복음서 저자보다 훨씬 일관되게 수행하면서 다섯 개의 예수의 설교 말씀을 복음서의 중심으로 삼았다. 이것은 각 설교가 거의 동일한 마감 양식을 가지고 있다는 사실을 통해서 알 수 있다(마 7:28 "예수께서 이 말씀을 마치시매"; 마 11:1; 13:53; 19:1; 26:1). 마태는 이 다섯 개의 긴 예수 설교 본문을 직접 편집하여 복음서 여러 곳에 삽입했다.[39)]

(1) 산상설교(마 5:1-7:29)
(2) 파송 말씀(마 9:35-11:1)
(3) 비유 말씀(마 13:1-52)
(4) 공동체(교회)를 향한 말씀(마 18:1-35)
(5) 재림 말씀 또는 종말에 관한 말씀(마 24:1-26:2).

이 본문들은 모두 마태가 자신의 문학적 의도에 따라 구성한 것이다. 이처럼 질서 정연한 구성은 마태가 갖고 있던 교육적인 관심과 관련이 있다. 즉 그는 자신의 복음서를 제자들을 위한 일종의 교육 지침서로 생각했다. 그것은 동사 "마태튜오"(μαθητεύω, "학생이다", "제자이다", "제자가 되다")가 유독 마태복음에만 나타난다는 사실에서 알 수 있다. 이러한 의미에서 마태를 "기독교 교사"로 불러도 좋을 것이다.[40)]

---

38) J. Roloff, *Einführung in das NT*, 165.

39) 롤로프(*Einführung in das NT*, 165)는 마태가 모두 일곱 개의 예수 설교 단락을 구상한 것으로 여긴다("세례 요한에 대한 말씀"[11:2-19]과 "바리새인들을 반대하는 말씀"[23:1-39]을 포함시킨다).

40) 이와 관련된 마태 공동체와 기독교 교육의 연관성을 마태복음 23:8; 23:10

2. 마태의 역사관에 담긴 특징

가. 성경의 '약속과 성취' 강조

마태는 복음서 첫머리 예수의 족보(마 1:1-17)에서 아브라함으로부터 메시아 시대에 이르기까지 이스라엘의 역사를 개관한다. 여기에 마태의 역사관이 드러나는데, 마태는 예수의 역사를 하나님 백성의 역사 안에 편입시켜 이 두 차원의 역사를 서로 연결한다. 족보는 세 시기로 구분되고, 매 시기는 14대의 조상들로 이루어져 있다. 이를 통해 예수는 하나님의 백성 가운데 편입된다. 아브라함을 통해 만백성이 복을 받으리라는 하나님의 약속이 예수에게서 성취되었음을 보여준다.

이에 걸맞게 1:18-25과 2:1-12에서는 예수의 탄생이 구약성경적 약속의 빛 아래에서 조명된다. 또 예수가 아브라함의 자손이라는 것은 예수가 이방인을 위한 구세주라는 사실도 증거한다. 이방인에게도 구원의 길이 열렸다는 사실은 이미 족보에 등장하는 이방 여인(다말, 라합, 룻, 우리야의 아내)을 통해서도 은근하게 드러난다.[41)]

나. 이른바 "성취 인용문"을 자주 사용

마태는 마가보다 훨씬 빈번하게 구약성경 말씀을 활용한다. 구약 인용문과 구약성경을 암시하는 구절이 마태복음에는 대략 72번, 마가복음

두 구절에서 찾아볼 수 있다. 스탠달(K. Stendahl)은 랍비나 인도자(교사)를 공동체와 관련된 특별한 직능에 대한 명칭이라고 보아 마태 공동체 안에 일종의 기독교 교육을 위한 학교 같은 것이 존재했었다고 주장했다(*The School of Matthew*, Philadelphia ²1968). 이와 달리 슈바이처(E. Schweizer)는 마태 공동체를 일종의 "형제단"(Brudergemeinde)으로 보았다.

41) H. Stegemann, "Die des Uria", in: *Tradition und Glaube*, FS K.G. Kuhn (Göttingen, 1971), 246-76.

에는 대략 35번 나타난다. 대체로 예수의 종말에 대한 말씀과 수난 이야기와 관련된다.

마태는 구약의 예언이나 약속에 표명된 하나님의 뜻이 예수 그리스도에게서 완성된 것으로 확신했고, 그와 같은 사실을 이른바 "성취 인용문"/"성찰 인용문"을 통해 강조한다.[42)]

여기에 마태 특유의 구원사적 이해가 나타난다. 성취 인용문은 복음서 전체를 관통한다(마 1:23; 2:6, 15, 18, 23; [3:3]; 4:15-16; 8:17; 12:18-21; [13:14-15]; 13:35; 21:5; 27:9-10). 이 인용문은 대체로 복합 인용문의 형태로 이루어져 있고, 보통 "주께서 선지자로 하신 말씀을 이루려 하심이니" 하는 도입 문구로 시작한다. 이 도입 문구가 마태의 표현으로 추정되는 것은 여기에 나오는 동사 πληρωθῇ("성취되었다" πληρόω의 단순과거 수동)는 마태가 선호하는 단어이기 때문이다.

이 인용 구절들은 마태에 앞서 이미 유대 그리스도교 전통이 깊이 묵상해 온 것으로 마태는 이를 자신의 상황에 맞추어 적용한 것으로 보인다. 이 성취 인용문을 통해 마태는 예언서나 구약의 약속이 예수 사건 안에서 실현되었다는 사실을 강조한다. 이를 통해 그는 옛 언약과 예수로 말미암은 구원 사건이 서로 밀접하게 연결되어 있음을 드러낸다. 또 이는 예수의 등장이 구약의 역사와 약속의 빛 아래에서 해석되어야 한다는 사실을 뜻할 뿐만 아니라, 구약의 전승도 성취 사건인 예수 사건의 빛에서 파악해야 함을 말한다.

이스라엘로부터 시작되고 만백성의 구주로 오신 예수의 길은 이미 마태복음 도입부에 나오는 예수 유년기 이야기에서부터 강조된다. 여기에 나오는 구약 인용문들 가운데 마태가 드러내고자 하는 기독론적 의도가 드러난다. 즉 하나님에게서 오신 예수의 기원과 그의 신적 신분을 알리고, 베들레헴을 거쳐 나사렛에 이르는 예수의 길을 암시한다(마 2:6, 23).

---

42) "성취 인용문"(Erfüllungszitat)을 "성찰 인용문"(Reflexionszitat)이라고도 한다. 이는 구약 예언서 인용이 특정한 형태를 띠고 나타나는 것을 가리킨다.

다. 미래 종말론적이며 윤리적인 성격이 강한 천국 선포

마가신학의 경우처럼 하나님 나라에 관한 주제는 마태신학의 중심 주제에 속한다. 그러나 마태에게 그 강조점은 마가와는 다르다. 마태복음에도 "하나님의 통치"(βασίλεια τοῦ θεοῦ) 표현이 나오지만(마 12:28; 19:24; 21:31, 43), 이는 예외적인 경우에 해당하고, 마태는 하나님 나라 대신에 "천국"(βασίλεια τῶν οὐρανῶν)을 선호한다. 이것은 단순히 하나님의 거룩한 이름을 우회적으로 말하려는 유대 회당적 언어 습관의 영향이 아니라, 바실레이아에 본질적으로 초월적이며 미래적인 특성을 부여하려는 마태 특유의 표현이다.

그에 따라 마태는 하나님의 통치가 현재 전개되는 역동성보다는 하나님의 미래적 통치가 드러나는 공간성을 부각시킨다. 그리하여 "천국에 들어가다"는 표현을 자주 사용한다(마 5:20; 7:21; 18:3; 19:23 이하; 참조. 마 7:13 "좁은 문으로 들어가라"; 18:8 이하 "영생에 들어가다"; 19:17 "생명에 들어가려면").

마태는 천국에 들어가는 조건으로 인간의 윤리적 측면을 강조한다. 그와 더불어 윤리 교사로서의 예수의 모습을 부각시킨다. 예수의 핵심 메시지를 담은 산상수훈에서 예수는 서기관들과 바리새인들이 행하는 의보다 "더 큰 의"를 행하라고 요구한다(마 5:20 "내가 너희에게 이르노니 너희 의가 서기관과 바리새인보다 더 낫지 못하면 결코 천국에 들어가지 못하리라"). 더 큰 의를 행하라는 산상수훈의 가르침은 마태복음의 마지막 장면에서 절정에 이른다. "내가 너희에게 분부한 모든 것을 가르쳐 지키게 하라"(마 28:20).

마태가 의미하는 "더 큰 의"의 모습은 특히 예수의 "반명제"(Antithese 마 5:21-48)에 잘 드러난다. 여기서 예수는 자신의 교훈을 토라의 교훈에 대립시키는 가운데 인간이 종말론적인 하나님의 뜻에 대하여 어떤 태도를 취해야 마땅한가를 가르친다. 한마디로 마태의 예수가 가르치는 반명

제의 메시지는 단순히 토라의 계명을 극단화시키거나 개혁하는 데 그치는 것이 아니라 토라를 능가하는 메시지라는 사실을 강조한다. 그리하여 마태의 예수는 전통적인 관습과 달리 임박한 하나님 나라가 선포될 때 인간이 취해야 마땅한 새로운 태도로서 '더 큰 의를 행하라'고 강조한다. 더 큰 의를 행하라는 계명은 자비의 계명 또는 이웃 사랑의 계명과 동일하며 원수 사랑에까지 확대된다.

한마디로 마태에게 자비는 인간의 모든 윤리적 행위를 결정짓는 규범이며 핵심이다. 그것은 예수의 말씀과 행위에 근거한 것이다. 그에 따라 자비의 중요성을 복음서 전체에 걸쳐 강조한다. 예컨대, 세리와 죄인들을 변호하는 장면에서(참조. 마 9:9-13; 평행 막 2:13-17; 눅 5:27-32) 마태의 예수는 마가나 누가의 예수와 달리 호세아 6:6에서 유래한 "너희는 가서 내가 긍휼[= 자비]을 원하고 제사를 원하지 아니하노라 하신 뜻이 무엇인지 배우라"(마 9:13)를 첨가한다.

이 말씀은 허기진 제자들이 안식일에 밀 이삭을 잘라먹는 것을 보고 바리새인들이 비난하자 예수가 그것을 변호하는 장면에 다시 한 번 인용된다(마 12:7). 율법 전통에 충실한 바리새인들의 기준에 따르면 제자들은 인식일 계명을 어긴 것이다. 그러나 예수는 구약성경에 나오는 다윗의 예를 들어 그것을 변호한다(마 12:3-4). 마태는 이 장면을 "인자는 안식일의 주인이니라"는 예수의 말씀으로 마감한다(마 12:8). 이에 걸맞게 예수의 복 선언은 "긍휼히 여기는 자는 복이 있나니 그들이 (하나님으로부터) 긍휼히 여김을 받을 것"이라 말한다(마 5:7).

마태는 자비의 중요성을 종말론적 최후 심판 장면(마 25:31-46)에서도 강조한다. 굶주리고 목마르고 헐벗고 병들고 감옥에 있는 사람들에게 자비를 베푸는 것이 곧 인자에게 베푸는 것과 같다고 말한다. 비록 이 장면에 "자비" 또는 "자비를 베풀다"란 단어가 사용되지는 않으나 인간이 어떻게 자비를 베풀고 이웃 사랑을 실천해야 하는가를 생생하게 묘사한다.

3. 종말론적 심판 강조

위에서 살펴보았듯이 마태복음은 자비의 주제를 부각시키는데, 다른 한편 종말론적 심판에 관한 위협적인 말씀도 반복하여 강조한다. 심판 사상은 마태복음의 변두리 주제가 아니라 복음서 전체를 관통하는 마태의 핵심 사상이다. 이 주제는 앞 부분(3:7-12)의 세례 요한의 메시지에서 시작되고, 산상수훈의 마지막 부분(7:13-27)에서 예수에 의해 수용되며, 이후 8:11 이하; 10:14 이하; 11:20-24; 12:31-37 등과 같은 독립된 로기온 가운데에서도 나타난다.

게다가 종말론적 심판 사상은 예수의 비유에서도 자주 나타날 뿐만 아니라(참조. 마 13:39-43, 47-50; 18:32-35; 22:11-14; 24:40 이하; 25:24-30), 예수의 종말에 대한 설교(마 24-25장)의 마지막 장면에 속하는 인자의 세상 심판에 관한 담화인 25:31-46에서도 나온다. 이처럼 마태는 인간이 얼마나 성실하게 살았는지 조사한 연후 그에 상응하는 상벌을 내리는 종말론적 심판관의 모습으로 예수의 모습을 강조한다.

그런데 마태복음 가운데 하나님이 베푸시는 자비와 더불어 위협적인 심판이 동시에 나타나는 것은 일종의 모순처럼 보인다. 마태가 이러한 긴장 관계를 의식했는지 알 수 없다. 아무튼 마태는 인간이 하나님 나라에 들어가기 위한 조건으로 회개의 차원을 강조할 뿐만 아니라(마 21:28-32) 이웃 사랑의 윤리도 분명히 강조한다(마 24:45-51; 25:14-30; 25:31-46). 이 모든 주제는 최후 심판이라는 종말론적 관점에서 주어진 것이고, 마태의 시각이 재림 주 인자 예수가 주관하게 될 미래 종말론적인 최후 심판을 향하고 있다는 사실이 중요하다.

그리하여 마태는 인자 예수의 재림에 관한 전망을 마태복음의 중심 모티브로 삼으면서(마 10:23; 13:41; 16:27-28; 19:28; 24:30, 44; 25:31; 26:64) 독자들의 관심을 마침내 최후 심판의 주제로 집중시킨다. 그것은 종말 대망이 마태가 속한 신앙 공동체 안에서 시들어간 것과 관련이 있어 보인다(마 24:45-25:30).

아무튼 마태복음에는 하나님이 베푸시는 자비와, 그에 보답해야 마땅한 인간의 윤리적 선행이 서로 종말론적 시평에서 하나로 연결되어 있다는 사실에 주목할 필요가 있다. 그러한 사실이 "용서할 줄 모르는 종의 비유"(마 18:23-35)에 잘 나타난다.

이 이야기는 세 장면으로 이루어져 있다. 첫째 장면(23-27절)은 주인은 상상을 초월하는 엄청난 빚(만 달란트)을 진 종을 불쌍히 여겨 그 빚을 모두 탕감해주는 큰 은혜를 베푼다. 둘째 장면(28-30절)은 그 종과 다른 종 사이에 벌어진다. 큰 은혜를 입었음에도 불구하고 그 종은 동료 종이 자신에게 빚진 100 데나리온을 돌려받기 위해 온갖 압박을 가하면서 참아달라는 동료의 간청도 거절하며 옥에 가둔다. 셋째 장면(31-34절)에서 대노한 주인은 "내가 너를 불쌍히 여김 같이 너도 네 동료를 불쌍히 여김이 마땅하지 아니하냐" 말하며 그 종을 단죄한다.

이 비유는 종이 큰 자비를 받았음에도 그런 자비의 삶을 자신의 삶 가운데에서 실행하지 않았고, 결국 하나님의 자비에서 떨어져 영원한 심판에 처해진다는 점을 강조한다. 다시 말해 이 종말론적 비유는 예수의 지상 사역을 통해 선포된 하나님의 자비를 나타낼 뿐만 아니라, 자비로운 행위의 결과도 보여준다.

우리는 위에서 마태가 강조한 종말론적 심판에 대해 살펴보았는데, 여기서 간과할 수 없는 점이 있다. 그것은 심판 표상에 놓인 이중성이다. 종말론적 최후 심판 때 예수를 버린 자들에 대한 심판과 더불어, 신앙공동체의 구성원일지라도 그가 어느 정도로 제자로 확증되느냐에 따라 판결이 갈린다는 점을 마태는 부각시킨다. 예컨대 알곡과 가라지의 비유(마 13:24-30, 36-43)가 그 점을 잘 나타난다.

게다가 마태복음 25:31-46의 담화에 잘 드러나듯이 인간은 심판의 결말을 예상할 수 없다는 점을 마태는 강조한다. 종말론적 최후 심판 때 사람들이 구원받으리라 예상하던 자가 유죄 판결을 받게 되고, 그와 정반

대로 어떤 이들은 하나님의 뜻과 예수의 복음에 합당한 마음과 행동으로 인해 영생의 축복을 받게 된다.

“모든 민족”에 대한 종말론적 심판과 관련하여(마 25:31-46) 예수의 복음에 대한 태도를 기준으로 민족들에 대해 대한 평가가 따를 것이라는 마태의 입장인 32절의 진술, “(인자가 자기 영광으로 올 때에) 모든 민족을 그 앞에 모으고 각각 구분하기를 목자가 양과 염소를 구분하는 것 같이 하여”를 눈여겨 볼만하다.

여기서 언급된 “모든 민족”에 대한 해석을 둘러싸고 학자들 사이에 논란이 있다. 이스라엘을 배제한 모든 이방 민족으로 보는 입장(B. Weiss)과 이스라엘을 포함한 모든 민족으로 보는 입장(J. Friedrich), 또한 모든 그리스도인들 내지는 예수에게 부름 받은 모든 민족으로 보려는 해석도 있다(J. Broer).

그런데 32절과 관련하여 한(Ferdinand Hahn)은 “공동체에 속하지 않은 사람도 구원을 경험할 수 있다”고 말한다(『신약성서신학 I』, 609). 현재 신앙 공동체에 속해 있느냐의 유무를 따지지 않고 마태는 복음을 직접 들어보지 못한 사람들의 경우 “내 형제 중에 지극히 작은 자 하나에게 한 것”(마 25:40; 참조. 마 18:6, 10, 14) 여하에 따라 종말에 있을 영벌과 영생의 길이 나뉜다고 해석한다. 이런 해석이 옳다면 신앙 공동체, 즉 교회에 속하지 아니한 사람들일지라도 그들의 행위가 복음에 합당할 경우 구원의 가능성이 열려 있다는 마태의 개방적인 입장을 읽어낼 수 있다.

여기서 마태복음의 교회론[43]에 대해 잠시 살펴보는 것도 좋겠다.

---

43) 참조. G. Bornkamm, “Enderwartung und Kirche im Matthäusevangelium”, in: G. Bornkamm / G. Barth / H. J. Held, *Überlieferung und Auslegung im Matthäusevangelium* (Neukirchen, 1975), 35.

마태복음의 교회론

마태복음은 교회론의 영향을 많이 받은 복음서로 중심 부분에 "교회"(ἐκκλησία) 용어가 나타난다(16:18, "또 내가 네게 이르노니 너는 베드로라 내가 이 반석 위에 내 교회를 세우리니 음부의 권세가 이기지 못하리라"). 또한 공동체적인 삶을 권면하는 단락(18:15-20, 17절에 2번)에서도 "교회"가 언급된다. 또한 부활하신 분이 제자들을 향해 "내가 세상 끝날까지 너희와 항상 함께 있으리라"(28:20)는 장면에서는 교회를 향한 마태의 남다른 의도를 엿볼 수 있다.

의인과 악인이 공존하는 교회(corpus permixtum)

마태복음에서는 교회 역시 하나님의 종말론적인 심판의 대상으로 나타난다. 마태는 사람들을 제자 공동체로 부르시는 하나님의 사역을 무작위의 부르심으로 묘사한다(마 22:10). 세상에 있는 교회는 의인과 악인이 공존하는 공동체이며(마 13:24-30 알곡과 가라지 비유; 마 13:47-50 그물 비유), 최후 심판에 가서야 둘 사이의 구분이 이루어진다. 따라서 마태에게는 최후 심판 때에 교회의 소속 여부가 아니라, 하나님의 뜻을 얼마나 잘 지켜 행했는가가 결정적이다.

예수 따름을 강조하는 교회

부활하신 그리스도의 최후 명령(28:19, "너희는 가서 모든 민족을 제자로 삼으라")에 마태의 교회 이해가 잘 드러난다. 본래 "제자"는 지상의 예수를 따라 다니던 무리를 뜻했으나, 부활 이후 예수를 믿는 자를 가리킨다. 제자의 개념을 부활 이후의 그리스도인에게 확대시키는 사실을 통해 부활 이전의 예수 제자단을 교회의 규범과 이상으로 간주한 마태의 시각을 엿볼 수 있다.

"예수 따름"(Nachfolge)을 통해 마태는 예수와의 지속적인 인격적 결합을 강조한다. 마태에게 신자가 되는 것은 곧 예수의 뒤를 따르는 것과 같다. 이 경우 마태는 예수 그리스도의 주도적인 부름을 강조한다. 즉 예수의 제자가 되는 것은 스스로 할 수 있는 일이 아니라, 예수의 부르심으로 인해 가능하다.

그러므로 예수와의 인격적인 관계에 있는 제자들의 모임인 교회는 예수와 운명 공동체의 관계 속에 있다. 그에 걸맞게 교회는 하나님의 모든 의를 이루어야만 한다(3:15. "우리가 이와 같이 하여 모든 의를 이루는 것이 합당하니라"). 예수를 따르는 사람들은 예수처럼 머리 둘 곳도 없이 고향도 떠난 상태에서 하나님 나라를 위해 결혼과 가족을 포기해야 한다(8:20; 19:12). 또 예수를 따르는 사람들은 예수의 고난에 동참해야 한다(16:24 "예수께서 제자들에게 이르시되 누구든지 나를 따라오려거든 자기를 부인하고 자기 십자가를 지고 나를 따를 것이니라"). 이는 또 겟세마네의 기도에서 제자들이 예수와 "함께 깨어 있으라"(26:38, 40)는 점을 강조하는 데서도 드러난다.

세상을 향한 선교 수행의 과제를 강조하는 교회

마태는 지상의 교회를 종말론적인 구원 공동체의 현존이라기보다 세상을 향한 선교의 과제를 수행하는 공동체로 파악한다(28:19-20, "그러므로 너희는 가서 모든 민족을 제자로 삼아 아버지와 아들과 성령의 이름으로 세례를 베풀고 내가 너희에게 분부한 모든 것을 가르쳐 지키게 하라"). 마태는 세상에 처한 교회를 세상의 부분으로 보면서 교회를 기능적으로 이해한다는 사실이 여기에 잘 드러난다.

IV. 누가의 종말론

누가는 자신의 연속된 두 작품, 즉 누가복음과 사도행전에 나오는 이야기를 자신의 "구원사"(Heilsgeschichte) 관점에 비추어서 묘사했다. 누가의 종말론은 이러한 그의 구원사의 관점과 밀접하게 연결되어 있다. 누가의 구원사의 관점을 다루기 위해 먼저 누가복음에 대한 개론적인 설명이 필요하다.

1. 누가복음에 대한 개론적 이해

누가복음은 예수의 생애를 다룬 책이고, 사도행전은 기독교 확장에 대한 역사적 단행본이기 때문에 두 책은 사실상 서로 상이한 장르에 속하나, 누가는 본래 이 두 책을 하나로 연결된 작품으로 기획했다. 다시 말해 누가는 예수의 사역에 관한 묘사를 사도들의 행적을 통해 보충하고자 했다. 그리하여 예수의 선포를 예수에 대한 사도들의 선포와 하나로 연결시켰다. 이는 원시 그리스도교 문헌사에 전례가 없던 일이다.

이로써 누가는 사도들을 통한 교회 확장의 역사에 신학적 중요성을 부여한 기여를 했으나, 동시에 문제도 야기시킨다. 선교사 인간을 구세주 예수 사역의 연속으로 묘사했기 때문이다. 이런 위험을 감지한 누가는 사도들에 대한 신격화를 단호하게 비판한다(행 10:25-26; 16:25-34). 후대 그리스도인들은 예수의 생애와 사도들의 생애를 다룬 두 책을 한 작품으로 엮은 것을 지나친 시도로 여겼고, 결국 정경 안에서 누가의 두 작품이 서로 분리되고 만다.[44]

가. 저자에 대하여

누가복음의 저자가 누구인지는 복음서 자체에 언급되어 있지 않다. "누가에 따른 [복음]"(KATA ΛΟΥΚΑΝ) 표제는 다른 복음서 표제와 마찬가지로 후대의 삽입이다. 그럼에도 이 표제는 실제 저자의 이름에 대한 기억을 간직한 것으로 보인다. "누가"는 루키아누스(Lukianus)라는 라틴어 이름의 그리스어식으로 축약이다. 누가는 사도가 아니었기에 그 이름은 실제 저자의 이름일 것이다. 그런데 주후 2세기 리용의 감독 이레네우스(Adv. haer. III,1,1) 이후, 고대 교회 전통은 바울의 동역자요 의사인 누가

---

44) G. Theissen, *Die Entstehung des NT als literarturgeschichtliches Problem* (Heidelberg: Winter, ^{2}2011), 199-215을 참조하라.

를 복음서의 저자로 간주하여 왔다(Eusebius, *His. Eccl.* III,4).

누가를 바울의 동역자로 보는 입장은 언뜻 보기에 사도행전 자체에서 그 근거가 있는 것처럼 보인다. 바울 선교에 대한 보도에는 복수 1인칭 "우리"를 사용한 단락(we-section)들이 나오는데(행 16:10-17; 20:5-8, 13-15; 21:1-18; 27:1-28:16), 여기에서 누가는 마치 자신이 바울 선교를 직접 목격한 사람처럼 등장하기 때문이다. 이와 관련해서 다음 세 가지 사항을 지적할 수 있다. 첫째, 1인칭 복수로 나오는 부분과 사도행전의 다른 부분이 문체상 일치한다. 둘째, "우리-단락" 가운데 종종 바울이 빠져 있는 것처럼 보인다. 셋째, "우리-단락"은 오직 배 여행을 묘사할 때만 나타난다. 헬레니즘의 역사가들은 종종 직접 체험한 것만을 진술해야 한다는 독자들의 기대에 부응해야만 했다. 따라서 현대의 많은 학자들은 이 부분을 누가가 활용한 "자료"로 보기보다는 누가 자신의 문학적인 묘사로 간주하는 경향이 있다(예. F. Bovon).

물론 그렇다고 모든 것을 누가의 상상으로 볼 수는 없다. 아마도 누가가 바울의 선교 여행 기록을 담은 일종의 "여행 일지"를 갖고 있었을 것이라고 생각하는 학자가 많이 있다(M. Dibelius). 만일 여행 일지가 실제로 "우리-단락"의 토대를 이룬다면, 이 여행 일지를 기록한 저자는 바울 여행의 증언자를 뜻한다. 그렇다면 "우리-단락"은 당시 바울의 선교 여행을 증언하는 역사적 신빙성이 높은 중요한 자료로 간주되어야 한다.

그런데 "우리-단락"이 있음에도 불구하고 누가를 바울 선교의 동역자로 보기 어렵게 만드는 다음과 같은 사항을 무시할 수 없다.

(1) 누가는 "사도"라는 개념을 바울에게는 적용하지 않고 예수를 몸소 섬겼던 열두 제자에게만 적용한다(참조. 행 1:22). 단지 사도행전 14:4, 14에서 바나바와 바울이 안디옥 교회로부터 파견된 "사도들"로 불린다. 바울은 자신의 사도직을 부인하는 사람들을 신랄하게 공격했을 정도로 자신의 사도직을 변호했다. 누가가 진정 바울의 제자였다면 누가의 사도 개념은 이해하기 어렵다.

(2) 누가는 이른바 예루살렘 "사도회의"의 결과로서 우상의 더러운 것과 음행, 목매어 죽인 것과 피를 멀리하라는 야고보가 내린 "사도의 칙령"에 내해 언급한나(행 15:20, 29). 이것은 예루살렘 교회가 이방인 그리스도인에게 부담을 지운 정결법과 관한 조항이다. 누가는 이 조항이 바울의 면전에서 결정되었다고 주장하지만, 바울은 예루살렘 지도층이 어떠한 칙령도 자신에게 "더하여 준 것이 없다"고 갈라디아서에서 단호하게 말한다(갈 2:6).

(3) 누가는 바울의 역사를 서술하면서 중요한 점에서 바울 자신과는 다른 보도를 한다. 곧 누가는 소명을 받은 뒤 바울이 세 번 예루살렘을 방문하는 것으로 보도하는데(행 9:23-26; 11:30; 15:1-29), 바울 스스로는 '갈라디아서'에서 게바와 다른 사도들을 만나러 간 첫 번째 예루살렘행과 사도회의를 위해 간 것 사이에는 결코 예루살렘에 간 적이 없다고 강조한다(갈 1:18-2:1).

(4) 누가는 바울을 위대한 이적 행위자로 묘사하는데(행 13:6-12 마법사 엘루마의 눈을 멀게 함; 14:8-10 루스드라의 지제 장애인을 걷게 함; 19:12 바울의 손수건과 앞치마로 병을 고치고 귀신을 쫓아냄; 20:7-12 삼층에서 떨어져 죽은 유두고를 자신의 몸에 안음으로써 살림; 28:3-6 독사의 독이 바울을 해하지 못함), 바울 자신은 그러한 이적을 비상한 것으로 여기지 않고 또한 그것이 자신의 사도직을 입증하는 것으로도 여기지 않는다. 바울은 사도는 기적으로 난관을 극복하는 사람이 아니라, 깊은 고난 가운데 그리스도의 도우심을 체험하는 사람(고후 12:10 "내가 그리스도를 위하여 약한 것들과 능욕과 궁핍과 핍박과 곤란을 기뻐하노니 이는 내가 약할 그 때에 곧 강함이니라")이라고 한다.

(5) 누가는 바울을 뛰어난 연설가로서 묘사한다(행 21:40; 22:1-2; 유대인 앞 13:16-41; 22:1-21; 23:1 이하; 26:2-23, 27; 28:17-20, 26-28; 이방인 앞 14:15-17; 총독 앞 13:9-11; 24:10-21; 25:10-11; 26:2-26; 철학자 앞 17:22-31). 그러나 실제의 바울을 뛰어난 연설가로 보기 어렵다. 그의 연설은 무력했으며 감동도 불러일으키지 못했다(고후 10:10 "'바울의 편

지는 무게가 있고 힘차지만, 직접 대할 때에는, 그는 약하고, 말주변이 별것이 아니다' 하고 말하는 사람이 있습니다").

(6) 바울은 그리스도 죽음이 지닌 구원론적인 의미, 즉 대속의 의미를 핵심 메시지로 부단히 강조하는데(롬 3:24 이하; 5:6 이하; 고전 1:18 이하; 15:3; 고후 5:18 이하; 갈 3:13), 사도행전에는 이러한 점이 거의 나타나지 않는다(참조. 행 13:27-29; 20:28).

위의 관찰에 근거하여 누가를 바울의 동역자로 보기 어렵다는 입장이 오늘날 지배적이다.[45] 누가의 작품에서 알 수 있는 사실은 누가가 당시 고대의 문학적인 기예와 양식 등에 대해 잘 알고 있었던, 신약성경의 다른 저자들보다 수준 높은 언어와 문체를 구사한 사람이었다는 점이다.[46] 예전에는 누가를 특히 역사가로 바라보았다면, 20세기 후반에는 신학자로서의 중요성을 강조했다(Ph. Vielhauer; E. Haenchen; H. Conzelmann). 한마디로, 누가는 문학적 소양과 신학적 소양을 골고루 겸비한 역사가라고 말할 수 있다. 오늘날 학계는 대체로 마가복음의 저자처럼 누가 역시 이방인 그리스도인일 것으로 여긴다.[47]

---

45) 여전히 바울의 동역자 누가를 저자로 보려는 시도가 있다. C.-J. Thornton, *Zeuge des Zeugen*, Tübingen, 1991, 69-81; M. Hengel/A. M. Schwemer, *Paulus zwischen Damaskus und Antiochien*, Tübingen 1998, 9-26; J. A. Fitzmyer, *AncB* 31, 1998, 50-51; J. Jervell, *Die Apostelgeschichte*, KEK III, Göttingen 1998, 79-84.

46) 리드벡은 누가의 문체를 "헬레니즘적 전문가 산문체"(hellenistische Fachprosa) 또는 "중산층 산문체"(Zwischenschichtenprosa)로 이해한다(L. Rydbeck, *Fachprosa, vermeintliche Volkssprache und das Neue Testament*, 1967, 188).

47) J. Roloff, *Die Apostelgeschichte*("의심의 여지없이 이방 그리스도인"); E. Schweizer; A. Weiser. 보봉(F. Bovon)은 누가를 유대교에 관심을 가진 태생적 그리스인으로서 그리스 수사학과 유대 성서 주석 방법에 익숙한 마게도니아 출신의 "하나님 경외자"(Gottesfürchtige)로 여긴다(*Das Evangelium nach Lukas* I, 1989, 22-24); 또한 타이센, 『신약성서』, 140("회당의 동조자인 경건

누가는 앞선 시대의 여러 전승과 자료를 참조할 수 있었던 그리스도교 제3세대에 속하는 인물임에 틀림없다(눅 1:1-4; 행 1:1-2). 이방인 그리스도인을 위해서 집필했다는 사실과, 이방인 그리스도교를 자신의 시대에 당연한 현실로 여기고 이를 하나님의 뜻에 합당하다고 보았다는 사실도 그것을 뒷받침한다. 그는 마가처럼 이방인으로서 유대 회당에 가기를 즐겼던 "하나님 경외자" 출신일 가능성이 크다. 성서 전승 및 회당 예배(눅 4:16-40)와 같은 유대 관습에 대해서도 잘 알고 있기 때문이다.

나. 수신자와 저술 목적

누가는 당시 일반 대중을 염두에 두면서 헬레니즘 세계의 문학적 관행을 따른 서문을 쓴 "역사적 단행본"(historische Monographie)[48]의 형태의 작품을 집필했다. 일차적으로 그리스도인 독자층을 염두에 두고 있으나, 동시에 비그리스도인에게 전도할 목적도 갖고 있다고 보인다. 특히 고급스런 언어 사용을 통해 교양인 층을 겨냥했다고 말할 수 있다. 그럼에도 불구하고 저자는 가난한 자의 편을 그 누구보다도 강하게 들고 있다. 저술 목적은 서문에서 밝히는데, 곧 전승을 정확하게 묘사하며 신앙의 토대가 되는 예수 전승의 신뢰성을 보여주고자 한다.

> 우리 중에 이루어진 사실에 대하여 처음부터 목격자와 말씀의 일꾼 된 자들이 전하여 준 그대로 내력을 저술하려고 붓을 든 사람이 많은지라. 그 모든 일을 근원부터 자세히 미루어 살핀 나도 데오빌로 각하에게 차

한 이방인"). 그러나 누가를 유대 그리스도인으로 보려는 시각도 있다. J. Jervell, *Die Apostelgeschichte*, Göttingen 1998, 84; 에브너/슈라이버, 『신약성경 개론』(칠곡: 분도출판사, 2013), 295. 디아스포라 유대인 출신일 가능성을 고려하기도 한다(Conzelmann/Lindemann, *Arbeitsbuch zum NT*, 343).

48) E. Plümacher, "Neues Testament und hellenistische Form. Zur literarischen Gattung der lukanischen Schriften", *TheolViat* 14, 1979, 109-23.

례대로 써 보내는 것이 좋은 줄 알았노니 이는 각하가 알고 있는 바를 더 확실하게 하려 함이로다(눅 1:1-4).

다. 저술 시기와 장소

누가는 마가복음을 대본으로 삼았을 뿐만 아니라 예루살렘 성전 파괴를 돌아보고 있기 때문에(눅 21:24), 성전 파괴가 일어난 주후 70년 이후에 기록되었을 것이다. 또한 같은 저자의 작품인 사도행전에 나오는 바울의 모습이 바울서신에 나오는 바울 상과 차이가 나는 것으로 보아, 누가복음은 바울서신집이 만들어지기 전(2세기 초)에 기록된 것으로 추정할 수 있다. 다른 한편 90년 초반에 있었던 황제 도미티아누스에 의한 박해를 전혀 암시하지 않는다. 또한 누가는 마태복음을 알지 못했던 것 같기 에 누가와 마태는 거의 같은 시기에 기록된 것으로 보인다. 이런 관점에 의해 누가복음의 생성 연대를 대략 80-90년 사이로 잡을 수 있다.[49)]

저술 장소에 대해서는 말하기 어렵지만 누가가 팔레스타인의 지리에 대하여 잘 모르며 유대 관습에 대해서도 관심이 적은 것으로 보아 팔레스타인 본토 밖에서 기록된 것으로 짐작된다. 그런데 누가가 속한 이방인 교회는 유대 그리스도교의 유산을 넘겨받았음을 잘 인식한 교회였기에, 유대 그리스도교와 밀접한 관계가 있던 교회였을 것이라고 짐작할 수 있다. 흔히 이 교회의 근거지를 안디옥, 또는 바울이 로마에 도착한 것이

---

49) Ph. Vielhauer, Geschichte(80년경); Ebner/Schreiber, 『신약성경 개론』(80-90년); H. Klein, *Das Lukasevangelium*, Göttingen 2006, 69(90년경); I. Broer, *Einleitung*(80-100년). 포코르니/헥켈(P. Pokorny/U. Heckel)은 예루살렘 멸망에 대한 기억이 생생하게 살아있다는 이유에서 누가복음의 생성 시기를 조금 앞당겨 75-80년경으로, 사도행전을 80-85년경으로 잡는다(*Einleitung*, 533). 롤로프는 누가복음과 사도행전의 생성 연대를 85-90년 사이로 추정한다(*Einführung*, 178). 타이센은 도미티아누스(81-96년)의 사망 직후에 기록된 것으로 추정한다(『그리스도인 교양을 위한 신약성서』, 143).

하나님의 섭리이며 초기 선교의 계획된 목표라고 하는 사도행전의 보도를 바탕으로 로마로 여기는 사람도 있다(E. Schweizer).[50]

2. 누가의 구원사 이해(Heilsgeschichte) - 누가 종말론의 토대

앞에서 언급했듯이 누가는 복음서 저자 가운데 유일하게 예수의 생애와 연결된 사도행전을 집필했다. 이는 어느 누구도 감행한 적이 없는 누가 특유의 시도이다. 이로써 누가는 교회의 역사가 예수에게서 시작되었다는 점을 분명히 했다. 교회의 역사를 예수의 역사와 통합시킨 것이야말로 "누가의 가장 위대한 성취"라고 말할 수 있다.[51]

"구원사의 신학자"로 불리는 누가는 예수의 시대를 구원의 시대로 여겼다. 다시 말해 예수께서 우리 가운데 나타나심으로 인해 하나님의 구원 활동이 인류의 역사에 진입해 들어온 사실을 강조한다. 그런데 누가에게 예수는 인류 역사의 완성으로 오신 분이 아니다.[52] 그는 단지 한 시대의 끝이자 시작으로 이 땅에 왔으며 그 모든 것은 하나님의 원대한 구원사 계획의 한 시간적 단계를 드러낼 뿐이다.

이런 시각에서 누가는 예수와 교회의 역사를 구약성서의 옛 언약에서 시작된 하나님의 구원사와 연결한다. 그래서 누가복음 1:1에서 "우리 중에 이루어진[= 성취된] 사실에 대하여"라는 표현으로 복음서를 시작한다. 누가의 구원사적 시각은 특히 누가복음 16:16에 특히 잘 나타난다.

---

50) E. Schweizer, *Theologische Einleitung in das NT*, 128

51) 타이센, 『복음서의 교회정치학』, 127 참조.

52) 십자가와 부활로 축약할 수 있는 "그리스도 사건"을 통해 인류에게 가져온 구원을 가장 잘 요약한 사람은 바울이다. 바울은 예수께서 "단번에" 구원을 완성한 것을 강조한다(롬 6:10 ἐφάπαξ).

율법과 선지자는 요한의 때까지요 그 후부터는 하나님 나라의 복음이 전파되어 사람마다 그리로 침입하느니라.

누가신학의 대가로 통하는 콘첼만(Hans Conzelmann)은 편집비평의 고전이 된 자신의 저서 『시간의 중간기: 누가 신학에 대한 연구』에서 누가의 구원사가 두 가지 모티브를 통해 드러난다는 사실을 밝혔다.

첫째, 누가는 자신의 두 작품을 구원사 신학의 표현으로 해석하면서 구원의 역사를 서로 명확히 구분되는 세 단계로 구분했다는 것이다.[53]

(1) 이스라엘의 시간(창조부터 세례 요한까지): 약속의 시기, 율법과 선지자들의 시기.
(2) 예수의 시간(사역의 시작부터 승천시까지): "시간의 중간기"("Mitte der Zeit") = 하나님의 구원 활동의 시기.
(3) 교회의 시간(승천으로부터 재림시까지): 성령의 시기

둘째, 누가는 이러한 구원사 구상을 예수 재림(= 파루시아)의 지연에 대한 해결책으로 제시한 것이라 한다. 누가 이전에는 하나님의 구원사를 '약속의 시대와 성취의 시대'라는 이분법적 도식 가운데 역사 안에 예수가 온 것을 곧 종말의 시작으로 해석했으나, 그와 달리 누가는 최초로 탄생에서 승천까지 이어지는 예수의 역사를 이미 지나간 과거 지사로 여기면서 "시간의 중간기"로 해석했다는 것이다. 이러한 시각을 통해 콘첼만은 교회의 시간을 하나님의 전체 구원사의 중요한 시대로 소개할 뿐만 아니라 예수를 "시간의 중간"에 놓음으로써, 누가는 예수 재림의 지연을 불가피한 것으로 수용했고 교회로 하여금 다가오는 시대를 준비시키려 했다는 것이다. 곧 누가는 자신의 구원사 구상을 통해 예수의 재림 지

53) H. Conzelmann, *Die Mitte der Zeit*. Studien zur Theologie des Lukas (Tübingen: Mohr, 1954).

연 문제에 대해 답을 하며, 교회의 시간에 속해 있는 그리스도인들은 주님의 도래를 수동적으로 기다릴 것이 아니라 만백성을 향한 능동적이며 적극적인 선교의 사명을 지닌다고 한다.

이러한 구상 위에서 콘첼만은 예수 그리스도가 가져온 구원을 "역사화" 시킨다. 누가는 신약 저자 가운데 유일하게 역사적 예수를 "오늘 구원"이 도래했음을 선포하는 분으로 묘사한다(눅 19:9 "오늘 구원이 이 집에 이르렀다"; 참조. 눅 2:11 "오늘 구주가 나셨다"; 4:21 "오늘 이 성경 말씀이 이루어졌다"). 그런데 누가 공동체에게 이 "오늘"은 이미 과거에 일어난 일이고, 지금은 더 이상 구원의 날이 아니다. 구원은 역사의 끝 최후 종말이 도래할 때까지 무기한 연기된 것이다. 그 때까지 교회는 성령의 은사를 통해 보호를 받으나 그와 동시에 수많은 환난을 겪지 않을 수 없다(행 14:22 "우리가 하나님의 나라에 들어가려면 많은 환난을 겪어야 할 것이다").[54] 한마디로 콘첼만이 잘 밝혀낸 누가의 구원사 구상은 누가 종말론의 토대를 이루는데, 이는 그의 뛰어난 신학적 성찰의 산물이다.

3. 구원사적 운명의 도시, 예루살렘의 중요성을 강조

누가는 마가나 마태보다 예루살렘의 중요성을 강조한다. 예컨대, 누가복음의 처음 장면과 마지막 장면이 모두 예루살렘 성전을 무대로 하고 있다는 사실에서 그것을 엿볼 수 있다.

---

54) 누가의 세 단계 구원사 구상은 많은 비판을 받았다. 누가의 구원사를 두 단계로 이해할 수도 있다. 이에 대해 필자의 글("누가의 구원사", 『21세기 신약성서 신학』[예영 커뮤니케이션, 2004], 327-44)을 참조하라. 롤로프도 누가의 구원사를 두 시기로, 즉 세례 요한으로 끝나는 구약의 약속의 시대와 예수의 등장으로 시작되는 성취의 시대로 구분한다(*Einführung in das NT*, 188). 성취의 시대는 예수 시대와 증인들의 시대로 세분할 수 있다.

(눅 1:5-25) 세례 요한의 아버지 사가랴의 성전에서의 제사장 직무
(눅 2:22 이하) 아기 예수의 성전에서의 정결 예식
(눅 2:41 이하) 성전에서 선생들과 문답하는 소년 시절의 예수
(눅 24:52-53) "그들이 [그에게 경배하고] 큰 기쁨으로 예루살렘에 돌아가 늘 성전에서 하나님을 찬송하니라"

또한 사도행전 1:4("사도와 함께 모이사 그들에게 분부하여 이르시되 예루살렘을 떠나지 말고 내게서 들은 바 아버지께서 약속하신 것을 기다리라") 에 나오는 부활한 예수의 명령은 다른 복음서에는 나타나지 않는다. 이 명령에 순종하여 제자들은 갈릴리로 가지 않고 예루살렘으로 돌아간다.

(눅 24:50-53) "예수께서 그들을 데리고 베다니 앞까지 나가사 손을 들어 그들에게 축복하시더니 축복하실 때에 그들을 떠나 [하늘로 올려지시니] 그들이 [그에게 경배하고] 큰 기쁨으로 예루살렘에 돌아가 늘 성전에서 하나님을 찬송하니라."
(행 1:12) "제자들이 감람원이라 하는 산으로부터 예루살렘에 돌아오니 이 산은 예루살렘에서 가까워 안식일에 가기 알맞은 길이라."

누가는 마가복음과 달리 제자들이 갈릴리로 되돌아가라는 예수의 명령을 언급하지 않는다.

(막 14:28) "그러나 내가 살아난 후에 너희보다 먼저 갈릴리로 가리라."
(막 16:7) "가서 그의 제자들과 베드로에게 [흰 옷을 입은 한 청년이] 이르기를 예수께서 너희보다 먼저 갈릴리로 가시나니 전에 너희에게 말씀하신 대로 너희가 거기서 뵈오리라 하라 하는지라."

예루살렘은 구원사적인 운명을 안고 있는 도시로서 예수께서 돌아가신 장소일 뿐만 아니라 부활한 예수의 현현 장소이다(갈릴리가 아님!). 누가는 교회의 시작이 예루살렘과 밀접히 연결되었다는 사실을 강조한다.

구원사의 중심에 있는 예루살렘은 예수 사역의 최종 목표이고 종말론적 성령 체험의 장소이며, 또한 최초 신앙 공동체가 탄생한 장소이며 선교의 출발점이다. 이런 관점에서 누가는 다른 복음서 저자들과 달리 예루살렘의 중요성을 부각시켰다.

4. "하나님의 나라" 개념의 강조점 변화

"하나님의 나라"(βασιλεία τοῦ θεοῦ)는 예수의 메시지를 구성하는 종말론적인 핵심 개념이다. 누가는 하나님 나라를 자신의 종말론 이해와 관련하여 중요한 개념으로 부각시킨다.

누가는 먼저 예수가 하나님의 나라 복음을 전하기 위해 보내심을 받았다고 말하는 누가복음 4:43에서 이 개념을 처음 사용한 것을 필두로 사도행전의 마지막 구절(행 28:31)에서도 사용한다. 이와 같이 자신의 작품의 처음 부분과 끝 부분에서 "하나님 나라" 개념을 강조하면서도 누가는 자신의 구원사 관점에서 또 자신이 처한 역사적 상황을 고려하여 새로운 강조점을 부여함으로써 하나님 나라 개념을 새롭게 이해한다. 그것은 하나님 나라 개념의 새로운 자리매김을 통해 나타난다.[55]

(1) 누가는 고대 유대교 이래 하나님 나라 개념과 결부된 유대 특수적인 함의를 제거한다. 즉 하나님 나라 개념을 유대 땅에만 결부시키고, 이방 백성들을 부정적인 역할을 하는 무리로 묘사하는 관점에서 벗어난다.
(2) 그에 걸맞게 누가는 하나님 나라를 예수 그리스도와 연결시킨다. 그리하여 예수가 선포한 하나님나라는 실재적인 성격을 띤다. 즉 하나님 나라는 예수의 등장 및 그의 기적 행위를 통해 실재적으로 드러난다.
(3) 예수의 죽음과 부활, 승천 이후 하나님 나라는 부활하신 분의 바실레

---

55) U. Schnelle, *Theologie des Neuen Testaments* (Göttingen, 2007), 486-87.

이아가 된다(참조. 눅 19:12, 15). 그것은 아버지가 약속한 나라이며, 부활하신 분이 들어가는 나라이다.

(4) 하나님 나라와 더불어 선포의 차원이 누가의 작품을 관통한다. 하나님 나라는 복음 선포의 대상이며(εὐαγγελίσασθαι 눅 4:43; 8:1; 16:16; 행 8:12), 케리그마 선포의 대상이다(κηρύσσειν 눅 9:2; 행 20:25; 28:31). 그리하여 그리스도 선포와 하나님 나라 선포가 동일시된다.[56] 이를 통해 누가는 자신이 강조하고픈 연속성의 모티브를 취한다. 하나님 나라는 예수의 선포일 뿐만 아니라 후대 증언자들의 선포도 되기 때문이다.

(5) 이런 연속성의 사고는 영의 표상을 하나님 나라 선포와 연결시키는 데 기여한다.

(6) 결국 하나님 나라는 예수 그리스도와 연결됨으로써 초월성 안에서도 직접적인 실재성을 띤다.

5. 누가의 구원 이해

가. 예수의 죽음을 속죄의 죽음으로 표현하지 않는다

일반적으로 구원 사건을 가리키는 교회 용어로 "대속", "속죄", "화해", "칭의", "희생 제물", "(자신을) 내어줌" 등의 개념이 주로 사용된다.

56) 프리외(A. Prieur)는 오직 누가에게만 명사 βασιλεία와 동사 εὐαγγελίσασθαι(또는 그와 유사한 형태의 동사)가 함께 나타난다는 사실과, 바실레이아에 대해 언급하면서 누가는 "기독교적 선포"를 염두에 두었다는 사실을 설득력 있게 밝혔다(*Die Verkündigung der Gottesherrschaft* [Tübingen: Mohr, 1996]). 이 경우 기독교적 선포는 "하나님의 구원 계획과 그것의 실현에 관한 선포"를 뜻한다. 하나님은 이런 계획을 "자기의 영을 통해 율법과 예언자들" 가운데 알렸고, "예수의 사역, 죽음과 부활, 그의 승천과 올리우신 이로서의 그의 활동"이 하나님의 구원 계획 중심에 있다고 한다.

이런 용어들은 대체로 바울서신을 필두로 마가복음이나 마태복음, 요한복음에서 비롯된 것이다. 이 개념에서 하나님에 의해 예수 그리스도를 통해 가능해졌으며 성령의 중개로 주어진 구원은 무엇보다도 예수의 십자가 죽음과 관련된 것으로 묘사된다.

그러나 흥미롭게도 누가는 구원을 좀 다른 각도에서 묘사한다. 누가 역시 예수의 수난에 대해 이야기하고(눅 22-23장), 예수가 자신의 운명을 예언자의 운명으로 받아 들였다고 말하고(눅 13:33-34), 메시아의 고난과 죽음이 신적 필연성에 따른 것임을 여러 차례 언급하고(눅 24:26), 예수의 이름을 통한 죄인의 용서 및 회개의 가능성에 대해서도 말한다(눅 24:47). 그러나 이들 구절 어디에서도 누가는 결코 예수의 십자가 죽음에 담긴 구원의 의미에 대해 언급하지 않는다.

실상 누가에게도 예수의 죽음을 통한 대속의 의미를 담고 있는 표현이 성만찬 제정의 말씀("이것은 너희를 위하여 주는 내 몸이라 … 이 잔은 내 피로 세우는 새 언약이니 곧 너희를 위하여 붓는 것이라, 눅 22:19-20)과 밀레도의 교우들과 고별 인사를 하는 바울의 말("하나님이 자기 피로 사신 교회를 보살피게 하셨느니라", 행 20:18)에서 나타난다. 대속의 의미를 담고 있는 위의 두 구절은 누가 이전의 전승에서 비롯된 것인데, 이를 통해 누가 역시 다른 초기 그리스도교 저자들처럼 예수의 죽음에 담긴 대속의 의미를 알고 있다고 말할 수밖에 없다. 그런데 위의 두 전승 구절을 제외하면 누가는 자신의 두 작품 어디서도 구원에 대해 말할 때 결코 예수의 십자가 죽음이 다른 사람을 위한 대속의 죽음이라는 구원의 의미를 언급하지 않는다. 대속의 의미를 의도적으로 피하고 있음이 분명하다.

이러한 의도에 걸맞게 누가는 "인자가 온 것은 … 섬기려 하고 자기 목숨을 많은 사람의 대속물로 주려 함이니라"는 마가복음 10:45의 진술을 자신의 평행 구절에서 제거하고, "나는 섬기는 자로 너희 중에 있노라"(눅 22:27)는 말로 대체한다. 게다가 누가는 인자가 고난을 받아야만 한다는 것에 반대하는 베드로의 이의 제기와 그것을 물리치는 예수의 말씀(참조. 막 8:32-33)을 가져오지 않는다. 이런 장면이 베드로가 부활 사건 후 예수의 고난이 하나님의 뜻이었음을 명백히 밝히는 사도행전의 내용(행 3:18)과 모순된다고 생각했을 것이다. 이처럼 누가가 예수의 죽음과 관련된 대속의 의미를 거론하지 않는 것은 분명 의도적이다.

나. 종말론적 예언자의 운명 또는 의인의 무죄한 고난으로 해석

누가는 자신의 복음서 도처에서 예수가 무죄한 의인으로 죽었다는 사실을 강조한다. 빌라도는 예수의 무죄를 수차례 밝힌다(눅 23:4, 14, 22). 예수와 함께 매달린 한 사람은 "이 사람이 행한 것은 옳지 않은 것이 없느니라"고 말한다(눅 23:41). 또한 십자가 아래에 있던 로마 백부장은 "이 사람은 정녕 의인이었도다"라고 말한다(눅 23:47). 사도행전에서는 세 차례에 걸쳐 예수가 원시 그리스도교의 메시아 칭호인 "의인"으로 불린다(행 3:14; 7:52; 22:14).

한마디로 누가는 예수를 가난한 자와 병자와 죄인을 위해 이 땅에 오신 종말론적 예언자로, 하나님의 아들이며 메시아로서 자신의 고난과 죽음을 통해 무죄한 의인의 길을 거쳐 하나님의 영광에 도달한 분으로 묘사한다. 누가에게 고난과 죽음은 영광에 도달하기 위해 반드시 거쳐야만 하는 단계이다(눅 24:26). 표면적으로 이 길은 성경의 말씀을 이해하지 못하는 이스라엘의 종교 지도자들로 말미암은 것이나(행 3:17; 13:27), 궁극적으로 그 길은 하나님이 예비하신 구원의 길이다.

다. 그리스도를 따르는 일상적 시련의 삶이 구원의 길

누가는 예수의 부활과 승천으로 말미암아 예수를 믿는 모든 사람에게 구원의 길이 열렸다는 사실을 강조한다. 베드로의 오순절 설교는 모든 사람에게 영을 부어주시겠다는 하나님의 약속(요엘 3:1-5)을 언급하면서 다음과 같이 말한다.

누구든지 주의 이름을 부르는 자는 구원을 받으리라(행 2:21). 누구든지 회개하고 세례를 받으면 죄 사함을 받고 … 이 패역한 세대에서 구원을 받게 될 것이라(행 2:38-40). 또한 하나님은 이스라엘에게 회개함과 죄 사함을 주시려고 그를 오른손으로 높이사 임금과 구주로 삼으셨느니라(행 5:31).

이처럼 하나님께 보좌로 나아가는 예수의 길은 그를 믿는 모든 사람에게 구원의 길이 되었다.

구원의 인도자인 예수에 의해 마련된 구원의 길에 동참하기 위해서 그리스도인들은 회개와 세례를 통해 예수가 가신 그 길을 자신의 삶에서 따라가야 하는 사람들이다. 그런데 예수의 길은 "날마다" 자기 십자가를 지고 예수를 따르는 사람들을(눅 9:23) 구원으로 인도하는 길이다. 누가는 마가의 평행 구절에 "날마다"란 단어를 첨가했고, 이로써 시련으로 가득한 그리스도인의 일상적 삶이 구원으로 가는 길임을 강조한다.

그에 걸맞게 누가는 사도행전에서 바울과 바나바로 하여금 소아시아 교회들을 향해 "우리가 하나님의 나라에 들어가려면 많은 환난을 겪어야 할 것이라"(행 14:22)고 말하게 한다. 누가는 하나님께 인도하는 예수의 길이 "구원의 길"임을 강조한 "길의 신학자"이다(행 16:17).

6. 재림 지연의 문제와 세계 선교의 기회

누가는 자신의 구원사 구상 및 제3세대 그리스도인으로서 자기가 처한 역사적 상황에 직면하여 자신의 종말론을 새롭게 구상한다.[57] 제1-2세대가 속히 오리라 믿었던 인자 예수의 재림이 벌써 꽤 긴 시간이 지났는데도 여전히 지연됨으로 인해 그리스도인들의 희망이 동요하고 있었고, 이를 심각한 문제로 여겼던 누가는 종래의 재림 대망을 새롭게 구상하여

57) U. Schnelle, *Theologie des NT*, 484-86.

일차적으로 하나님 나라의 도래가 임박했다고 말하는 진술을 삭제하거나 또는 그 의미를 약화시키거나 변경시켰다.

예컨대 "때가 찼고 하나님의 나라가 가까이 왔다"(막 1:15)는 마가가 전하는 예수 선포의 핵심을 마가의 문맥을 고려하지 않고 제거한 다음 그 말씀을 예수께서 제자들을 파송하는 장면에 삽입한다(눅 10:9, 11). 여기서 문맥에 주의할 필요가 있다. 파송 받은 제자들은 병자를 치유하면서 하나님 나라가 가까이 왔음을 선포하지만, 동시에 제자들을 영접하지 않는 사람들에게는 심판의 위협을 선포한다(눅 10:11).

또 마가가 전하는 예수의 종말 담화 중 "복음이 먼저 만국에 전파되어야 할 것이니라"의 진술을 자신이 강조하는 선교적 차원을 담고 있음에도 불구하고 삭제한다. 누가는 제자들이 박해받고 복음을 증거하는 일을 재림의 선행 사건으로 여기기보다 현재 일어나는 일상적 사건으로 간주했을 것이고, 또 제자들에 대한 박해와 증오(눅 21:12-19), 특히 예루살렘 멸망(눅 21:20-24)을 종말에 실제로 일어날 사건과 구별하려 했을 것이다.

게다가 마가복음에서 재림의 징조가 종말론적 "재난의 시작"으로 강조되는 것과 달리(막 13:8), 누가복음에는 우주적인 대혼란이 일어날 때 비로소 재림이 일어난다(눅 21:25 "일월 성신에는 징조가 있겠고 땅에서는 민족들이 바다와 파도의 성난 소리로 인하여 혼란한 중에 곤고하리라"). 그 때가 되어야 제자들은 비로소 구원이 가까이 왔음을 확신할 수 있게 된다(눅 21:26-28). 제자들을 위협하는 온갖 일이 지금 현재 일어나기 때문에 누가에게 예수의 재림은 먼 훗날에나 일어날 일이 되었다. 예수 그리스도의 재림의 때가 아직 도래하지 않았고, 민족과 나라들 사이에 벌어지는 반란과 전쟁도 종말의 전조가 아니다. "나라와 소요의 소문이 먼저 일어나겠지만 그것이 곧 끝은 아니다"라고 누가는 힘주어 말한다(눅 21:19). 예루살렘의 멸망도 마가복음의 경우처럼 재림의 징조가 아니다. 그것은 그 도시의 멸망을 의미할 뿐이다(눅 21:20).

중요한 것은 예수의 재림이 오기 전에 먼저 "이방인의 때가 차야 한다"(눅 21:24)는 것이다. 이로써 누가의 관심이 하나님 나라의 임박한 도래에 있지 않고, 비록 하나님의 통치가 제자들의 선포 사역에 현존하나 그 나라의 완성은 미래에나 소망할 수 있다는 사실에 있음이 드러난다.[58]

그런데 누가는 임박한 재림을 말하는 진승을 제거하고 재림을 먼 훗날의 일로 보도하게 된 까닭은 무엇일까? 이에 대해 슈낙켄부르크(R. Schnackenburg)는 다음과 같이 설득력 있게 설명한다.[59]

(1) 누가는 역사는 미래를 향해 전진하고 있다고 믿었다. 역사의 이런 발전 양상은 앞으로 뻗어 나가는 교회의 역사 속에 드러난다. 그는 비록 재림이 언제 갑자기 들이 닥칠지 모른다 하더라도, 교회가 선교의 사명을 다하기 위해서는 충분한 시간이 필요하다고 여겼다.

(2) 누가는 항상 깨어서 준비하라고 권면하여 재림 지연의 현실에 직면하여 사람들이 관습에 매몰되며 의식이 무디어지는 것에 대해 경고한다.

(3) 재림의 지연으로 인해 구원에 대한 관심이 우주적 종말론에서 개인적 종말론, 즉 개인 구원의 운명으로 이동하는 계기가 마련되었다.

(4) 누가는 교회 안에서 일하시는 성령을 확신하게 되었다. 성령은 교회의 전체 역사를 주관하시는 분이기 때문에 사람들은 비록 재림이 지연될지라도 성령이 반드시 재림을 실현시키시리라는 확신할 수 있다.

7. 승천과 재림

누가복음 24:50-53에 나오는 승천 이야기는 다른 복음서에서는 찾아

58) 누가에게 임박한 재림 대망이 퇴조하는 현상은 다음 구절에도 나타난다. 눅 9:27에서 누가는 "여기 서 있는 사람 중에는 죽기 전에 하나님의 나라가 권능으로 임하는 것을 볼 자들도 있느니라"는 마가의 진술(막 9:1)을 단지 "여기 서 있는 사람 중에 죽기 전에 하나님의 나라를 볼 자들도 있느니라"로 변경한다. 또한 눅 19:11-27(열 므나의 비유)에서도 "하나님의 나라가 당장에 나타날 줄로 생각"하는 것이 잘못임을 일깨운다.

59) 『복음서의 예수 그리스도』, 305-06.

볼 수 없고 오직 누가에게만 나타나는, 누가 특유의 시각으로 기록된 이야기이다.

누가는 승천 이야기를 중요한 사건으로 전하는데, 그것은 그의 구원사 이해와 관련이 있다. 곧 예수의 시대와 교회의 시대가 만나는 지점이 예수의 승천 사건이다. 이로써 누가는 예수의 시대가 끝났고 교회의 시대가 시작되었음을 알리려 한다. 또한 예언자와 하나님의 종이라는 구약성서적 개념으로 이해된 예수의 생애가 승천 이야기를 통해 주님의 생애로 명백히 드러났음을 강조한다. 그리하여 하나님의 종으로 고난을 당하신 예수께서 영원히 살아계신 분이시며, 신앙 공동체에 의해 영광의 주님으로 경배 받는 승천하신 분이라는 점을 부각시킨다. 누가는 예수의 승천 이야기를 통해 교회와 관련된 세 가지 중요한 측면을 강조한다.

(1) 십자가에 돌아가시고 부활하신 주님이 승천하신 분으로서 40일 동안 사도들과 교회에게 하나님 나라에 대해 가르치고(행 1:3 "그가 고난 받으신 후에 또한 그들에게 확실한 많은 증거로 친히 살아계심을 나타내사 사십일 동안 그들에게 보이시며 하나님 나라의 일을 말씀하시니라"), 그리하여 현재와 임박한 종말을 대비해 교회를 준비시킨다.
(2) 승천하신 분이 하나님의 능력인 성령을 파송하고, 그리하여 교회 안에 성령이 거하게 된다(행 1:8, "오직 성령이 너희에게 임하시면 너희가 권능을 받고 예루살렘과 온 유대와 사마리아와 땅 끝까지 이르러 내 증인이 되리라 하시니라").
(3) 하나님에 의해 승천하신 분이 다시 오실 것이다.

이러한 토대 위에서 누가는 자신의 종말론적 표상을 발전시키면서 종말의 전조와 날짜 및 종말에 대한 이해를 새롭게 규정짓는다. 그렇게 그는 예수의 승천과 연관된 재림 대망으로 인한 묵시적 대혼란 속에서 세상이 갑자기 멸망하리라는 전통적인 종말론적 표상을 수정한다.

앞에서도 언급했지만, 종말 사건의 전조와 관련하여 누가는 마가의 표상(막 13:1-32)을 누가복음 21:5-33에서 수정한다. 여기서 누가는 마가에게는 종말 사건의 직접적인 전조인 것을 종말의 전조와 무관한 것으로 여긴다. 예루살렘의 멸망이 마가복음 13:14에서 "멸망의 가증한 것"과 연관되나, 누가복음 21:20은 단지 예루살렘을 포위한 군대에 대해서만 언급한다. 마가복음 13:13에서 언급되는 종말의 고난("내 이름으로 말미암아 모든 사람에게 미움을 받을 것이나") 대신에 누가는 "너희의 인내로 너희 영혼을 얻으리라"(눅 21:19) 말한다. 마가복음 13:10("복음이 먼저 만국에 전파되어야 할 것이니라")에서 이방 선교가 종말 사건의 구성 요소이지만 누가에게는 이 구절이 나타나지 않는다. 그는 그 구절이 자신의 역사 구상과 맞지 않기 때문에 삭제했다. 임박한 종말 사건은 더 이상 누가의 신학 전체를 주도하는 기능을 하지 않는다.

그에 걸맞게 재림의 날짜에 대한 사변도 누가에게는 나타나지 않는다. 이와 관련하여 누가복음 17:20-21이 중요하다.

> 바리새인들이 하나님의 나라가 어느 때에 임하나이까 묻거늘 예수께서 대답하여 이르시되 하나님의 나라는 볼 수 있게 임하는 것이 아니요 또 여기 있다 저기 있다고도 못하리니 하나님의 나라는 너희 안에 있느니라.

이 진술은 사도행전 1:6-7의 진술에 상응한다.

> 그들이 모였을 때에 예수께 여쭈어 이르되 주께서 이스라엘 나라를 회복하심이 이때이니까 하니 이르시되 때와 시기는 아버지께서 자기의 권한에 두셨으니 너희의 알 바 아니요.

유사하게 사도행전 3:21은 예수의 재림과 관련하여 다음과 같이 말한다.

> 하나님이 영원 전부터 거룩한 선지자들의 입을 통하여 말씀하신 바 만물을 회복하실 때까지는 하늘이 마땅히 그를 받아 두리라.

이처럼 종말론적 관점을 수정하여 누가는 임박한 종말을 향한 그리스도인들의 관심을 현재로 돌리려 한다. 즉 현재의 교회 시대 역시 하나님이 일하시는 구원사의 한 국면에 해당한다는 인식을 갖게 하려는 것이다.

오해를 막기 위해 끝으로 첨언을 덧붙인다. 누가복음 10:9, 11에 나타나듯이, 임박한 하나님 나라에 대한 표상이 누가에게서 완전히 사라졌다고는 말할 수 없다. 누가는 결코 재림 대망 자체를 거부하지는 않았다. 다만 그는 재림의 날짜를 셈하고 확정짓는 것을 거절하였다.

사도행전 1:6-8에서는 선교사들이 땅 끝에 이르기까지 종말 사건은 시작되지 않을 것이라고 한다. 이와 같이 누가는 결코 종말을 연대기적으로 확정지어 말하지 않는다. 그러나 하나님이 일정한 시간의 영역을 마련하였기에 복음 선포가 시작될 수 있었고, 그리하여 만백성이 '이스라엘을 위한 구원'(눅 2:30; 행 28:28)에 동참할 수 있게 되었다는 긍정적인 종말론을 제시했다.

이런 관점에서 누가에게 재림 지연은 매우 중요하다. 그로 인해 역사 안에서 행하시는 하나님의 보편적인 구원 활동이 관철될 수 있는 전제가 마련되었기 때문이다.

요한의 종말론과 개인의 종말, 크로노스와 카이로스

김동수
평택대학교 교수/신약학

요한의 종말론과
개인의 종말, 크로노스와 카이로스

요한의 종말론과 개인의 종말, 크로노스와 카이로스

I. 요한의 종말론

1. 들어가는 말

요한복음에는 미래적 종말론의 요소(5:28-29; 6:39, 40, 44, 54; 12:48)와 현재적(또는 실현된) 종말론의 요소(3:18, 36; 5:24; 8:51; 11:25-26; 20:31)가 모두 나오며 심지어 한 구절에 나란히 나오기까지 한다(5:25). 지금까지 학자들은 이것을 어떻게 이해해야 하고, 이러한 특징이 어디에서 유래했는가를 밝혀내려고 했다. 그리하여 필자도 본 장의 글을 통하여 아직도 논쟁 중에 있는 요한복음의 미래적 종말론과 현재적 종말론의 문제를 해결해 보려고 한다.

먼저 요한복음에는 미래적이며 현재적인 종말론의 두 요소가 다 나오지만 대부분의 학자들이 생각하는 대로 실현된 종말론의 요소가 지배적이라는 것을 보여 줄 것이다. 그런 다음 그 특징이 어디에서 왔는가 하는 문제에 대해서 이전 학자들의 이론을 요약해서 보여 주고 난 후에 더 나은 대안이 무엇인지를 생각해 볼 것이다.

그래서 요한의 종말론은 요한신학, 특히 요한의 기독론과 성령론과 긴밀히 연결되어 있다는 것을 보여 주려 하는 것이다.

2. 미래적 종말론과 현재적 종말론

가. 미래적 종말론 요소

요한복음에는 공관복음에 있는 것처럼 미래적 종말론 또는 묵시적 종말론의 요소가 분명히 나타난다.

첫째, 요한복음의 예수는 신자의 부활에 대해서 이렇게 말한다.

> 이를 놀랍게 여기지 말라. 무덤 속에 있는 자가 다 그의 음성을 들을 때가 오나니 선한 일을 행한 자는 생명의 부활로, 악한 일을 행한 자는 심판의 부활로 나오리라(5:28-29).

이것은 파루시아의 상황을 묘사한 것으로 "그의 나타나심"(요일 2:28)에 관계된 것이다.

둘째, 요한복음은 "마지막 날"에 대해서 말한다(6:39, 40, 44, 54).

> 나를 저버리고 내 말을 받지 아니하는 자를 심판할 이가 있으니 곧 내가 한 그 말이 마지막 날에 그를 심판하리라(12:48).

나. 현재적 종말론 요소

그러나 요한복음에는 실현된 종말론의 요소가 압도적이다. 신자는 현재 여기에서 하나님의 자녀가 되었고(1:12; 11:52), 신자는 영생을 이미 여기에서 얻었다(17:3). 이러한 요소가 요한복음 전체에 스며들어 있다. 쉬나켄부르크(R. Schnackenburg)는 다음과 같이 말한다.

> 요한신학 전체에 있어 이러한 경향성이 특징인데, 이것은 구체적인 종말론적 사상이 된다. 즉 예수와 함께 구원의 시간이 최종적으로, 완전히 도달했다(참조. 4:23; 5:25). 이것은 여기에서 지금 결단을 요구한다. 이것

은 신자에게 신자가 꿈꾸고 열망했던 모든 것이 즉시로 이루어질 것을 약속한다.[1)]

칼페퍼(R. Alan Culpepper)는 요한복음에 실현된 종말론적 요소가 있음을 다음과 같이 잘 정리한다.

첫째, 복음의 핵심을 요약하는 구절에 이 요소가 많이 나타나 있다. 요한은 복음을 믿음을 통해 영생을 얻는 것으로 요약한다(3:13-21).

그를 믿는 자는 심판을 받지 아니하는 것이요 믿지 아니하는 자는 하나님의 독생자의 이름을 믿지 아니함으로 벌써 심판을 받은 것이니라(3:18).

여기서 '심판을 받다' 동사는 완료형으로 쓰여(κέκριται) 심판이 이미 이루어진 사실을 말한다. 또 요한은 예수의 복음을 요약하면서(3:31-36) 믿음의 결과가 현재에 나타나 있다고 말한다.

아들을 믿는 자에게는 영생이 있고 아들에게 순종하지 아니하는 자는 영생을 보지 못하고 도리어 하나님의 진노가 그 위에 머물러 있느니라

둘째, 요한복음의 예수는 생명과 심판의 부활을 말하면서(5:20-31) 그것이 현재 이루어졌다고 천명한다.

내가 진실로 진실로 너희에게 이르노니 내 말을 듣고 또 나 보내신 이를 믿는 자는 영생을 얻었고 심판에 이르지 아니하나니 사망에서 생명으로 옮겼느니라(5:24).

여기서도 동사 "옮겼느니라"가 완료형으로 사용되어(μεταβέβηκεν) 이것이 이미 이루어진 실제라는 것을 나타낸다.

---

1) R. Schnackenburg, *The Gospel according to St. John* 2 (N. Y.: The Seabury Press, 1980), 426.

셋째, 영생은 신자에게 이미 실제가 된 그 무엇이다. 예수의 양은 "생명"을 이미 얻었고 더 풍성히 얻는다(10:10), 또 영생은 하나님과 예수님을 아는 것(17:3)인데, 요한복음에서 아는 것은 다름 아닌 믿고 신뢰하는 관계가 되는 것이다. 그것은 지금 여기서의 결단에 의해서 이루어진다. 그러므로 영생이 벌써 현재 실제가 된 것이다.

넷째, 그 외에도 요한복음에는 종말의 현재화가 여러 측면으로 나타난다. 예수의 ἐγώ εἰμι를 통한 자기 계시 구절(5:35, 51; 9:12; 9:5; 10:7, 9, 11, 14; 11:25; 14:6; 15:1, 5)은 이미 예수가 어떤 분인지 경험할 수 있는 영역이기 때문에 여기서도 종말의 현재화의 측면을 볼 수 있다.

종말에 신자가 부활할 것만을 아는 마르다에게 예수는 "나는 부활이요 생명이니"(11:25)라고 하여 종말의 부활은 현재 부활 자체이신 예수와 어떤 관계를 갖고 있느냐에 달렸다고 말한다.

이와 같이 부활은 미래의 일일 뿐만 아니라 현재 예수 안에서 경험되는 그 무엇이다. 또한 예수는 현재 "길이요 진리요 생명"(14:6)이 된다. 이 예수를 현재 경험함으로 후에 생명의 부활이 이어지는 것이다. 결국 영생은 "예수의 계시를 통해 하나님의 지식과 교제 속에서 사는 신자의 현재 경험"이다.[2)]

또 예수는 스스로를 하늘에서 내려온 떡(6:39-40, 50-51)이라고 말하면서, 이 떡을 먹으면 곧바로 영생을 얻게 된다고 말한다. "나는 하늘에서 내려온 산 떡이니 사람이 이를 먹으면 영생하리라 … ." 예수를 먹으면, 즉 예수와 합일이 되면–신자는 예수를 믿고, 예수는 신자의 주님이 되면–영생이 지금 주어진다는 것이다.

---

2) R. Alan Culpepper, "Realized Eschatology in the Experience of the Johannine Community", Craig R. Koester and Reimund Bieringer (eds.) *The Resurrection of Jesus in the Gospel of John* (Tübingen: Mohr Siebeck, 2008), 257.

다. 요한 종말론의 특징

요한이 미래적 종말론과 현재적 종말론을 나란히 놓은 것은 그가 이 두 종말론을 상호 배치되는 것으로 이해하지 않았다는 것을 보여준다. 오도넬(Tim O'Donnel)이 말한 대로, 요한복음에서 미래적 종말론과 현재적 종말론은 상보적(complementary)이다.[3] 그렇다고 해도 이것이 요한복음에서 종말론의 두 요소가 균형 있게 자리 잡고 있다는 것을 의미하지는 않는다.

칼페퍼가 올바로 본대로 요한복음에는 영생이 미래에 이루어진다는 미래적 종말론적 요소가 있지만, 이것이 현재 실현된 것이라는 이른바 실현된 종말론적 요소가 지배적이다.[4]

3. 요한 종말론에 대한 기존 해석과 대안

이와 같이 실현된 것에 방점이 있는 요한의 종말론을 어떻게 평가할 수 있을까? 요한의 종말론을 철저하게 연구한 프라이(J. Frey)는 학자들의 해석을 세 가지로 보여주는데,[5] 필자는 이것을 세분해서 네 가지로 요약했고(1-4), 거기에 최근의 경향성을 추가해서(5-6) 여섯 가지로 제시한다.

가. 긴장론(O. Cullmann)

보수적인 서클에 있는 학자들은 이 관계를 "현재"(now)와 "아직"(not yet)의 긴장 관계로 설명하기를 좋아한다. 이것이 초기 교회 종말론의 일

3) Tim O'Donnel, "Complementary Eschatologies", *CBQ* 70(2008), 750-65.

4) Culpepper, "Realized Eschatology", 253.

5) J. Frey, "Eschatology in the Johannine Circle", G. von Velle et al(eds.), *Theology and Christology in the Fourth Gospel: Essays by the Members of the SNTS Johannine Writings Seminar* (Leuven: University Press, 2005), 47-55.

반적인 특징이라는 것이다. 그러나 프라이는 이러한 견해는 “모호하고” 요한의 종말론을 제대로 설명하지 못한다고 말한다.

나. 모순론(W. Schmithals)

이렇게 다양한 종말론이 나타나는 것은 요한복음 저자가 종말론에 관해서 기술하면서 일관성이 없음을 보여주는 것이라고 주장하는 사람들이 있다. 그러나 이것은 최종 본문을 쓴 사람은 종말론에 대해 본문이 일관성이 있다고 보았기 때문에 그대로 두었음에 틀림없다. 프라이는 이러한 이론은 왜 현재 본문이 이대로 있는가에 대해서는 설득력 있는 설명을 내어놓지 못한다고 말한다.

다. 교정론(R. Bultmann)

현재 독일의 대부분의 학자들은 현재적 종말론만 요한복음 저자의 것이고, 미래적 종말론은 현재적 종말론을 통해서 재해석된 것이라고 주장한다. 이렇게 주장하는 학자 중에서 특히 불트만은 본래 요한은 실현된 종말론을 갖고 있었으나 일반 교회의 종말론과 조화를 이루기 위해 이러한 모순을 “친교회적” 편집자가 미래적 종말론을 가미했다고 한다.

그러나 이러한 이론은 실존주의철학자 하이데거의 시간론에 영향을 받아 불트만이 오직 현재 시간만이 의미 있다고 보고 요한복음을 그렇게 해석한 것이다.

라. 공동체 상황론(J. Frey)

요한서신에서는 요한 공동체가 분명 전통적인 종말론을 가지고 있었음이 나타난다(요일 2:18, 28; 3:2). 곧 요한서신에서는 공동체 내부의 분열로 고통당하는 상황을 묵시문학적 종말 상황으로 보았기 때문에 전통적, 미래적 종말론이 두드러진다. 반면, 요한복음에는 박해의 상황에서 해결책으로 현재 그리스도와 실제 교제를 강조하다 보니 현재적 종말론이 더 필요했다. 미래는 현재의 결단에 의해 결정되는 것으로 본다.[6]

마. 공동체 체험론(R. Alan Culpepper)

칼페퍼는 "요한복음의 실현된 종말론은 신자 공동체의 체험으로부터 유래한 것으로 본다. 그 체험은 하나님과의 하나됨과 강한 공동체 에토스에 대한 구별된 감각과 세상으로부터 소외되었다는 동일한 강도의 강한 감각을 산출해 냈다. 이러한 하나님과의 하나됨과 예수의 부활에 참여함과 공동체를 이끄는 성령의 계속적인 현존에 대한 증대된 경험이 영생을 마지막 때의 부활에 대한 소망을 구별했다"고 본다.[7]

박경미도 "요한의 시간 이해, 종말 이해의 근저에는 요한 공동체의 독특한 영 체험이 깔려 있다"고 하여 공동체의 체험이 요한 종말론을 산출해 냈다고 본다.[8]

바. 요한신학의 독특성

현경식은 요한의 종말론을 요한의 시간 이해 안에서 해결하려 한다.

요한은 시간을 예수 그리스도라는 존재(Being) 안에 귀속시켰다. 시간을 통해서 예수를 해석하는 것이 아니라, 종말이라는 역사적이고 연대기적인

---

6) 최흥진도 요한복음 종말론의 독특성을 요한 공동체의 상황에서 찾는데, 그 상황이란 요한 공동체의 유대인과의 대립과 파루시아의 지연에 따른 공동체의 동요라고 본다. 최흥진, "요한의 종말론을 통해 본 공동체의 삶의 정황에 관한 연구", 『신학이해』 11(1993), 82-104.

7) Culpepper, "Realized Eschatology", 276-77.

8) 박경미, "요한복음서의 종말 기대와 영", 『신학사상』 118(2002), 109-37.

> 시간의 때를 예수라는 존재 안에서 해석한 것이다. 시간의 처음이 로고스 안에서 시작되었으니 모든 역사적 시간의 마지막도 로고스 안에 있는 것이다. 또 모든 종말론적 현상은(예를 들어, 심판, 영생, 부활과 같은) 지상의 예수의 현재적 삶 안에서 성취되었다.[9)]

유은걸은 이를 기독론에서 해결하려고 한다.

> 상이해 보이는 종말론적 전망이 요한에게 있어 상충되지 않는 것은 이 종말론이 기독론에 정초하고 있기 때문이다. 이미 오셨던 그리스도는 다시 오실 그리스도와 동일하다. 따라서 그리스도의 현존 가운데 거하는 요한계 크리스천은 재림 시 심판주로 오실 그리스도와 종말을 이미 체험하고 있다.[10)]

위의 해석 중에서 공동체 상황론과 공동체 체험론은 요한의 종말론을 설득력 있게 설명한 것이다.

필자는 이러한 해석을 반박하는 것이 아니라 또 하나의 대안 설명을 내 놓으려 한다. 그것은 요한의 종말론을 요한의 사상과 신학이라는 범주 안에서 해결해 보려는 것이다. 앞에서도 보았듯이 요한복음에는 미래적 종말론의 요소와 현재적 종말론의 두 요소가 한 본문에 같이 나온다(6:54; 5:24-25, 28-29; 4:23). 그것은 요한복음 저자가 이것을 모순이라고 보지 않았다는 것을 의미한다. 요한복음 저자는 이것이 같이 종말론을 구성한다고 본 것이다. 그래서 요한복음의 종말론을 요한신학의 체계 안에서 이해하는 것이 필요하다.

필자는 요한의 종말론의 특징이 요한의 기독론과 아울러 요한의 성령론과도 밀접하게 연관되어 있다고 본다. 영생이 미래에 부활로 완성될 것이기는 하지만 현재에 그 영생이 신자에게 소유된다는 실현된 영생에 초

---

9) 현경식, "요한복음의 종말론과 윤리", 『신약논단』 5(1999), 139.

10) 유은걸, "요한복음의 종말론", 『신약논단』 19(2012), 195.

점을 둔 요한의 사상은 요한의 신학에서 어떤 의미를 갖는가?

그것은 요한에게 있어서 하나님은 예수를 믿음으로, 보혜사 성령을 통해서 현재 체험되는 분이라는 신학과 연결되어 있다. 보혜사를 통해서 요한 공동체는 하나님의 내주와 예수의 현존을 체험하는 것이다. 그래서 하나님이 주는 영생이 벌써 현재 경험되는 것이다.

이것은 바울이 성령의 보증(고후 1:22; 5:5)이라고 말한 것과도 맥을 같이하고 있다. 바울은 구원을 성령을 통해 일부를 보증(선금)으로 체험될 수 있는 것이라고 말하는 것이다. 이것은 또한 현재에 신자가 영생의 경험을 하지 못하면 미래에 있어서도 영생은 보장되지 않는다는 것도 의미한다. 요한에게 있어 현재의 영생 없이는 미래의 부활도 없다. 요한복음에서 영생과 부활은 구분된다(6:40, 54). 현재 영생을 얻어야 미래에 의의 부활이 있는 것이다.

고별 설교에서 말하는(요 14:2-3) "거할 곳"(μοναί)과 "거처"(τόπον)도 사실은 예수가 하늘에 있는 어떤 장소를 예비한다는 말이 아니라 보혜사로 인해서 이제 신자와 예수가 예수 부재 가운데서도 교제하는 것을 말하는 것이다. 문맥에서 보면 예수가 떠나는데 제자들이 함께 하지 못할까 걱정한다(13:36-38; 14:4-6). 예수는 이에 대해서 자신이 떠나가도 성령을 통해서 계속 교제할 수 있음을 이렇게 말하는 것이다. 요한복음에서 "내 아버지 집"(= 성전[2:16]= 성령 안에서 예배하는 곳([4:19-26])이 건물이 아니라 예수 또는 예수로 대체되거나 예수와 교제하는 것을 나타내는 것으로 본다면 이 점은 더욱 분명해진다. 오성종도 최근의 연구에서 이 점을 명확히 했다.

> 그러므로 14:2의 "내 아버지의 집에 거할 곳이 많음"은 하늘에 있는 예수님의 본향 또는 신자들이 죽은 후 가게 될 천당에 있는 '(아름다운) 집'을 말하지 않고 오히려 제자들이 '하나님의 자녀'로서 그리스도를 통하여 '(하나님) 아버지'께 나아갈 수 있게 되되 예수님도 함께 계시는 그 곳(참조. "나 있는 곳", 14:3; "내가 가는 곳", 14:4)에 함께 있으면서 하나님 '아

버지'와 친밀한 사랑의 교제를 가지는 곳이라는 의미로 해석하는 것이 가장 바람직한 해석이라 본다.[11)]

권해생도 여기서 "아버지의 집"은 하늘의 장소가 아니라고 보며 이것을 예수 성전이나 또는 공동체 성전일 가능성이 높다고 생각한다.[12)]

이와 같이 요한복음의 실현된 종말론은 성령을 통해 하나님과 지금 이 시간에 계속 교제하는 것을 말하는 요한의 신학과 연관되어 있다.

4. 나가는 말

이상과 같이 요한의 종말론에는 전통적인 미래적 종말론과 실현된 종말론 둘 다 있으며, 그 방점은 후자에 있다. 본 글에서 필자는 이러한 종말론이 여러 가지로 설명이 가능한데, 현재 성령을 통해서 하나님 또는 예수와 교제할 수 있다는 요한의 신학과 연관되어 있는 것으로 설명하려고 했다.

---

11) 오성종, "요한의 영성– '영생'이신 예수 그리스도: 요 1:1-8과 14:1-6; 요일 1:1-4을 중심으로," 『기독교 학술원 제43회 발표회 논문』, 2016, 23-24.

12) 권해생, "'아버지의 집'(요 14:2-3)의 세 가지 해석 가능성에 관한 연구," *Canon & Culture* 15(2014) 109-36; 참조. 송영목. "요한복음 14장의 거주지의 성격", 『신학논단』 79(2015), 249-50.

II. 보론(1): 개인의 종말[13]

아인쉬타인(A. Einstein) 이후 최고의 물리학자로 손꼽히는 영국 캠브리지 대학교의 스티븐 호킹(Stephen Hawking) 교수는 최근 영국의 일간지 〈가디언〉(Guardian)과의 인터뷰에서 "사후 세계는 없다. 사후 세계에 대한 믿음은 요정 이야기를 믿는 것과 같다"고 주장했다. 그는 인간의 뇌를 컴퓨터에 비유하면서, 컴퓨터가 망가진 이후에는 재사용이 불가능한 것과 같이 인간이 죽음 이후에 가는 내세나 천국 같은 것은 없다고 하였다. 곧 내세나 사후 세계에 대한 이야기는 죽음을 두려워하는 자들이 꾸며낸 이야기라는 것이다.

반면 유대인 정신과 의사 엘리자베쓰 퀴블러-로스(Elisabeth Kubler-Ross)는 수많은 임사 체험자를 인터뷰하고 관찰한 결과 사후 세계가 있다고 결론을 내렸다. 나아가 『사후생(死後生)』이라는 저서에서는 그녀 자신이 그것을 체험하기까지 했다고 보도하였다. 죽음학의 대가로 불리는 그는 그것을 객관적으로 연구하는 학자의 위치를 넘어, 체험자로서 죽음이후에 인간에게 어떤 일이 일어나는지를 매우 구체적으로 기술하고 있어 독자들에게 큰 호응을 얻었다.

교회 안에서도 우리는 심심치 않게 이른바 천국 체험기, 또는 지옥 체험기를 듣는다. 환상 속에서 죽음 이후의 세계를 경험했다는 것이다. 오래 전에는 펄시 콜레라는 미국 사람의 천국 체험기가 우리 한국 교회를 강타하기도 했었다. 또 선하신 하나님에게는 지옥이라는 단어는 어울리지 않는다는 사람들도 있다. 나아가 사후의 천국은 없으며 천국은 이 땅에서 마음 속에서만 이루어지는 것이라는 주장도 있다.

---

13) 이 글은 김동수, "성서, 죽음 너머의 삶", 『기독교 사상』(2011년 7월호)에 게재되었던 것이다.

이런 상황에서, 기독교인들은 이에 대한 성서의 답변을 기대한다. 성서는 사후 세계에 대해서 어떻게 기술하고 있는가? 또 이러한 의문들에 대해서 우리는 성서적으로 어떻게 답변할 수 있을까?

이 글에서 우리는 이런 질문을 가지고 성서를 살펴보고자 한다. 우선, 이 주제에 대해서는 구약과 신약을 나누어서 다루어야 할 것이다. 신약에서는 예수 그리스도의 부활을 통해 신자의 부활을 말함으로 사후 세계에 대한 보다 명확한 개념이 제시된 반면, 구약에서는 그렇지 않기 때문이다. 또 역사적으로 사후 세계에 대한 믿음은 구약에서 출발하여 신약에 이르기까지 발전 단계를 거쳤기 때문이기도 하다.

1. 구약성서와 사후 세계

구약성서는 기본적으로 하나님의 백성이 현세에 야웨와 어떻게 친밀한 교제를 나눌 수 있는가에 그 내용의 초점이 맞추어져 있다. 야웨와 올바른 관계를 가진 자들이 "현세에서 집에서도 복을 받고, 집 밖에서도 복을 받으며, 떡 반죽 그릇이 복을 받는 것이다(신 28:1-14). 물론, 그 역도 마찬가지다. 야웨와 올바른 관계를 맺지 못하면 저주가 현세에 임하게 된다(신 28:15-19).

그러면 유대교에서 죽음은 무엇을 의미하는가? 죽음은 하나님의 백성이 야웨와 관계가 단절되는 것이다(시 88:5). 그렇기 때문에 죽음은 하나님의 백성을 하나님과 더 이상 교제하지 못하게 하는 삶의 종말이다. 또 죽음은 삶의 요체인 호흡(창 2:7; 창 35:18; 왕상 19:14)이 하나님께로 돌아가는 것이다(창 3:19; 욥 34:14; 전 12:7). 흙으로부터 와서 흙으로 돌아가는 것이 죽음인 것이다. 이것이 바로 유대교에서 내세에 대한 이론과 사자에 대한 예식이 발달하지 않는 이유다.

그렇다면 인간은 죽으면 완전히 사라져 버리는 것일까? 구약성서는 한편으로 죽음이 사라지는 것이라고 하면서도, 다른 한편으로 죽은 뒤에 인간이 갈 곳으로 대표적으로 스올(음부)을 언급한다. 고대 세계에서 사람들은 세상을 최상층인 하늘과 중간 부분인 땅, 최하부층인 스올로 되어 있다고 믿었다(욘 2:3-6; 시 42:8).

그런데 스올에서 사자(死者) 모두가 같이 아무 활동력이 없는 상태가 되는지, 여기에서 악한 자와 의로운 자가 분리되는지, 아니면 여기에는 악한 자만 존재하는지에 대해서는 학자들 사이에 의견이 분분하다. 외경 문헌 중 하나에서는 악한 자와 의로운 자가 스올에서 분리된다고 하는데, 구약성서 자체에서는 의로운 자와 악한 자가 분리된다고 볼 수 있는 근거를 찾기는 쉽지 않다. 기본적으로 스올은 칙칙하고 암울한 곳이다.

포로기 이후 묵시문학의 등장으로 구약에서 내세관이 전환점을 맞는다. 묵시문학은 현 세대와 오는 세대를 구별하고 있으며, 새로운 세대가 오기 직전에 악한 자에 대한 심판이 있을 것이라고 한다. 또 하나님은 이 때 이스라엘에게 구원을 주신다. 또 그 구원을 지속시키기 위해 하나님은 대리자를 보낸다. 그래서 죽음이 더 이상 암울하지만은 않게 된다. 비록 개인의 부활이 아니라 이스라엘 백성의 부활을 말하기는 하지만, 이제 부활도 말하게 되었다(겔 37; 호 6:2; 사 26:19). 나아가 다니엘서에서는 부활 후 의로운 자와 악한 자의 상급과 심판을 말하기까지 한다.

> 땅의 티끌 가운데서 자는 자 중에서 많은 사람이 깨어나 영생을 받는 자도 있겠고 수치를 당하여 영원히 부끄러움을 당할 자도 있을 것이다(단 12:2).

이렇게 구약에서는 기본적으로 죽는 것은 흙으로 돌아가는 것으로 보면서도, 다른 한편으로는 내세에 대한 소망을 어렴풋이 말한다. 구약에는 에녹과 엘리야의 승천 이야기도 있으며(창 5:24; 왕하 2:1-18), 죽음 이후에 새로운 세계가 전개될 것을 소망하고 있기도 하다(시 49:4-15; 시 73:24-25; 시 139:24; 잠 12:28).

그러나 구약은 그 세계가 구체적으로 어떤 세계일지는 명확하게 제시하지 않는다. 하나님은 삶과 죽음의 세계 모두의 주권자라는 믿음이 유대인들에게 있었다. 죽음 다음의 세계가 구체적으로 어떠한가가 중요한 것이 아니라 거기에서 누가 지배하고 있는가 하는 것이 중요했다. 그래서 구약성서는 죽음 이후의 세계를 구체화하지 않은 것이다.

2. 신약성서와 사후 세계

신약성서에서 사후 세계가 있다는 믿음은 예수의 부활과 그것에 근거한 신자의 부활에 대한 확신에 기초한다.

바울은 예수의 부활은 부활의 첫 열매이며(고전 15:20), 신자도 예수를 따라서 죽음 후에 부활한다(고전 15:22)고 하면서 "만일 그리스도 안에서 우리가 바라는 것이 다만 이 세상의 삶뿐이면 모든 사람 가운데 우리가 더욱 불쌍한 자이리라"(고전 15:18)고까지 말한다.

요한은 생명의 부활과 심판의 부활, 두 종류의 부활이 있다고 말한다. "선한 일을 행한 자는 생명의 부활로, 악한 일을 행한 자는 심판의 부활로 나오리라"(요 5:29). 공관복음에서도 부활을 반대하여 예수를 책잡으려는 질문을 하려는 사두개인들에게 예수는 하나님이 현재적으로 아브라함과 야곱과 계속 교제하고 있다는 것을 들어 이들의 주장을 반박한다(막 12:18-27; 마 22:23-33; 눅 20:27-40).

신약의 주요 문서가 모두 신자의 부활을 증거하고 있고, 그것은 바로 사후의 삶이 존재한다는 것을 말해 준다. 그 때는 신자와 예수가 얼굴과 얼굴을 마주 대하게 되고(고전 13:12), 예수와 같이 되어 예수의 참 모습 그대로 보게 된다(요일 3:3). 요한계시록은 부활 후 이루어질 새 하늘과 새 땅의 삶 또한 제시하고 있다(계 21:1-22:5).

신약성서는 내세에 대한 분명한 입장을 보인다. 내세가 분명히 있다는 것이다. 내세는 신자가 부활의 몸으로 그리스도와 더불어 사는 것이다. 그런데 문제는 중간 상태다. 예수 재림 이전에 죽은 신자들은 어떤 상태로 있는가 하는 것이다.

사실 이 문제는 최초의 신약 문서인 데살로니가전서에 벌써 등장한다. 예수 재림 이전에 그리스천 동료 또는 가족들이 죽은 경우에 어떻게 되는가 하는 것이다. 바울은 예수 재림이 멀지 않았음을 확실히 믿었기에 사람들에게 동요하지 말 것을 주문한다. 예수 재림 이전에 죽은 신자든, 재림 시 살아 있는 자든 모두 부활의 몸으로 예수를 영접하게 된다는 것이다(살전 4:13-18).

그런데 여기서 문제는 죽은 자들이 재림 이전에 어떤 상태에 있는가 하는 것이다. 여기에는 네 가지 가능성이 있다.

첫째, 죽은 후 신자는 몸이 없는 영으로만 존재하다가 예수 재림 시 부활의 몸을 받는다. 둘째, 죽은 후 신자들은 임시로 몸을 받았다가 예수 재림 시 온전한 부활의 몸을 받게 된다. 셋째, 신자는 죽은 후 바로 부활의 몸을 받고, 불신자는 수면 상태에 있다가 예수 재림 시에 몸을 다시 받는다. 넷째, 죽은 후 신자는 수면 상태(무의식 상태)에 들어갔다가 예수 재림 시 부활의 몸을 받는다.

이 중에서도 학자들의 관심을 끈 것은 네 번째 이론, 이른바 영혼수면설이다. 특히 바울이 죽은 자들을 자는 자들이라고 표현(살전 4:13 이하; 고전 7:39; 11:30; 15:6, 18, 20, 51)하는 것에 주목한다. 이것은 구약에서부터 사용된 죽은 자들에 대한 완곡어법적 표현이다. 바울은 죽음 이후의 삶을 "세상을 떠나 그리스도와 함께 있는 것"(빌 1:23), "몸을 떠나 주와 함께 거하는 것"(고후 5:8)으로 표현한다. 예수께 자비를 요청한 강도에게도 예수는 "오늘 네가 나와 함께 낙원에 있으리라"(눅 23:43)고 한다. 즉 죽은 후 예수의 재림 이전에도 어떤 의식을 가지고 신자는 예수와 교제할 수 있는 것이다.

우리가 그 이상은 잘 알 수 없다. 신약 저자들은 당시 신자들의 죽음과 예수 재림 사이의 길이가 그렇게 길지 않으리라고 생각해서 중간 상태의 신자들의 상태에 대해서는 이 이상 묘사하지는 않고 있다. 또 죽은 뒤에 사람이 어떤 독립적인 삶을 사는 것이 아니라 예수와 함께 거하는 것이 요체이기 때문에 그 이상의 여러 상상은 더 이상 하지 않았을 것이다.

3. 죽은 자들의 처소

신약성서는 또한 죽은 자들의 처소를 말한다. 위에서 살펴본 대로 구약에서도 스올이라는 죽은 자의 처소가 나오기는 하지만, 신약에서는 이 개념을 이어받으면서도 보다 발전된 형태로 이 개념의 의미가 전개되어 죽은 자가 의로운 자와 불의한 자로 나뉘어 처소에 거하게 된다고 한다.

하데스(음부)는 죽은 자의 처소를 가리키는 말이다. 신약성서에 사자의 처소로 언급된 다른 단어로는 아부소스(무저갱)와 게헨나(지옥)가 있다. 고대인들은 세계가 세 구역으로 나누어졌다고 보았는데, 최하부층인 땅 밑을 나타내는 단어가 바로 하데스(음부)와 아부소스(무저갱)와 게헨나(지옥)이다. 하데스는 구약에서 사자가 거하는 처소인 히브리어 스올에 해당하는 헬라어이다. 일반적으로 말해 하데스가 죽은 자 심판을 위해 대기하는 장소라면, 게헨나는 심판이 끝난 자들이 고통을 받는 곳이라고 할 수 있다(마 5:22). 무저갱은 일반적인 의미로 지하 세계를 가리킨다(눅 8:31; 롬 10:7; 계 9:1-2, 11; 11:7; 17:18; 20:1, 3). 하지만 하데스도 게헨나의 의미로 쓰인 경우도 있고(눅 16:23; 마 18:9; 막 9:47), 때로 무저갱의 의미로 사용되기도 한다(마 11:23; 눅 10:15; 롬 10:6).

신약성서에서 하데스라는 단어는 죽은 자의 처소라는 의미에서 여타 의미로 확대되어 쓰인다. 하데스는 늘 죽음과 연관되어 나타난다. 승귀하신 그리스도는 죽음과 하데스의 열쇠를 가지고 있으며(계 1:18), 죽음과 하데스는 모두 인격화된다(계 6:8; 고전 15:26, 54-56). 죽음과 하데스는 죽은 자들을 마지막 심판 날에 내어 놓아야 한다(계 20:13).

신약성서에서 누가 하데스에 거하는가는 구약에서 스올이 그런 것처럼 해결하기 어려운 문제에 속한다. 신약 시대에는 페르시아 사상과 헬라 사상의 영향으로 의인과 악인이 서로 다른 장소로 간다고 생각했다(에녹 1서 22)고 보는 것이 학자들의 중론이다. 악인은 심판의 장소로, 의인은 축복의 장소에 머문다는 것이다. 그런데 이러한 사상이 구약성서에는 명확하게 나타나지 않는다. 신약에서도 하데스는 때로 의인과 악인 모두의 처소로 묘사되고(눅 16:23; 행 2:27, 31), 때로는 악인의 처소로만 언급된다(벧전 3:19). 의인은 낙원에 거한다(눅 16:9; 23:43; 고후 5:8; 빌 1:23; 히 12:22; 계 6:9; 7:9). 가장 일반적으로 하데스는 부활 전까지 죽은 자의 임시 처소(계 20:13)를 가리킨다.

하데스의 대척어로서 파라데이소스(낙원)라는 헬라어 단어는 신약성서에서 세 번 나온다. 이곳은 죽은 자들이 죽음과 부활 사이에 대기하는 장소다(눅 23:42; 고후 12:4; 계 2:7). 이 말은 고대 이란어에서 온 것인데 본래는 한 장소를 가리키던 말로서 정원 또는 공원을 의미했다. 여기서부터 시작해서 이 단어는 지금은 감추어져 있으나 나중에 계시될 원래의 정원을 가리키는 말이 되었다.

누가복음 23:42에서 예수는 십자가에 달린 행악자 중 하나가 자신을 기억해 줄 것을 예수에게 요청하자 예수는 그에게 "오늘 네가 나와 함께 낙원에 있으리라"고 하여 낙원이 의로운 죽은 자가 죽은 후에 갈 처소임을 말한다. 요한계시록 2:7에는 "하나님의 낙원"이라는 말이 사용된다. 여기는 생명나무가 있는 곳이다. 이것은 에덴 동산의 생명나무를 연상하게 한다(창 2:9). 여기서는 새 예루살렘과 연관되어 사용되었다(계 21:2). 고린도전서 12:4에서 바울은 낙원에 이끌려 간 체험을 말한다. 이것은 주의 환상과 계시였다(12:1). 이곳은 아마도 죽은 자들이 들어가는 곳이었는데, 바울은 환상과 계시 가운데 이곳에 들어갔던 것으로 보인다.

신약성서에서는 구약성서에서보다 사후 세계에 거할 처소에 대한 정보가 더 구체적으로 나타난다. 신약에서 하데스(음부)가 때로 의인과 악인이 동시에 거할 곳으로 묘사되기는 하지만, 낙원과 지옥은 각각 의인과 악인이 사후에 거할 별도의 공간으로 묘사되어 있다는 면에서 구약에서 진일보한 것으로 보인다.

4. 사후 세계와 현세의 삶

이상을 통해서 보면 성서는 육체의 감옥에서 빨리 벗어나 영혼의 자유를 누리는 것을 사후 세계의 삶이라고 가르치지 않는다. 신약성서에서 사후 세계에 대한 소망이 있는 그곳에는 그리스도와의 교제가 보다 직접적이며 깊어지기 때문이다. 그렇다면 이 생애에서의 삶과 사후 세계 삶과는 어떤 연관이 없을까? 이 세계는 장망성이고, 죽음 저 너머의 세계를 신자는 소망하고 살아야 하는 것인가? 바울과 누가와 요한을 통해 그들이 이 문제를 어떻게 해결했는지를 살펴보자.

우선, 바울은 사후 세계에 대한 삶을 소망하면서도 이 땅의 삶을 가치 있는 것으로 여기면서, 이 세계와 사후 세계는 성령의 인침과 보증을 통해 매개된다고 보았다. 여기서 보증의 뜻으로 사용된 아라본은 상업 용어로 계약금 조로 받은 선금을 의미한다. 이 계약금은 나머지 잔금을 받을 수 있는 일종의 보증서이다.

이 보증 용어는 신약성서에서 바울서신에서만 나온다(고후 1:22; 5:5; 엡 1:14). 바울은 이 단어를 종말론적인 구도에서 사용하였다. 성령은 신자가 최종으로 얻을 미래의 구원에 대한 보증인 셈이다. 여기서 보증이라는 것은 구원이 완성된 것이 아니라 맛보기로 이 땅에서 주어졌다는 것을 의미한다. 신자는 성령을 임재를 통해서 경험하게 된다. 이 성령을 통해서 또 신자는 소망과 함께 이 땅에서 소명도 동시에 받는다. 이 땅에서의 삶이 의미 있게 되는 것이다.

다음으로, 요한에게 있어 현 세계와 죽음 너머의 세계를 연결해 주는 것은 영생이다. 영생은 신자가 삼위일체 하나님과 피조물-창조주의 관계를 맺고 사는 것을 말한다(요 17:3). 요한은 영생의 완성은 종말에 이루어질 것임을 분명히 하면서도(요 5:28-29), 동시에 그것을 이 땅에서도 이미 맛볼 수 있음을 더 강조한다(요 3:18-19; 5:24; 11:25). 영생은 천국을 현재에 경험하는 것인데 그것은 언제나 하나님과의 관계 속에서 이루어진다. 그래서 영생은 더 깊어진다.

영생뿐만 아니라 그 대척 개념인 심판도 마찬가지다. 심판은 종말에 완전히 이루어질 것이지만(요 3:18), 그 심판의 힘이 벌써 현세에까지 미친다는 것이다. 종말이 이미 현재에 실현된 것이다. 요한은 현 세대와 죽음 너머의 세대를 단지 장소나 시간 개념으로만 설명하지 않는다. 현 세대와 죽음 너머의 세계는 영생을 누린다는 면에서 같다. 현세에서 영생을 소유하지 못한 자가 저 너머의 세계에서 그것을 차지할 수 없다. 영생의 삶은 현세에서 시작해서 저 너머의 세계에서 완성된다.

누가도 현 세대와 죽은 이후의 세대를 나름대로의 신학으로 연결하였다. 그것을 가장 극명히 보여주는 것이 바로 부자와 나사로의 비유다(눅 16:19-31). 이 비유는 부자와 나사로 각각의 사후 운명에 대해 말한다. 부자는 음부에 갔고 나사로는 아브라함의 품에 안겼다. 이것이 사후 세계의 실상을 기록한 것인가? 아니면 단순한 비유인가? 이 비유를 실상을 묘사한 것으로 여기기 보다는 당시 유대인들에게 알려진 에녹서에 나오는 사후의 세계에 대한 모습으로 물질 사용에 대한 어떤 윤리적 교훈을 주려고 한 것으로 보아야 할 것이다.

누가에게 있어 재물의 나눔이 없는 부자는 그 책임을 사후의 심판의 세계에서 진다. 이와 같이 누가는 이 비유를 통해 살아있는 사람들에게 어떻게 재산을 사용할 것인지를 권고한다. 이 비유 앞에 바로 불의한 청지기의 비유(눅 16:1-13)가 나오는 것을 유념할 필요가 있다. 누가는 바리새인들은 돈을 좋아하기 때문에 이 비유를 듣고 예수를 비웃었다고 기록하였다. 이어서 누가는 죽음 이후의 세계를 위해서 이 땅에서 어떻게 재물을 사용해야 할까를 부자와 나사로의 비유를 통해서 말한다.

결국, 성서적으로 죽음 저 너머의 삶은 현세의 삶과 단절되기보다는 연결되어 있는 것이다. 이생과 저 생 모두에서 사람은 삼위일체 하나님과의 관계 속에서만 의미 있는 삶이 된다. 또 이생에서의 행동이 저 생애에 영향을 미치기 때문에, 이 생애에서 어떤 윤리적인 삶을 살 것인가가 중요하게 된다. 누가는 부자가 나눔을 통해서 사는 법을 가르친다. 또 바울은 이 땅에서의 행복이 또 저 세상에서의 행복과 연결된다고 본다. 성령을 통해서 이 땅에서 저 세상의 행복을 맛보기로 맛본 사람만이 저 세상에서 주님과 동행하게 되는 것이다.

III. 보론(2): 요한의 크로노스와 카이로스

1. 들어가는 말

쿨만(Oscar Cullmann)은 『그리스도와 시간』이라는 책에서 기독교 복음의 핵심을 이해하기 위해서는 신약성서의 시간관을 이해하는 것이 필수적이라고 보았다. 쿨만은 신약성서에서 시간은 헬라 사상에서처럼 순환하는 것이 아니라 구속사적으로 전개되는 선(線)이라고 하였다.

예수는 구속사의 구심점이며, 예수의 수난과 부활은 예수 생애의 정점이다. 쿨만은 이러한 시간을 카이로스(καιρός)라고 하는데 이것은 하나님의 구속 사역에서 특별한 시점을 가리킨다. 이 카이로스는 예수에게만 해당되는 것이며 신자는 그리스도가 카이로스에 행한 일에 언제든지 응답할 수 있다(요 7:6). 카이로스와 대비되어 구속사적인 시간이 아닌, 종말을 향해 흘러가는 시간은 크로노스(χρόνος)이다.[14]

우리는 쿨만의 기념비적인 저술을 통해서 신약성서의 시간관의 독특성을 명료하게 볼 수 있다. 신약성서에 공존해 있는 미래적인 종말론과

---

14) O. Cullmann, 『그리스도와 시간』(서울: 솔로몬, 1987).

현재적인 종말론에 학자들은 당황하여 그것을 하나로 통일시키려 했다. 불트만은 요한복음에 나오는 미래적 종말론은 친교회적 편집자가 영지주의적 성향의 요한복음 문서를 교회가 받아들일 수 있도록 편집한 부분이라고 본다. 쉬바이처(Albert Schweizer)를 비롯한 철저 종말론자들은 복음서에 있는 현재 종말론적 요소를 무시하고 예수는 철저하게 묵시문학적 종말론을 가지고 있었다고 본다.

그러나 이러한 주장들은 신약성서에 나오는 종말론의 양 요소(미래적 요소와 현재적 요소)의 긴장 관계가 초기 기독교 신자들의 독특한 시간관에 기인한 것임을 잘 파악하지 못한 데서 나온 것들이다.

그래서 본 장에서 우리는 요한복음에 국한해서 요한복음 저자가 말하는 시간관의 특징을 살펴보려 한다. 우선, 우리는 요한복음의 시간관에서 어떤 것은 본래 원저자의 목소리이고, 어떤 것은 후대 편집자의 목소리라고 하는 주장을 따르지 않을 것이다. 비록 편집이 있었다 하더라도 최종 본문에 나타난 것이 저자의 일관된 소리라고 볼 것이다.

본 장은 요한복음에 나타난 저자의 시간관을 연구하려 한다. 그렇기 때문에 요한은 시간을 어떻게 이해하고 있었으며, 이것이 예수의 사역과 어떻게 연결되어 있고, 예수의 구속 사역을 설명하는 데 있어서 어떤 역할을 하는가 하는 점을 살피는 것이 중요하다.

결과적으로 요한복음에 선적인, 종말을 향해서 흐르는 시간이 있는 반면(크로노스), 예수의 구속 사업을 이루기 위해 십자가와 부활을 정점으로 하는 시간(카이로스)이 있음이 밝혀질 것이다. 특히 요한복음 시간관의 특징은 카이로스적 시간관에 나타나 있음이 확인될 것이다.

2. 크로노스의 시간

크로노스의 시간은 요한 시간관의 독특한 측면은 아니다. 공관복음 저자들과 마찬가지로 요한은 시간이 종말을 향해 달려가고 있다는 것을 자연스럽게 보여준다. 특별한 것이 있다면 예수의 존재 시점을 "맨 처음"(요 1:1)으로 취급한다는 것이다. 창조 이전부터 그리스도는 존재해 왔다는 것이다.

가. 분명한 시각

요한복음에는 시각이 명시된 구절이 네 번 나온다(1:39; 4:6, 52; 19:14). 그런데 이 시각이 유대식이냐 로마식이냐 하는 논쟁이 있다. 물론 대다수의 학자는 이것을 유대식 시각이라고 생각하지만, 일부 학자들은 로마식 시각이라고 본다.

유대식 시간은 해 뜰 때부터(대략 오전 6시) 해 질 때까지(대략 오후 6시)를 12시간으로 나눈 것이고, 로마식 시간은 한 밤중에서 정오까지와 정오에서 한 밤중까지를 각각 12시간으로 나누는 현대의 시간 계산법이라는 것이다. 이에 대해서 대다수의 학자들과 같이 나는 요한복음에 나오는 명시적 시각은 유대식이라고 생각한다.[15)]

어쨌든 본 장에서 중요한 것은 이것이 유대식이냐 로마식이냐 하는 것보다도 요한이 시간이 무의미하게 흘러가는 것이 아니라 종말을 향하여 전진해 나가는 것으로 보았다는 것이다.

나. 그리스도의 선재(요 1:1)

잘 알려진 대로 요한복음 1:1은 창세기 1:1에서 상당한 부분을 빌려왔다. 이 중에서도 가장 두드러진 것은 "처음에"(ἐν ἀρχῇ)라는 어구다. 창세기 본문에서 "처음"은 물론 창조 시를 가리킨다. 그런데 요한복음 본문에

---

15) 이 부분에 대한 자세한 논증을 위해서는 조석민, "요한복음에 언급된 시간 이해: 요한복음 1:39; 4:6, 52; 19:14을 중심으로", 『성경과 교회』 4(2006), 143-69; 김동수, "요한복음의 시각: 현대식이냐 유대식이냐?", 『신약논단』 17(2010), 901-24를 보라.

서 "처음"은 로고스인 그리스도가 존재한 근원적 시간을 말한다. 그리스도가 창조에 동참했기 때문에(1:2) 그 "처음"은 당연히 창조 이전이다.

나아가 이것은 창조 이전의 어느 시점을 구체적으로 말하는 것 같지도 않다. 브라운(R. E. Brown)의 말대로 이것은 "하나님의 영역에 있어서 시간적인 것보다는 보다 질적인 것을 지칭하는 것"일 것이다.[16] 한마디로, 여기서 "처음에"는 그리스도의 선재를 나타내는 용어이다.

이러한 용법은 요한복음 서문(1:1-18)에 대한 일종의 주해인 요한일서 서문(1:1-4)에도 계속된다. 또 요한일서 2:13, 14에서도 "처음부터 계신이"도 선재하신 그리스도 또는 하나님을 가리킨다.

요한은 그리스도의 선재를 나타내는 데 있어 세례 요한과 예수를 비교하는데 존재 시간에 있어 그리스도가 세례 요한에 앞선다는 것을 세례 요한의 입으로 말하게 한다(요 1:15, 30).

흥미롭게도 요한은 세례 요한보다 예수가 앞선 것은 예수가 세례 요한보다 먼저 존재했기 때문이라고 한다. 이것은 단순히 인생의 선후배 관계를 나타내는 것이 아니다. 세례 요한은 인간적인 방식대로 탄생한 피조물이라면, 예수는 하나님과 함께 처음부터 존재했고, 그 분 자신이 신적 본성을 가진 삼위일체의 한 위격이기 때문이다(요 1:18).

요한은 피조물의 하나님의 자녀됨은 "자녀"(τέκνα)라는 말을 사용하는 반면, 그리스도의 아들됨은 "아들"(υἱός)이라고 표현하여 양자의 아들 됨의 종류를 구별한다.

이러한 그리스도의 선재 사상은 요한복음 내러티브 전체에 스며들어 있다. 요한복음 표적의 책(1-12장)에서 예수와 유대인들(특히 바리새인들)과의 갈등의 문제는 예수의 신적 본성에 관한 것이었다. 예수는 스스로를 선재하신 신적 본성을 가진 존재로 계시하면, 유대인들은 이것이 신성모독이라고 예수의 말을 반박하는 형국이 계속해서 펼쳐진다. 예수는

16) R. E. Brown, *The Gospel according to John* 1 (N. Y.: Doubleday, 1966), 4.

유대인들을 반박하면서 마귀의 존재에 대해서 말할 때 그가 "처음부터" 살인한 자(요 8:44; 참조. 요일 3:8)라고 하는데 그 "처음"도 창조 이전을 가리킨다. 마귀는 창조 이전부터 존재했다는 것이 여기에 전제되어 있기 때문이다. 물론 여기서의 "처음"은 그리스도의 선재와는 다르다. 그리스도가 영원부터 존재했다면, 마귀는 타락 시점이 있다. 요한은 그리스도의 선재를 말하기 위해 "처음에"라는 용어를 사용했다.[17]

다. 복음의 원조(요일 2:7)

처음(ἀρχή) 단어는 신약에 55회 나오는데, 그 중에서 요한복음에 8회, 요한일서와 요한이서에 8회 나온다. 바로 앞에서 다룬 구절에서의 용례를 제외하면 이 단어는 창조 시점보다는–특히 요한서신에서는–요한 공동체가 소유한 "본래의" 복음의 시작점을 지칭하는 경우에 주로 사용된다. 이 복음은 "처음부터 [우리가] 가진" 것이며(요일 2:7; 요이 5), "처음부터 들은 것"이며(요일 2:24; 요이 6), "처음부터 들은 소식"(요일 3:11)이다. 여기에서 처음부터 복음의 메시지를 가진 자들과 그렇지 않은 자들이 대비된다. 복음의 메시지를 가지고 있지 않은 자들은 적그리스도라고 불리는데(요일 2:22), 이들의 특징은 요한 공동체가 처음부터 소유했던 원 복음을 가지고 있지 않다는 것이다. 그래서 여기서 요한이 말하는 "처음"은 "본래의", "원래의"라는 뜻으로 이해해야 한다.

위에서 본 것처럼 요한은 연대기적 또는 일상적 시간법을 사용한다. 시간은 해와 절기와 날과 시를 통해서 흘러가는 것이다. 여기에 특별히 신학적 의미를 두는 시간은 예수가 "처음"부터 존재했었다는 그 처음의

---

17) 또한 요한은 6:64에서 그리스도의 사전 지식을 말하면서 그의 선재를 말하는 것 같이 보인다. 요한은 예수가 자기를 배반할 자가 누구인지를 "처음부터" 알았다고 기록하는데, 그 처음은 그리스도의 선재 시점이 아니라 예수의 공적 사역의 시점을 말하는 것으로 보아야 할 것이다.

시간이다. 마태와 누가가 예수의 탄생을 중요하게 취급한다면 요한은 예수의 선재를 복음서 첫 절에 취급하여 예수의 선재를 중요하게 여긴다. 예수의 선재가 중요한 것은 그가 바로 단순한 인간이 아니라 신으로서 성육신하신 분이라는 것을 의미하기 때문이다(요 1:1, 14).

만약 요한복음이 예수의 선재로 시작하지 않는다면, 그 이후에 나오는 예수의 전지(全知)의 능력(요 2:24-25)도 이해하기 어렵고, 또 예수의 전지를 기반으로 하지 않고는 이후 내러티브에서 예수가 사람을 만날 때 그의 전지적 능력에 따른 언행이 기이하게 보일 수 있다. 예수는 전지하기 때문에 니고데모가 찾아왔을 때 그 사람에게 필요한 것이 무엇인지 지적해 주었고, 사마리아 여인의 삶을 다 알고 있었고, 38년 된 병자가 병이 오래된 것을 안 것이다. 이렇게 예수와 관계하여 시간에 대한 요한의 이해는 요한복음을 해석하는 데 없어서는 안 될 요소이다.

3. 카이로스의 시간

요한의 시간관의 독특성은 카이로스의 시간에 나타나 있다. 요한은 인간의 구속을 주로 장소, 즉 차안(此岸)과 피안(彼岸)으로 보지 않는다. 예를 들어 그는 영생이 예수의 표적과 말씀에 대해 현재 어떻게 반응하는가에 달렸다고 본다. 신앙으로 반응하면 벌써 현재에 종말의 복이 임하게 되고, 불신앙으로 반응하면 미래의 심판이 현실이 된다는 것이다. 그리하여 요한복음에서는 분명 현재와 미래는 구분되지만 미래가 현재화되고, 또 현재의 삶이 미래로 이어진다. 이것은 요한복음에 두드러지게 나타나 있는 종말에 대한 두 모습이다. 요한복음에서 이러한 시간은 예수가 영광 받을 때라는 말로 압축된다.

공관복음서에서 "시간"(ὥρα)이라는 단어는 언제나 하루 중 어느 시각을 의미한다. 요한복음에도 이러한 용례가 나온다(1:39; 4:6). 그런데 요한복음에서 이 단어는 예수에게 있어 어떤 특정 시점이나 기간을 의미하는 것으로 주로 쓰인다. 예수는 아직 그 때가 되지 않았다고 하기도 하고 (2:4), 그 때가 오고 있다고 말하기도 하며(4:21, 23, 25), 또 그 때가 왔다고 말하기도 한다(12:23, 27; 13:1; 17:1). 그러면 "그 때"는 언제를 가리키는가? 또 그 신학적 의미는 무엇인가?

요한복음에서 정확한 시각을 나타내는 것(1:39; 4:6; 4:52, 52; 11:9; 19:14)과 어떤 일정한 기간(5:35), 또는 일반적인 시점(16:21; 19:27)을 의미하는 것을 제외하고 예수 생애의 특정한 시점을 의미하는 "때"(ὥρα)에 대한 구절은 다음과 같다.

2:4, "내 때가 아직 이르지 아니하였나이다."

4:21, " … 이 산에서도 말고 예루살렘에서도 말고 너희가 아버지께 **예배할 때**가 이르리라."

4:23, "아버지께서 참되게 예배하는 자들은 영과 진리로 **예배할 때**가 오나니 곧 이 때라 … "

5:25, "진실로 진실로 너희에게 이르노니 죽은 자들이 하나님의 **음성을 들을 때**가 오나니 곧 이 때라. 듣는 자들은 살아나리라."

5:28, "이를 놀랍게 여기지 말라. 무덤 속에 있는 자가 다 그의 **음성을 들을 때**가 오나니."

7:30, "그들이 예수를 잡고자 하나 손을 대는 자가 없으니 이는 <u>그의 때</u>가 아직 이르지 아니하였음이라."

8:20, "이 말씀은 성전에서 가르치실 때에 헌금함 앞에서 하였으나 잡는 사람이 없으니 이는 <u>그의 때</u>가 아직 이르지 아니하였음이러라."

12:23, "예수께서 대답하여 이르시되 인자가 <u>영광을 얻을 때</u>가 왔도다."

12:27, "지금 내 마음이 괴로우니 무슨 말을 하리요 아버지여 나를 구원하여 <u>이 때</u>를 면하게 하여 주옵소서."

13:1, "유월절 전에 예수께서 자기가 세상을 떠나 아버지께로 돌아가실 <u>때가 이른 줄</u> 아시고..."

16:2, "사람들이 너희를 출교할 뿐 아니라 때가 이르면 무릇 너희를 죽이는 자가 생각하기를 이것이 하나님을 섬기는 일이라 하리라."

16:4, "오직 너희에게 이 말을 한 것은 너희로 그 때를 당하면 내가 너희에게 말한 것을 기억나게 하려 함이요..."

16:25, "이것을 너희에게 비유로 일렀거니와 때가 이르면 다시는 비유로 너희에게 이르지 않고 아버지에 대한 것을 밝히 이르리라."

16:32, "보라 너희가 다 각각 제 곳으로 흩어지고 나를 혼자 둘 때가 오나니 벌써 왔도다 … "

17:1, "예수께서 이 말씀을 하시고 눈을 들어 하늘을 우러러 이르시되 아버지여 때가 이르렀사오니 아들을 영화롭게 하사 아들로 아버지를 영화롭게 하옵소서."

먼저, 요한복음 2:1에서 "내 때"는 예수의 수난-부활-승천의 때와는 거리가 있어 보인다. 만약 여기서 "내 때"가 수난-부활-승천을 의미한다면, 예수는 그 때 이전에는 표적을 행하지 않는 것이 된다. 여기서 "때"란 예수가 표적을 행할 때를 가리킨다. 예수의 모친은 예수를 단순히 기적 행사자로 보아 예수가 하나님의 때에 표적을 일으킨다는 것을 알지 못했다. 시간적으로는 불과 얼마 안 되는 시간 후에 예수는 표적을 행하여 그의 영광을 나타냈다. 여기서 예수의 때는 그의 영광을 드러낼 때라는 점에서 "내 때"는 앞에서 다룬 수난-부활-승천의 때와도 개념적으로 연결되어 있다고 볼 수 있다. 예수는 미래의 영광을 현재에 표적을 행함으로 이미 얻는 것이다.

둘째, **볼드체**로 된 부분에서 때는 예수 부활 이후의 시점이기도 하면서 동시에 예수의 현존에 의해서 그것이 이루어지는 시점을 가리키기도 한다. 참으로 예배할 때는 예수의 현존에 의해서 벌써 이루어진 때이며 동시에 앞으로 이루어질 것이고, 부활한 자가 하나님의 음성을 듣는 것은 미래의 일일 뿐만 아니라, 부활 신앙을 가진 신자들이 이 땅에서 벌써 그 축복이 이루어진 것이기도 하다.

셋째, 밑줄 그은 부분에서 때는 예수의 수난의 때를 포함한다는 것은 분명하다. 다만 이것이 예수의 부활과 승천까지를 포함하느냐 아니면 단순히 예수의 수난만을 의미하는가가 논란이 된다.[18] 브라운은 여기서 언급된 때는 예수의 수난과 부활과 승천까지를 포함한다고 말한다.

(1) 이 때는 구원의 때인데, 구원은 예수의 십자가와 부활과 승천을 포함한다.

(2) 이 때는 예수가 영광을 받을 때이며 동시에 아버지께 돌아갈 때인데, 그것은 부활과 승천을 포함한다.

이상을 통해서 요한의 "때"에 대한 중요한 사상을 알 수 있다. 여기서 말하는 때는 한 번 밖에 없는 예수의 구속 과업과 연관된 것이다. 이것은 그 누구에게도 해당되지 않고 오직 예수에게만 해당되는 시간이다. 이 때는 예수의 수난에 이르기까지 미래의 때로 남아 있다. 그렇게 이 때는 미래를 향해 가는 때이다. 다시 말해 현재에 아직 이르지 않은 때이다.

그러나 예수가 수난을 받을 시점에 와서 이 때는 "때가 왔다"로 변한다(12:23; 17:1). 이제 예수의 수난과 부활에 이르러서는 더 이상 때에 대한 말은 없다. 때가 이미 도달하였기 때문이다. 그런 면에서 애제자가 예수의 어머니를 집으로 모실 때가 십자가를 질 때인데, 이것은 더 이상 미래가 아니라 "그 때부터"(19:27)가 된다. 여기에는 바로 때가 이르러 이제는 그 때가 성취된 것이라는 암시가 보인다.

요한복음에서 독특한 것은 요한복음은 수난을 포함한 이 때를 영광의 때로 보는 것이다. 공관복음서는 예수의 부활로 인해 수난이 극복된 것으로 보는 반면, 요한복음은 수난 자체가 하나님의 뜻을 이루는 것이

---

18) 김선배, "요한복음서에 나타난 '인자'의 '들리움'과 '영광'", 『실천하는 신학』 9(1999), 47-67.

라고 본다. 요한복음 수난 사화에서 예수는 왕으로, 당당하게 하나님의 뜻을 이루기 위해 걸어간다. 피츠너(Victor C. Pfizner)는 요한복음 수난 사화를 예수가 왕으로 대관식을 하는 시간으로 본다.[19]

4. 나가는 말

본 단락에서 우리는 요한복음의 시간관을 고찰했다. 요한복음에 나타난 시간관을 다시 정리해 보자.

첫째, 요한복음에서 시간에 대해서 말하는 경우 일반적으로 흘러가는 시간이 있고(크로노스), 예수 그리스도의 대속을 통한 구원을 위한 특별한 시간(카이로스)이 있다. 요한복음에는 바로 이 카이로스가 중요하다. 요한복음의 예수는 모든 행동과 말은 이 때를 향하여 간다. 이 때는 예수의 삶의 목적을 이루는 시간이다. 이 때를 완성함으로 예수는 구속의 과업을 이루게 된다.

둘째, 사람은 예수의 구속 사역의 결과인 영생을 얻을 수 있다. 그것이 완성되는 것은 신자의 부활을 통해서다. 그런데 신자가 죽고 부활하기 전에 그 영생이 예수와 성령의 역사를 통해서 이 땅에서 이미 경험된다. 종말에 이루어질 것이 현재에 이루어지는 것이다. 이는 이른바 실현된 종말론 사상이다. 또 현재에 영생을 얻어 누리는 사람만 미래에 부활을 경험할 수 있게 된다.

19) Victor C. Pfizner, "The Coronation of the King-The Passion in the Gospel of John", *CTM* 4 (1977), 10-21.

● 참고문헌

김동수. “요한복음의 시각: 현대식이냐 유대식이냐?”. 『신약논단』 17(2010), 901-24.

김득중. 『요한의 신학』. 서울: 컨콜디아사, 1994.

김문경. 『요한신학』. 서울: 한국성서학연구소, 2004.

김선배. “요한복음서에 나타난 ‘인자’의 ‘들리움’과 ‘영광’”. 『실천하는 신학』 9(1999), 47-67.

박경미. “요한복음서의 종말 기대와 영”. 『신학사상』 118(2002), 109-37.

배종수. “요한복음의 종말론에 관한 제이론(1): 철저적 종말론과 실현된 종말론을 중심으로”. 『신학과 선교』 20(1995), 63-106.

송영목. “요한복음 14장의 거주지의 성격”. 『신학논단』 79(2015), 225-55.

유은걸. “요한복음의 종말론”. 『신약논단』 19(2012), 171-201.

조석민. “요한복음에 언급된 시간 이해: 요한복음 1:39; 4:6, 52; 19:14을 중심으로”. 『성경과 교회』 4(2006), 143-69.

최흥진. “요한의 종말론을 통해 본 공동체의 삶의 정황에 관한 연구”. 『신학이해』 11(1993), 82-104.

현경식. “요한복음의 종말론과 윤리”, 『신약논단』 5(1999), 120-40.

Beasley-Murray, George. *Gospel of Life: Theology in the Fourth Gospel*. Peabody, MA: Hendrickson, 1991.

_______. “The Eschatology of the Fourth Gospel”. *The Evangelical Quarterly* 18(1946), 97-108.

Brown, R. E. 『요한복음개론』. 서울: CLC, 2010.

_______. *The Gospel according to John* 1, N. Y.: Doubleday, 1966.

Bultmann, R. 『요한복음서 연구』. 서울: 성광문화사, 1979.

_______. 『신약성서신학』. 서울: 성광문화사, 1976.

Carroll, John T. “Present and Future in Fourth Gospel ‘Eschatology’”.

Biblical Theology Bulletin 19(1989), 63-69.

Cook, W. Robert. "Eschatology in John's Gospel". *CTR* 3(1988), 79-99.

Cullmann, O. 『그리스도와 시간』. 서울: 솔로몬, 1987.

Culpepper, R. Alan. "Realized Eschatology in the Experience of the Johannine Community". Craig R. Koester and Reimund Bieringer (eds.), *The Resurrection of Jesus in the Gospel of John*. Tübingen: Mohr Siebeck, 2008, 253-76.

Dahl, N. A. "'Do not Wonder': John 5:28-29 and Johannine Eschatology Once More", *The Conversation Continues: Studies in Paul & John in honor of J Louis Martyn*. Nashville: Abingdon, 1990, 322-36.

Dodd, C. H. *The Interpretation of the Fourth Gospel*. London: Cambridge University Press, 1963.

Frey, J. "Eschatology in the Johannine Circle". G. von Velle et al (eds.), *Theology and Christology in the Fourth Gospel: Essays by the Members of the SNTS Johannine Writings Seminar*. Leuven: University Press, 2005, 47-82.

______. *Die johanneische Eschatologie* 3. Tübingen: Mohr Siebeck, 1997-2000.

Hays, Richard B. "'Why Do You Stand Looking Up Toward Heaven?' New Testament Eschatology at the Turn of the Millennium". *Modern Theology* 16(2000), 115-35.

Jonge, Marinus de, "The Radical Eschatology of the Fourth Gospel and the Eschatology of the Synoptics: Some Suggestions". Adelbert Denaux (ed.), *John and the Synoptics*. Leuven: Univ Press, 1992, 481-87.

Köstenberger, A. 『요한신학』. 서울: 부흥과개혁사, 2015.

Kysar, Robert, "Eschatology of the Fourth Gospel: a Correction of Bultmann's Redactional Hypothesis". *Perspective* 13(1972), 23-33.

Ladd, G. E. 『신약신학』. 서울: 대한기독교서회, 2005.

O'Donnel, Tim. "Complementary Eschatologies." *CBQ* 70(2008), 750-65.

Painter, John, "Theology, Eschatology and the Prologue of John." SJT 46(1993), 27-42.

Pamment, M. "Eschatology and the Fourth Gospel". *JSNT* 15(1982), 81-85.

Pancaro, S. "Statistical Approach to the Concept of Time and Eschatology in the Fourth Gospel." *Biblica* 50(1969), 511-24.

Pfizner, Victor C. "The Coronation of the King-The Passion in the Gospel of John". *CTM* 4(1977), 10-21.

Schnackenburg, R. *The Gospel according to John* 2, N.Y: Seabury Press, 1980.

Thyen, H. "Die johanneische Eschatologie". *Studien zum Corpus Johanneum*. WUNT 214; Tübingen: Mohr Siebeck, 2007, 512-27.

Van der Watt, J. G. "Eschatology in John: a Continuous Process of Realizing Events". *Eschatology of the New Testament and Some Related Documents*. Tübingen: Mohr Siebeck, 2011, 109-40.

Weidemann, Hans-Ulrich, "Eschatology as Liturgy: Jesus' Resurrection and Johannine Eschatology". Craig R. Koester and Reimund Bieringer(eds.), *The Resurrection of Jesus in the Gospel of John*. Tübingen: Mohr Siebeck, 2008, 277-310.

Zimmermann, Ruben, "Remembering the future: eschatology in the letters of John". *Eschatology of the New Testament and some Related Documents*, Tübingen: Mohr Siebeck, 2011, 514-34.

교회를 위한 종말론 연구 **신약성경의 종말론**

Eschatology in the New Testament

제1부 신약성경의 종말 이해

제5장 **요한계시록 저자의 종말 이해**

사탄의 파워 구조를 통해 보는
요한계시록 종말론의
중심 주제

박두환

나사렛대학교 교수/신약학

사탄의 파워 구조를 통해 보는 요한계시록 종말론의 중심 주제

사탄의 파워 구조를 통해 보는 요한계시록 종말론의 중심 주제

I. 요한계시록 종말론의 중심 주제

요한계시록의 독특한 계시와 역사적 고발을 요한계시록 12-13장에서 발견할 수 있다. 저자는 여기서 자신이 고발하려고 하는 영적인 세 존재를 세 가지의 상징을 통해 표현하는데, 12장에서 등장하는 하늘의 용은 모든 악마적인 세력의 최고의 주체이며 통솔자이다. 13장 전반부에 등장하는 바다에서 올라오는 짐승은 용의 첫 번째 하수인으로 정치적인 하수인이다. 그는 사탄의 지시와 임무를 지상에서 집행하면서 사탄의 제국을 만들어 간다. 13장 후반부에서 등장하는 땅에서 올라오는 짐승은 용의 두 번째 하수인으로 종교적인 하수인이다. 그는 용의 신성화를 위해 종교적인 권력과 임무를 수행하려 한다.

요한계시록 저자는 이런 세 가지 상징 표현을 통해 악마적인 속성이 첫 번째 짐승에서 통합되어 있음을 주목하면서 그들을 고발하고 여기서 독특한 계시를 나타내려 한다.

이와 같이 하나님의 종말적인 적대자들은 삼각 관계를 형성하는데, 그것을 사탄적인 파워 구조라고 할 수 있다. 그리하여 필자는 이를 사탄적인 삼각 관계라 규정하고 이 구조에 따라 요한계시록의 종말 이해를 전개해 나가려 한다.

이런 파워 구조는 다음의 세 가지 특징을 지닌다. 그것은 바로 전권 위임의 형식과 종속적인 관계, 활동의 제한성이다. 이들은 전권 위임을 통해 사탄적인 파워를 전수받고 활동하는데, 그 활동의 목적은 그 파워를 전수한 자들을 경배하고 우상화하는 데 있다. 그러므로 사탄적 파워의 전수자와 전수 받는 자 간에 종속적 관계가 형성된다. 또 이들의 활동은 하나님에 의해 결정된 제한된 기간 동안(3년 6개월)만 가능하다.

요한계시록 저자는 바로 그가 경험하고 있는 그 사건과 그 당시 교회와 성도들의 실존을 철저히 종말적 사건으로 보았다. 또 그는 자신과 교회의 이런 실존을 철저히 종말적인 사건의 시작으로 이해한다. 이 시기 교회와 성도들이 필요한 것은 바로 강한 믿음이다. 또 이런 믿음은 현재 강력한 희망을 요구한다. 그렇기 때문에 요한계시록의 저자는 사탄의 파워 구조를 고발하면서 당시의 교회와 성도들에게 강한 믿음을 가지고 이 세상에서 담대히 승리하여 나갈 것을 촉구하는 것이다.

II. 사탄의 파워 구조(1) - 요한계시록 12장 1-18절을 중심으로

1. 과거와 현재와 미래에 대한 상징 환상(12:1-15:4) 안에 있는 요한계시록 12:1-18

12:1-13:18은 묵시적인 형상보다는 오히려 신화적인 형상으로 이루어져 있다. 곧 박해를 받는 교회를 상징하는 여인, 그리스도를 상징하는 아기, 사탄을 상징하는 용은 12:1-18에서 추격과 도주, 박해와 승리를 중심으로 한 내용에서 등장한다. 13:1-10에서는 로마 제국을 상징하는 바다에서 올라온 짐승이 등장하고, 13:11-18에서는 로마 제국을 위한 종교적인 세력을 상징하는 바다에서 올라온 짐승이 등장한다. 14:1-5에서 144,000명이 부르는 노래가 나오고, 이어서 종말 심판에 대한 준비가 기술된다(14:6-20).

여기서 제기될 수 있는 의문은 일곱 대접 재앙이 나오지 않고 12-14장이 중간 삽입으로 새롭게 구성된다는 점이다. 왜 예언자 요한은 이런 문학적 구조를 형성하는가? 저자가 의도한 모든 것을 상세하게 다 파악할 수는 없겠지만 분명한 것은 여기에 묵시적 시대를 살아가는 교회와 성도에 대한 시대적인 권면이 담겨 있다는 것이다.

2. 여인과 〈드라콘〉(12:1-18)

가. 용의 추직을 피하는 어린 아기와 여인(12:1-6)

1그리고 커다란 한 표징이 하늘에서 나타났는데 한 여인이 태양을 옷 입
고 달은 그녀의 발밑에 (있었다). 그녀의 머리에는 열두 별이 박힌 면류관
이 (씌였다). 2그리고 그녀는 임신 중이어서 해산의 진통과 괴로움 속에서
울부짖고 있었다. 3 또 다른 표징이 하늘에서 나타났다. 보라, 커다란 한
붉은 용이 (나타났다). 그것은 머리 일곱 개와 뿔 열 개가 달렸고 그 머리
들 위에는 일곱 면류관이 (씌였다).[1] 4그의 꼬리는 하늘의 별 삼분의 일
을 휩쓸어서 땅으로 내던졌다.[2] 그리고 그 용은 막 해산하려는 그 여인
앞에 서서 그녀가 아이를 낳으면 삼키려고 하였다. 5결국 그녀는 사내 아
기를 낳았다. 그 아기가 장차 쇠 지팡이로 모든 백성들을 다스려야만 한
다.[3] 그리고 그 아이는 하나님과 그의 보좌로 이끌려 올라갔다. 6그 여인
은 광야로 도주하였는데 그곳에는 하나님께서 1260일 동안 그녀를 살리
려고 예비해 두신 장소가 있다.[4]

---

1) 참조. 단 7:7 이하. 21.

2) 참조. 단 8:10.

3) 참조. 시 2:9; 계 2:27; 19:15.

4) 참조. 계 11:2 이하; 12:14; 13:5.

1) 〈드라콘 메가 퓨로스〉의 출현

본문에서 중심적으로 다루는 것은 여인과 아이, 여인의 남은 자손을 박해하는 용, 즉 〈드라콘 메가 퓨로스〉(δράκων μέγας πυρρός//draco magnus rufus)이다. 이 〈드라콘〉의 출현은 해를 입은 여인의 출현과 함께 하나의 표징으로 이해된다. 그런데 요한계시록 저자는 이 표징을 구분하여 해를 입은 여인의 출현을 커다란 한 표징으로 기술하는 한편, 〈드라콘 메가 퓨로스〉의 출현을 〈메가〉를 뺀 다른 표징으로만 서술한다(1-3절). 이와 같이 이 두 존재의 출현을 서술하면서 요한계시록 저자는 의도적인 구분을 시도한다.[5)]

이러한 출현에 이어 이 〈드라콘〉이 가진 여러 가지 외형적 특징이 묘사된다. 그는 머리 일곱 개, 뿔 열 개, 그 머리 위에 일곱 면류관을 갖고 있다(3절). 이 〈드라콘〉은 첫 행위로 그의 꼬리로 하늘의 별 1/3을 휩쓸어서 땅에 내던지면서 위엄을 과시하고 임신한 여인의 아이를 삼키려 한다(4절). 그러나 〈드라콘〉은 그 여인이 사내 아이를 잉태한 것을 알고도 여인과 아이를 해할 수 없게 되는데, 그것은 여인이 낳은 아이가 곧바로 하나님과 그의 보좌로 이끌려 올라갔기 때문이다. 위험에 처한 여인은 1260일 동안 피신하게 될 하나님께서 예비하신 은신처를 찾아 광야로 도주한다(4-6절).

〈드라콘〉은 자신의 군대를 이끌고 하늘에서 미가엘의 군대와 대적하여 싸웠으나 패배하고 하늘에서부터 지상으로 추방된다(7-9절). 하늘 전쟁의 종결, 하나님의 군대의 승리, 〈드라콘〉의 패배와 추방, 그의 짧은 지상 활동이 한 큰 음성을 통해 전해진다(10-12절).

---

5) H. Gollinger, *Das Große Zeichen von Apkokalypse* 12 (Würzburg: Echter KBW Verlag, 1971), 92; J. Roloff, *Die Offenbarung des Johannes* (Zürich: Theologischer Verlag, 1987), 126: 초기 그리스도교 묵시 전승에서 쎄메이온은 미래의 사건을 드러내는 것으로 이해되었다(참조. 막 13:24 이하; 마 24:29 이하; 눅 21:25).

〈드라콘 메가 퓨로스〉는 이제 지상에서 광야로 도주한 여인을 찾아 박해하려고 한다. 이 〈드라콘〉은 여인을 뒤쫓았고, 여인을 익사시키려고 입에서 물을 강물처럼 토해낸다. 그러나 위기에 처한 여인은 두 가지 도움으로 극적인 탈출을 하게 된다. 그 도움의 하나는 독수리의 두 날개로, 여인은 이 날개의 도움으로 무사히 은신처로 피신하여 3년 6개월을 보낼 수 있게 되었다. 또 다른 도움은 땅의 도움으로, 이를 통해 여인은 익사의 위험에서 살아날 수 있게 되었다(13-17절). 그렇게 되자 이 〈드라콘〉은 여인[6]의 남은 자손들, 즉 하나님의 계명과 예수의 증언을 간직한 자들과 싸우려고 바닷가 모래 위에 서 있다(17-18절).

2) 교회의 적대자 〈드라콘 메가 퓨로스〉

본문에서 〈드라콘 메가 퓨로스〉는 먼저 여인의 적대자로 등장한다. 요한계시록 저자는 하늘에서 여인의 출현을 커다란 표징으로 표현하는 반면(12:1-2), 〈드라콘 메가 퓨로스〉의 출현에 대해서는 하늘에서의 다른 표징으로 소개한다(12:3-4). 요한계시록의 저자는 〈드라콘〉과 여인의 출현을 모두 하나의 표징으로 이해하였으나 여인의 출현과 〈드라콘〉의 출현에 차이를 두려고 여인의 출현을 커다란 표징으로 표현한 반면, 〈드라콘〉의 출현을 '커다란'이 생략된 다른 표징으로 기술한다.[7]

요한계시록 12:7에서 〈드라콘 메가 퓨로스〉는 창세기 3:1에 나오는 옛 뱀, 악마, 사탄과 동일시된다. 악마가 사탄의 헬라어 번역이기 때문에 여

---

6) 여인에 대한 해석은 대략 세 가지인데, 첫째, 예수의 모친 마리아로 보는 견해(코스네터[J. Kosnetter], 카씽[A. Th. Kassing], 제임스[P. James]와 몰리나[F. C. Molina]. 둘째, 이스라엘 설(직켄베르거[J Sickenberger]), 셋째, 참이스라엘 또는 교회의 하늘 원형으로 보려는 설(챨스[R. E. Charles], 롤로프[J. Roloff], 비켄하우저[A. Wikenhauser], 로제[E. Lohse])이 있다. 위의 견해 가운데서 셋째 견해가 가장 설득력이 있다.

7) H. Gollinger, *Das Große Zeichen von Apokalypse* 12 (Würzburg: Echter Verlag, 1971), 92.

기서 사탄과 악마는 동의어로 간주된다.[8] 그 〈드라콘〉은 지상에 있는 사람들을 유혹한다. 이미 앞에서 언급한 것처럼 그 〈드라콘〉은 악마적인 존재요, 고대 동방 신화에서 발견되는 혼돈의 세력으로 간주된다.

3) 〈드라콘 메가 퓨로스〉의 모습

일차적으로 본문의 심층적인 차원에 다다를 수 있도록 〈드라콘 메가 퓨로스〉에 대한 외형적인 특징을 주의를 기울여 살펴보아야 한다.

첫째: 붉은 색을 띤 〈드라콘 메가 퓨로스〉

〈드라콘〉은 붉은 색을 지니고 있다(3절). 이 색은 바빌론과 이집트 신화에 나오는 티아마트와 티폰의 색과 동일하다. 홀쯔만(H. J. Holtzmann)은 이 색을 제국주의적인 외투(Imperatorenmanel)의 색으로 간주하는데,[9] 이 견해는 매우 설득력이 있다. 이 색은 요한계시록 6:4에서 전쟁을 몰고 오는 말의 색과 같으며 피 흘림을 의미한다.[10] 이와 같이 〈드라콘〉이 붉은 색을 띤 것은 〈드라콘〉의 살인적인 의도를 표현하는 것이다.[11]

둘째: 일곱 머리를 가진 〈드라콘 메가 퓨로스〉

〈드라콘 메가 퓨로스〉는 일곱 머리를 가지고 있다(3절).[12] 이런 모티브는 바빌론 신화와 피스티스 소피아, 아브라함의 묵시록 17장과 솔로몬

---

8) W. Foerster, "Die Bilder in Offenbarung 12f. und 17f.", in: ThStkr 104 (1932), 285; N. Walter, "δρακων", *EWNT* I (^{2}1992), 853.

9) H. J. Holtzmann, *Evangelium, Briefe und die Offenbarung des Johannes* (Tübingen, J. C. B. Mohr ^{3}1908), 340.

10) H. Kraft, *Die Offenbarung des Johannes* (Tübingen, J. C. B. Mohr, 1974), 117.

11) J. Roloff, *Die Offenbarung des Johannes* (Zürich: Theologischer Verlag, 1984), 127; F. Spitta, *Die Offenbarung des Johannes untersucht* (Halle: Max Niemeyer Verlag, 1889), 352 이하.

12) 〈드라콘〉에 대한 묘사에서 일곱 머리는 단지 이곳에서만 발견된다.

의 찬가 22:5, 이사야 14:29에서도 발견된다. 이 〈드라콘〉의 일곱 머리는 "〈드라콘〉의 끔찍함"[13]을 상징한다. 여기서 일곱의 수는 "최고로 극대화된 하나님의 대적 세력"[14]을 의미한다.

셋째: 열 뿔을 가진 〈드라콘 메가 퓨로스〉

〈드라콘 메가 퓨로스〉는 열 뿔을 가지고 있다(3절). 요한계시록에서는 뿔에 대한 몇 가지 예가 발견된다. 5:6[15]에서는 일곱 뿔을 지닌 어린 양이 나타나며, 13:1[16]에서는 바다에서 올라온 짐승, 곧 〈테리온〉이 〈드라콘〉처럼 열 뿔을 갖고 나타난다. 또 13:11[17]에서는 땅에서 올라온 두 뿔 달린 〈테리온〉이 나타난다. 17:3-16[18]에서는 음녀가 앉아 있는 열 뿔 달린 붉은 〈테리온〉을 발견하게 된다.

요한계시록 저자는 〈드라콘 메가 퓨로스〉의 능력의 특징을 묘사하기 위해 여러 전승 요소를 사용하는데, 그 가운데 열 뿔에 대한 모티브는 다니엘 7:24[19]을 토대로 삼은 것이다. 그의 열 뿔은 보다 확대된 하나님

---

13) J. Roloff, 위의 책(1984), 127.

14) H. Gollinger, 위의 책(1971), 94; A. Wikenhauser, *Die Offenbarung des Johannes* (Regensburg: Verlag Friedrich Pustet, [3]1959), 93.

15) 나는 또 보좌와 네 생물과 장로들 가운데 어린 양이 하나 서 있는 것을 보았는데, 그 어린 양은 죽임을 당한 것과 같았습니다. 그에게는 뿔 일곱과 눈 일곱이 있었는데, 그 눈들은 온 땅에 보내심을 받은 하나님의 일곱 영이십니다.

16) 나는 바다에서 짐승 하나가 올라오는 것을 보았습니다. 그 짐승은 뿔 열과 머리 일곱을 가졌는데, 그 뿔 하나하나에 왕관을 쓰고 있고, 그 머리 하나하나에는 하나님을 모독하는 이름이 붙어 있었습니다.

17) 나는 또 땅에서 다른 짐승 하나가 올라오는 것을 보았습니다. 그것은 어린 양처럼 뿔이 둘 있고, 용처럼 말을 하였습니다.

18) 그 천사는 성령으로 나를 휩싸서, 빈 들로 데리고 갔습니다. 나는 한 여자가 빨간 짐승을 타고 앉아 있는 것을 보았는데, 그 짐승은 하나님을 모독하는 이름들로 가득하였고, 머리 일곱과 뿔 열 개가 달려 있었습니다.

19) 그 열 뿔은 이 나라에서 일어날 열 왕이다. 그 뒤에 또 다른 왕이 일어날 것인데, 그 왕은 먼저 있던 왕들과 다르고, 또 전에 있던 세 왕을 굴복시킬 것이다.

의 대적 세력을 상징한다.[20]

넷째: 일곱 면류관을 쓴 〈드라콘 메가 퓨로스〉

〈드라콘 메가 퓨로스〉의 머리에는 일곱 면류관이 씌어 있다(3절). 이 면류관 모티브는 요한계시록을 제외하고는 묵시록 전승이나 신약성서에서 발견되지 않는다. 〈드라콘〉이 그의 머리에 일곱 면류관을 쓴 반면, 바다에서 올라온 〈테리온〉은 그의 뿔 위에 열 개의 면류관을 썼다(13:1). 백마를 타시고 공의로 싸우시는 그리스도는 머리에 셀 수 없는 면류관을 쓰고 계신다(19:12).[21] 본문에 나오는 면류관은 통치권의 상징으로 간주될 수 있다.[22] 이로써 일곱 면류관은 〈드라콘 메가 퓨로스〉의 통치권의 완전성을 상징한다.

4) 〈드라콘 메가 퓨로스〉의 활동

첫째: 초인적인 힘의 소유자 〈드라콘 메가 퓨로스〉

〈드라콘 메가 퓨로스〉는 그의 꼬리로 하늘의 별 1/3을 휩쓸어 땅에 내던진다(4전절). 요한계시록에서 하늘에서 땅으로 추락한 별에 대한 이야기가 종종 언급된다. 여섯째 봉인을 떼었을 때에 하늘의 별들이 떨어진다(6:13).[23] 또 넷째 나팔이 울릴 때에 해와 달과 별이 빛을 잃는다(8:12).[24]

---

20) H. Giesen, *Johannes Apokalypse* (Sttutgart: Verlag Katholisches Bibelwerk, 1986), 94; U. B. Müller, 앞의 책(1984), 234.

21) 그분의 눈은 불꽃과 같고, 머리에는 많은 관을 썼는데, 그분 밖에는 아무도 알지 못하는 이름이 그의 몸에 적혀 있었습니다.

22) H. Gollinger, 위의 책(1971), 94; J. Roloff, 위의 책(1984), 127; J. Behm, *Die Offenbarung des Johannes* (Göttingen: Vandenhoeck & Ruprechtag, 41949), 66; A. Wikenhauser, 앞의 책(1959), 93.

23) 하늘의 별들은, 무화과나무가 거센 바람에 흔들려서 설익은 열매가 떨어지듯이, 떨어졌습니다.

24) 넷째 천사가 나팔을 부니, 해의 삼분의 일과 달의 삼분의 일과 별들의 삼분

이처럼 하늘에서 별이 떨어지거나 빛을 잃는 것은 종말의 현상으로 본문의 별이 추락한 사건은 종말적인 사건임이 분명하다.

본문의 내용은 디니엘 8:10[25]을 암시하는데, 요한계시록 저자는 〈드라콘 메가 퓨로스〉의 이런 행동 묘사를 통하여 하나님과의 비교의 대상이 되기를 원하는 〈드라콘 메가 퓨로스〉의 교만을 드러낸다.[26] 천체가 사탄이 아닌 하나님께 속한 것이기 때문이다.[27]

둘째: 하나님의 사람들을 박해하는 〈드라콘 메가 퓨로스〉

〈드라콘 메가 퓨로스〉는 이제 여인의 후손을 박해하려고 한다(4후절). 여인에게 잉태된 아이는 두말할 나위 없이 시편 2:9[28]의 미래의 메시아를 가리킨다. 그렇다면 이 여인은 도대체 누구일까? 이 여인을 예수의 모친 마리아로 보려는[29] 견해는 여인과 아이의 관계를 단지 혈육적인 관계로 파악하려는 것으로, 12:17[30]에 나타나는 여인의 남은 자손의 문제를 해결하기 어렵기 때문에 수용될 수 없다.

이 여인을 이스라엘 백성으로 해석하려는 견해도 심심찮게 대두[31]되었는데, 그리스도인들에 대한 그 당시의 박해 상황과 유대교에 대해 부정

의 일이 타격을 입어서, 그것들의 삼분의 일이 어두워지고, 낮의 삼분의 일이 빛을 잃고, 밤도 역시 그렇게 되었습니다.

25) 그것이 하늘 군대에 미칠 만큼 강해지더니, 그 군대와 별 가운데서 몇을 땅에 떨어뜨리고 짓밟았다.

26) H. Giesen, 위의 책(1983), 98; H. Gollinger, 위의 책(1971), 97.

27) 참조. 계 6:13; 8:12 이하; 9:1.

28) '네가 그들을 철퇴로 부술 때에, 질그릇 부수듯이 부술 것이다' 하셨다.

29) J. Kosnetter, "Die Sonnenfrau in der neueren Exegese", *Theologische Fragen der Gegenwart* (Wien, 1951), 93-108을 참조하라.

30) 그 〈드라콘〉은 그 여자에게 노해서 그 여자의 남아 있는 자손, 곧 하나님의 계명을 지키며 예수의 증언을 간직하고 있는 사람들과 싸우려고 떠나갔습니다.

31) J. Sickenberger, "Die Messiasmutter im 12 Kapitel der Apokalypse", *ThQ* 126 (1946), 357-427.

적인 입장이 명확하게 밝혀져야만 하기 때문에 수용될 수 없다. 유대인들은 2:9;[32] 3:9[33]에서 사탄의 무리로 간주된다.[34]

가장 설득력 있는 견해는 이 여인을 옛 계약과 새 계약을 잇는 하나님의 백성으로 보는 것이다. 곧 이 여인은 바로 하나님의 백성인 참 이스라엘이다. 요한계시록 21:9 이하[35]에서 교회는 더 이상 그리스도의 어머니가 아닌 어린 양의 신부로 간주되고 있음을 주목해야만 한다. 그러므로 사탄인 〈드라콘 메가 퓨로스〉는 메시아의 적대자일 뿐만 아니라 참 이스라엘의 적대자로써 그들과 싸우러 간다.

〈드라콘 메가 퓨로스〉는 이제 여인의 남은 자손과 싸우려고 한다. 여인의 남은 자손은 단지 혈육적인 관계를 넘어선 영적인 차원의 관계성을 갖는 사람을 의미한다. 곧 요한계시록의 저자는 여인의 남은 자손에 대

32) 나는 네가 당한 환난과 궁핍을 알고 있다. 그런데 사실 너는 부요하다. 또 자칭 유대 사람이라는 자들에게서 네가 비방을 당하고 있는 것도, 나는 알고 있다. 그러나 사실 그들은 유대 사람이 아니라 사탄의 무리다.

33) 보아라, 내가 사탄의 무리에 속한 자들을 네 손에 맡기겠다. 그들은 스스로 유대 사람이라고 하지만, 사실은 그렇지 않고, 거짓말을 하는 자들이다. 보아라, 내가 그들이 와서, 네 앞에 꿇어 엎드리게 하고, 내가 너를 사랑하였다는 것을 알게 하겠다.

34) U. B. Müller, 위의 책(1984), 229-30; 신약성서에서 쉬나고게(die Synagoge)는 다음 몇 가지 의미를 갖는다. 첫째, 유대인들의 개별 공동체를 지칭한다(행 9:2; 6:9). 둘째, 유대교 전체를 가리킨다(2:9; 3:9). 셋째, 유대인들의 예배 모임을 의미한다(행 13:43). 넷째, 단순히 유대교 회당을 의미한다. W. Schrage, "Ekklesia und Synagoge", *ZThK* 60/2 (1963), 195-96 참조.

35) 일곱 천사가 마지막 때에 일곱 재난이 가득 담긴 일곱 대접을 가졌는데, 그 가운데 하나가 나에게로 와서 말하기를 "이리로 오너라. 어린 양의 아내인 신부를 너에게 보여 주겠다" 하고, 나를 성령으로 휩싸서 높고 큰 산 위로 데리고 가서, 하나님께로부터 하늘에서 내려오는 거룩한 도시 예루살렘을 보여 주었습니다.

하여 암시를 주는데, 그들은 바로 하나님의 계명을 지키며 예수의 증언을 간직하고 있는 자들이다.

나. 하늘 전쟁과 용의 추방(12:7-12)

7그리고 하늘에서 전쟁이 일어났는데 미가엘과 그의 천사가 용과 싸우
기 위해 (일어났고)[36] 용과 그의 부하는 이에 맞서 싸웠다. 8그들은 강하
지 못하였으므로 하늘에서 더 이상 그들이 거할 장소가 발견하지 발견되
지 않았다. 9또 그 큰 용, 곧 악마와 사탄이라고 불리는 그 옛 뱀은 온 땅
을 유혹하였는데 그는 땅으로 내쫓김을 당했다.[37] 그의 부하들도 역시
그와 함께 추방된다, 10나는 하늘에서 한 큰 음성을 들었다. "우리 하나님
의 구원과 능력과 나라와 그의 그리스도의 권세가 나타났다. 우리 하나
님 앞에서 밤낮으로 우리의 동료들을 참소하는 자가 추방되었기 때문이
다.[38] 11우리의 형제들은 어린양의 피와 그들의 증언의 말씀을 통하여 그
를 이겨냈다. 그들은 죽기까지 그들의 목숨을 사랑하지 않았다.[39] 12그러
므로 하늘과 그 안에 사는 자들아 기뻐하라. 그러나 땅과 바다에는 화가
있다. 악마가 자기에게 아주 짧은 시간이 주어진 것을 알고 몹시 화가 나
서 너희에게 내려왔기 때문이다."

1) 하나님을 대적하는 〈드라콘 메가 퓨로스〉

〈드라콘 메가 퓨로스〉는 그의 부하들을 데리고 하늘에서 천사장 마가엘과 그의 천사들과 맞서 전쟁을 벌였다. 이 전쟁에서 이 〈드라콘〉은 그의 부하들과 함께 땅으로 내쫓김을 당한다(8-9절).

36) 참조. 단 12:1.

37) 참조. 눅 10:18; 요 12:31; 16:11.

38) 참조. 욥 1:6 이하; 슥 3:1 이하; 롬 8:33.

39) 참조. 눅 14:26.

여기에는 두 개의 신화적인 내용이 섞여 있다. 하나는 천사의 반란에 대한 것이고, 다른 하나는 혼돈 세력과 하나님과의 전쟁에 대한 것이다.[40] 유대 묵시문헌에서 미가엘은 〈드라콘 메가 퓨로스〉의 대적자로 하나님의 백성을 보호할 뿐만 아니라 타락한 자들과 하나님을 대적하는 자들과 맞서 싸운다.[41] 쿰란 문헌에서도 미가엘은 불법 통치를 하는 영주들과 맞서 싸운다.[42]

이 전쟁에서 결국 〈드라콘 메가 퓨로스〉와 그의 부하들은 패배를 안고 땅으로 추방을 당한다. 이 〈드라콘〉에 맞서 싸워 이룩한 미가엘의 승리는 하나님의 주권이 관철되는 한 단면을 시사한다.[43]

2) 지상의 공동체를 박해하는 〈드라콘 메가 퓨로스〉

옛 뱀으로 상징된 〈드라콘 메가 퓨로스〉는 악마와 사탄으로 불리기도 하는데, 이 〈드라콘〉이 여인을 강물로 휩쓸어 버리려고 여인의 등 뒤에 물을 입에서 토해냈다(17절). 이 구절에 〈드라콘 메가 퓨로스〉를 바다 괴물인 레비아탄(Leviathan)으로 보려는 신화적인 사고가 반영되어 있다.[44] 그러나 여인은 다행히도 이런 위험에서 땅의 도움을 받아 극적으로 보호를 받는다. 땅은 입을 벌려 〈드라콘〉이 토해낸 강물을 삼켜버린다(16절).

요한계시록 저자는 〈드라콘 메가 퓨로스〉를 전승사적인 배경을 통하여 이해한다. 하나님과 메시아와 교회를 대적하고 박해하는 〈드라콘 메가 퓨로스〉는 여기서 창세기 3장의 낙원의 뱀과 이사야 27:1의 바다 괴물 레비아탄으로 여겨진다.

---

40) H. Kraft, 위의 책(1974), 167.

41) 참조. 단 10:23,21; 21:1; 이디오피아 에녹서 20:5.

42) 참조. 1QM IX 9,15 이하; XVII, 5-7.

43) U. B. Müller, 위의 책(1984), 237.

44) 참조. 시 74: 13; 겔 29:3 이하; 32:2 이하.

3) 하늘 전쟁에서의 패배와 추방

용과 그의 사자들이 미가엘과 그의 천사들과 싸우지만 이기지 못한다. 이는 사탄이 원래 하나님과 대적할 만한 상대가 되지 않는다는 것을 보여준다. 이 전쟁은 사탄에게 치명적인 상처가 되었고, 전쟁에서 패한 사탄은 다시 하늘에서 그들이 있을 곳을 얻지 못한다. 그래서 그는 자신의 군대를 이끌고 가장 낮은 하늘에서 지상으로 도피하여 바닷가에 서 있다. 사탄은 결정적으로 패배한 존재다.

4) 여인의 남은 자손과 싸우려는 〈드라콘 메가 퓨로스〉

〈드라콘 메가 퓨로스〉는 그 여인의 남은 자손과 싸우러 간다(17절). 아기 메시아에게 아무 해를 가할 수 없었던(5절) 용은 그래서 그의 분노를 이제 그 여인, 곧 하나님 백성(17절)에게 향하여 쏟아내려 한다. 그렇지만 곤경 속에서도 그 여인은 도움을 받아(16절) 위기의 때를 이겨낼 수 있었다. 이제 그 〈드라콘〉은 자신의 두 대리인을 불러내기 위해 바닷가 모래 위에 서 있다(18절).

여인의 남은 자손은 참 이스라엘을 뜻하는 그리스도인들을 상징한다. 곧 그들은 하나님의 계명을 지키는 자이고, 예수의 증언을 간직하고 있는 자들이다. 이 극적인 사건을 통해 저자는 고난 당하는 교회에게 다음 사실을 명백하게 교훈한다. 하나님은 자기 백성이 망하게 되기까지 결코 내버려두지 않으신다. 따라서 교회는 예수에 대한 소식을 증언하며 하나님의 말씀을 지키며 그 증거에 충실하게 머물러야 한다(6:9 20:4).

다. 여인을 찾아다니는 용(12:13-18)

[13]용이 자신이 땅으로 추방되었음을 알고 남자 아이를 낳았던 그 여인을 박해하였다. [14]그러자 여인이 광야에 있는 은신처로 날아갈 수 있도록 커

다란 독수리의 두 날개가 그녀에게 주어졌다. 그곳에서 그녀는 뱀의 피해
서 한 때와 두 때와 반 때 동안 양육을 받는다.[45] 15그 뱀은 그녀를 강물
로 휩쓸어 버리려고 그녀의 등 뒤에다가 그의 입에서 물을 강물처럼 토해
냈다. 16그러나 땅이 그 여인을 도와 자신의 입을 벌려 용이 토해 냈던 물
을 삼켰다.[46] 17그 용은 그 여자에게 화가 나서 그 여자의 남은 자손, 하
나님의 계명을 지키며 예수의 증언을 간직하고 있는 사람들과 싸우려고
떠났다. 18그리고 그는[47] 바닷가 모래 위에 서 있다.[48]

1) 지상적 대리인을 통해 일하는 〈드라콘 메가 퓨로스〉

〈드라콘 메가 퓨로스〉는 지상에서 활동하게 될 그의 두 하수인을 불러낸다. 하나는 바다에서 올라온 짐승, 즉 첫 번째 〈테리온〉(13:1-10)이고, 다른 하나는 땅에서 올라온 짐승, 즉 두 번째 〈테리온〉이다(13:11-17).

여기서 〈드라콘 메가 퓨로스〉는 먼저 첫 번째 〈테리온〉에게 자기의 힘과 왕위와 큰 권세를 넘겨주는 위임자로 등장한다(2절). 〈드라콘 메가 퓨로스〉가 일곱 머리와 열 뿔을 가지고 있듯이 첫 번째 〈테리온〉 역시 일곱 머리와 열 뿔을 가지고 있다(3절). 이 장면에서 시사하는 바는 바로 첫 번째 〈테리온〉이 그의 보좌와 권세를 위임받았다는 것이다. 이 〈드라

---

45) 참조. 왕상 17:2 이하; 19:4 이하; 단 7:25; 12:7.

46) 참조. 민 16:28 이하.

47) 이 부분에서 사본과 역본들은 두 개의 상이한 본문을 제공한다. Codex 051, Mehrheitstext, vgmss, syph, co는 이 부분을 ϵσταθην,ισταμαι의 단순과거 수동태 1인칭 단수)으로 읽는 반면, Codex P^{47}, a, C, 1854, 2329, 2351, pc, lat syh는 ϵσταθη(ισταμαι의 단순과거 수동태 3인칭 단수)로 읽는다. 증언하는 사본의 질을 고려할 때 어려움없이 ϵσταθη로 읽었던 사본들이 훨씬 더 우위에 있다. 그러므로 여기서 주어는 1인칭 단수인 요한이 아니라 3인칭 단수인 용이다.

48) 참조. 계 19:10; 요 15:26; 요일 5:6 이하. "예수의 증거"는 고양되신 그리스도가 그의 제자들에게 주신 성령을 위한 표현이다.

콘〉은 사탄적인 모든 세력의 근원이다. 그는 이런 지상적 임무를 이들 두 〈테리온〉에게 맡기고 자취를 감춘다.

그 후 이 첫 번째 〈테리온〉은 온 세상에 있는 사람들에게 경배의 대상이 된다. 〈드라콘 메가 퓨로스〉가 갖고 있던 권세를 그에게 위임했기 때문이다(4절). 사람들은 "누가 이 〈테리온〉과 비교될 수 있으며, 그와 맞서 싸워 승리할 수 있겠는가" 하면서 그 〈테리온〉을 경배하였다. 이에 대해 기젠(H. Giesen)은 다음과 같이 강조한다.

> 어린 양에 대한 경배가 동시에 하나님께 대한 경배가 되듯이 첫 번째 〈테리온〉을 경배하는 것은 곧 그에게 전권을 부여한 〈드라콘〉에 대한 경배가 되는 것이다.[49]

온 세상 사람들은 〈드라콘 메가 퓨로스〉와 첫 번째 〈테리온〉을 경배한다. 〈드라콘 메가 퓨로스〉는 이런 권세의 근원이며 첫 번째 〈테리온〉은 〈드라콘〉의 지상적인 대리인이다.

그렇다면 이런 사탄의 지상적 두 대리인은 누구를 가리키는 것일까? 여기서 상세하게 다루지는 않겠지만 이런 문제는 이미 시간사적인 연구를 통해서 학계에서 밝혀진 바 있다.

첫 번째 〈테리온〉은 반신적이고-정치적인 특성을 지니고 있다. 그는 먼저 하나님을 대적한다. 그리하여 그는 하나님뿐만 아니라 그의 이름과 거처와 하늘에 사는 이들을 모독한다(4절). 이런 반신적인 행위는 사탄인 〈드라콘 메가 퓨로스〉의 속성임에 틀림없다. 그는 모든 세상을 정치적으로 다스릴 권세를 갖고 있으며, 어린 양의 생명책에 기록되지 않은 사람들은 그를 경배하게 된다(7-8절).

두 번째 〈테리온〉은 종교적인 특성을 지니고 있다. 두 번째 〈테리온〉의 목소리를 비교하기 위해 요한계시록 저자는 이 〈드라콘〉 모티브를 사

49) H. Giesen, 위의 책(1986), 108.

용한다. 곧 이 〈테리온〉은 어린 양처럼 두 뿔을 가지고 있고, 〈드라콘〉처럼 말을 한다(11절). 그는 자신의 권세를 첫 번째 〈테리온〉에게서 부여받았고, 첫 번째 〈테리온〉에 대한 우상화 작업을 한다(15절). 그는 예언자 엘리야처럼 큰 기적을 행하여 사람들 앞에서 하늘에서 불이 내려오게 한다(13절). 또 그것을 미끼로 해서 많은 사람을 미혹하고 첫 번째 〈테리온〉의 우상을 만들고 숭배하게 하였다(14-15절).

2) 사람들을 미혹하는 〈드라콘 메가 퓨로스〉

요한계시록 16:2-21에서는 일곱 대접을 들고 있는 일곱 천사가 다루어진다. 저자는 묵시적인 재앙을 표현하기 위해 이집트에 내렸던 재앙 모티브(출 7-10장)를 가져온다. 이것들은 일곱 나팔 재앙과 내용과 재앙 순서에 있어서 많은 유사성을 지니고 있다.

〈드라콘 메가 퓨로스〉 모티브는 여섯째 대접 환상(12-15장)에서 발견된다. 13절에서 첫 번째 〈테리온〉과 거짓 선지자로 볼 수 있는 두 번째 〈테리온〉(13:11 이하)이 등장한다. 더욱 중요한 것은 이 세 사탄의 세력의 입에서 각각 개구리와 같이 생긴 더러운 세 영이 나온다는 것이다(13절).

이 세 더러운 영은 14:6 이하[50)]에 나오는 세 천사, 즉 복음을 전하는

---

50) [6]나는 또 다른 천사가 하늘 한가운데서 날아다니는 것을 보았습니다. 그에게는 땅 위에 살고 있는 사람과 모든 민족과 종족과 언어와 백성에게 전할 영원한 복음이 있었습니다. [7]그는 큰소리로 "너희는 하나님을 두려워하고, 그분께 영광을 돌려라. 하나님께서 심판하실 때가 이르렀다. 하늘과 땅과 바다와 물의 근원을 만드신 분께 경배하여라" 하고 외쳤습니다. [8]또 두 번째 다른 천사가 뒤따라와서 말하였습니다. "무너졌다. 무너졌다. 큰 도시 바빌론이 무너졌다. 바빌론은 자기 음행으로 빚은 진노의 포도주를 모든 민족에게 마시게 한 도시다." [9]또 세 번째 다른 천사가 그들을 뒤따라와서 큰소리로 말하였습니다. "그 짐승과 그 짐승 우상에게 절하고, 이마나 손에 표를 받는 사람은 누구든지, [10]하나님의 진노의 포도주를 마실 것이다. 그 포도주는 물을 섞어서 묽게 하지 않고 하나님의 진노의 잔에 부어 넣은 것

천사, 바벨론의 멸망을 선언하는 천사, 짐승의 추종자들에 대한 심판을 선언하는 천사와 대조를 이룬다.[51] 이 재앙은 이집트의 두 번째 재앙인 개구리 재앙(출 7:26 8:11)을 연상시킨다. 종교사적으로 이 개구리는 페르시아에서 어둠의 신을 시중드는 존재로 간주되었다.[52] 요한계시록 저자는 위의 세 사탄적인 세력의 유혹적인 말을 개구리로 비교하였다.

그들은 이적을 행하면서 하나님의 큰 날에 일어날 전쟁에 대비하려고 왕들을 모은다(14절). 끝으로 하나님은 이 날 그의 원수들을 제거하신다. 요한계시록 12장에서와 같이 이 본문에서도 〈드라콘 메가 퓨로스〉는 사탄적인 모든 세력의 근원이다. 그는 하나님과 대결을 위해 그의 하수인인 두 〈테리온〉과 함께 전쟁을 준비한다.

3) 〈드라콘 메가 퓨로스〉의 운명

요한계시록 20:1-10에서는 사탄에 대한 심판과 그리스도인의 천년 왕국에 대해 다루어진다. 이 내용은 세 개의 작은 소 단락으로 구분된다. 첫째 단락(20:1-3)에서는 천년 동안 감금되는 사탄에 대하여, 둘째 단락(20:4-6)에서는 그리스도와 함께하는 그리스도인의 천년 왕국이, 셋째 단락(20:7-10)에서는 사탄에 대한 마지막 심판에 대한 내용이 소개된다.

이다. 또 그런 자는 거룩한 천사들과 어린 양 앞에서 불과 유황으로 고통을 받을 것이다. [11]그들에게 고통을 주는 불과 유황의 연기가 그 구덩이에서 영원히 올라올 것이며, 그 짐승과 짐승 우상에게 절하는 자들과, 또 그 이름의 표를 받은 자는, 누구든지, 밤에도 낮에도 휴식을 얻지 못할 것이다."

51) U. B. Müller, 위의 책(1984), 281-82; E. Lohse, 위의 책(1971), 93-94; E. Lohmyer, 위의 책(1926), 136; J. Behm, 위의 책(1957), 90.

52) Park, Doo Hwan, *Tiere und Farben in der Offenbarung. Eine Untersuchung zur Herkunft, Funktion und theologischen Bedeutung der Tier- und Farbmotive in der Apokalypse des Johannes*, Diss. (Bielefeld: Bethel Kirchliche Hochschule, 1997), 68 이하.

예수 그리스도가 하나님의 적대적인 세력들에 대항하여 승리한 후에(19:19-21) 〈드라콘 메가 퓨로스〉, 즉 사탄에 대한 심판 집행에 대한 내용이 이어진다. 그는 마지막 심판을 받아야 하고, 그전에 천년 동안 감금된다. 이 기간 동안 그리스도인들은 그리스도와 함께 천년 왕국을 누리게 될 것이며, 그 후에 비로소 사탄은 마지막 심판을 당하게 된다.

〈드라콘 메가 퓨로스〉는 이 본문에서 한번 발견된다. 12:3에서처럼 20:2에서 그는 또 다시 옛 뱀, 다시 말하면 악마나 사탄으로 표현된다. 이미 앞에서 다루었듯이 창세기 3장에서 하와를 유혹하는 뱀이 등장한다. 요한계시록 저자는 12:9과 이 본문에서 〈드라콘 메가 퓨로스〉를 옛 뱀과 동일시한다. 전승사적으로 이 옛 뱀을 제외하고도 용으로 간주될 수 있는 다른 것들이 발견되는데, 전설적인 바다 괴물인 "레비아탄"(사 27:1), 전설적인 바다 괴물이며 혼돈과 악의 세력을 상징하는 "라합"(사 51:9), 바다 괴물인 "얌(Jam)"과 괴물 "타닌(Tannin)"(욥 7:12)이다.

요한계시록 저자는 본문에서 종교사적인 〈드라콘 메가 퓨로스〉 모티브를 자연스럽게 전승사적으로 연결시킨다. 〈드라콘〉은 하늘에서 내려온 한 천사에 의해서 결박되고 힘없이 천년 동안 결박당한다.[53] 종교사적으로 이란의 신화에서의 결박당한 뱀, 아쯔히 다하카가 언급될 수 있다.[54]

구약성서에서 혼돈의 세력들이 제거되는 내용은 이사야 24:21 이하에서 발견된다. 그날이 오면 위로는 하늘의 군대와 아래로는 땅에 있는 세상의 군왕들이 재앙을 받게 된다(21절). 그들은 오랫동안 감금되었다가

---

53) J. Sickenberger, 위의 책(1942), 178: 하도른은 옛뱀으로 명시된 용을 통해 마지막 재앙뿐만 아니라 아담의 타락으로 인한 재앙이 연상된다고 진술한다(W. Hadorn, 위의 책[1928], 194 참조).

54) E. Lohse, 위의 책(1971), 105; H. Giesen, 위의 책(1986), 157; R. H. Charles, 위의 책(1920), 142; J. Behm, 위의 책(1951), 102. "이란의 신화에서 보면 뱀인 아쯔히 다하카는 결박당하고 마지막 날엔 잠시 동안 결박이 풀린 채 자유롭게 되지만 마지막 싸움에서 그는 완전히 패배하고 만다"[E. Lohse, 위의 책(1971), 105 참조].

처형당하게 된다(22절). 더 나아가 이런 내용을 유대 묵시문헌과 외경 문헌, 즉 이디오피아 에녹 18:13-16; 21:6-10; 므낫세의 기도 2-4장; 레위의 유언 18:12; 시리아 바룩 40장에서 발견할 수 있다.[55)]

요한계시록의 저자는 이런 내용을 구약성서와 유대교를 통해 전수받아 그의 신학적인 구조를 세우기 위해 사용하였다. 곧 그는 여기서 그리스도인들이 그리스도와 함께 누리게 될 천년왕국과 대조를 이루는, 그동안 교회와 성도들을 박해했던 사탄과 사탄의 세력들이 겪게 될 천년 동안의 감금 내용을 표현하는 것이다. 〈드라콘 메가 퓨로스〉는 12, 13, 16장에 나오는 사탄과 동일시된다. 그는 결국 사라져야만 하는 혼돈 세력의 근원이다.

III. 사탄의 파워 구조(2)- 요한계시록 13장 1-18절을 중심으로

1. 바다에서 올라온 첫 번째 〈테리온〉(13:1-10)

[1]나는 바다에서 올라온 한 짐승을 보았는데, 그는 열 뿔과 일곱 머리를 가졌으며 그 뿔들에는 열 개의 면류관이 (씌어져) 있고 그 머리들에는 하나님을 모독하는 이름들이 (붙어) 있었다.[56)] [2]내가 보았던 그 짐승은 표범과 비슷하였다. 그의 발은 곰의 (발)과 같고 그의 입은 사자의 입과 같았다.[57)] 그 용은 자기의 힘과 보좌와 큰 권세를 그에게 주었다. [3]그리고 (나는) 그 머리들 가운데서 치명상을 입은 듯한 하나를 (보았다). 그러나 그 치명상은 회복되었고[58)] 온 땅은 놀라서 그 짐승을 따랐다. [4]온 땅

55) J. Roloff, 위의 책(1984), 192; H. Ritt, 위의 책(1986), 100; E. Lohse, 위의 책(1971), 105.

56) 참조. 단 7:2-4.

57) 참조. Sueton, Nero 57.

58) 참조. 출 15:11.

은 그 용에게 경배를 하였다. 그가 그 짐승에게 권세를 주었기 때문이다. 또 그들은 그 짐승을 경배하며 "누가 이 짐승과 같으랴?[59] 누가 이 짐승과 맞서 싸울 수 있겠는가?" 하였다. [5]큰 소리를 치며 모독하는 말을 하는 입이 그에게 주어졌고, 마흔 두 달 동안[60] 활동할 수 있는 권세가 주어졌다. [6]그는 하나님을 모독하는 입을 열어 그의 이름과 그의 거처와 하늘에 사는 이들을 모독하였다.[61] [7]그는 성도들과 싸워서 승리하도록 허락받고,[62] 모든 종족과 백성과 언어와 민족을 다스리는 권세를 받았다. [8]그러므로 죽임을 당한 어린 양의 생명책에 이름이 창세 때부터 기록되지 않은 땅에 사는 모든 자들은 그를 경배할 것이다.[63] [9]귀가 있는 자는 들으라![64] [10]"어떤 사람이 사로잡혀 가기로 되어 있으면 사로잡혀 간다. 어떤 사람이 칼에 맞아 죽게되어 있으면 칼에 맞아 죽게된다. 여기에 거룩한 자들의 믿음과 인내가 (절대적으로 필요하다)."

가. 첫 번째 짐승의 전승사

지상으로 쫓겨나 바닷가의 모래 위에 서 있는 〈드라콘 메가 퓨로스〉(δράκων μέγας πυρρός)는 그의 지상적 두 대리인을 불러낸다. 하나는 첫 번째 〈테리온〉으로 바다에서 올라오고, 다른 하나는 두 번째 〈테리온〉으로 땅에서 올라온다. 요한계시록 저자는 환상을 통해 〈드라콘 메가 퓨로

59) 참조. 계 11:2 이하; 12:6, 14. 이 숫자는 역사적인 수가 아니라 마지막 세상 종말의 기간을 상징한다.

60) 하늘과 하나님의 천사가 생각된다.

61) 참조. 단 7:21.

62) 참조. 계 3:5.

63) 참조. 계 2:7.

64) 헬라어 본문은 이 부분에서 불확실하게 전승된다. 예레미야 15장 2절에 온이 두 문장의 원래 의미는 발견된다.

스〉의 부름을 받고 바다에서 지상으로 올라온 〈테리온〉을 보게 된다.

먼저 그의 외형적 특징으로 열 개의 뿔과 일곱 개의 머리, 열 개의 면류관을 들 수 있다. 그 머리들에는 하나님을 모독하는 이름들이 붙어 있다(1절).[65] 이 〈테리온〉의 형상은 다니엘 7:3-8에 나오는 여러 동물과 비교되어 묘사된다. 곧 그의 모습은 표범과 같고, 그의 발은 곰의 발과 같고, 그의 입은 사자의 입과 같다(2절). 이 〈테리온〉은 그의 모든 힘과 보좌와 큰 권세를 사탄인 〈드라콘 메가 퓨로스〉에 의해 위임 받는다(2절). 요한계시록 저자는 그 머리들 가운데 치명상을 입고 회복된 머리와 이에 놀라 그 〈테리온〉을 추종하는 사람들을 본다(3절).

또 이 〈테리온〉은 〈드리콘 메기 퓨로스〉와 함께 사람들에게 경배의 대상이 된다. 사람들은 경배하며 "누가 이 〈테리온〉과 같으랴?, 누가 이 〈테리온〉과 싸워 이길 수 있으랴?"한다(4절). 이 〈테리온〉에겐 모독하는 말을 하는 입이 주어졌고 3년 6개월 동안 활동할 수 있는 권세가 주어졌다. 그래서 이 〈테리온〉은 입을 열어 하나님의 이름과 거처와 하늘에 사는 이들을 모독하였다(5-6절). 게다가 그는 성도들과 싸워 승리하도록 허락 받고 온 세계를 다스릴 권세를 받는다(7절). 그리하여 창세 전부터 생명책에 기록되지 않은 자는 다 그 〈테리온〉을 경배할 것이며 그렇지 않은 자들은 사로잡혀 가거나 칼에 맞아 죽게 된다. 다만 절대적으로 요구되는 것은 성도의 믿음과 인내이다(8-10절).

전승사적으로 〈테리온〉은 욥기 40-41장; 다니엘 7:6 이하; 솔로몬의 시편 2:25; 제4 에스라 12:10 이하와 관련을 맺고 있다. 욥기 40-41장은 하나님의 변론(38-41장)편에 속하는 내용으로 하나님의 세계 창조와 보존

---

65) 참람한 이름, 곧 신성모독하는 이름은 분명 황제 숭배와 관련되어 있다. 이것들은 통치자를 신격화하기 위해 부르는 칭호들이다. 예를 들면 주 하나님(dominus ac deus) 또는 신적인 존재(divus) 등(참조. U. M. Müller, *Die Offenbarung des Johannes*, 1984, 249; J. Roloff, 위의 책, 136).

과 심판(38:4-41:1-34)이 다루어진다. 특별히 욥기 저자는 심판과 관련해서 세계의 심판(40:11-14)과 그의 권세자들의 심판(40:11-14)을 다룬다. 그는 하나님이 역사의 주인임을 강조하기 위해 베헤모트(40:15-24)와 리워야단(41:1-34)의 이야기를 언급한다. 역사의 권세가 의인화된 것으로 이것들은 엄청난 능력을 지니고 있다. 이와 같이 이 두 〈테리온〉은 묵시적인 요소가 가미된 채 묘사된다.[66] 그렇지만 저자는 하나님은 이러한 세력도 다스리시는 분이심을 강조한다.

바다에서 올라온 〈테리온〉과 연관해서 욥기 41장에 나타나는 리워야단을 생각해 볼 수 있다. 리워야단이 바다에서 살고 있는 생물임을 암시하는 구절이 발견된다(1절).[67] 이 생물은 사람들의 기를 제압하고 순종하게 한다(9-11절).[68] 그것은 처음부터 겁이 없게 만들어졌다(12-33절).[69] 더

---

66) 두 짐승, 레비아탄과 버헤모트는 처음에는 하나님과 그의 천사를 대적하기에는 미약했지만 마지막 때에 다시 나타나 메시아의 도래를 준비한다(참조. 시리아 바룩 28:3 이하; 제4 에스라 49-51; 이디오피아 에녹 60:7-10). "…이런 단계에서 발생되어야 할 일들이 완전히 이루어지면 비로소 메시아가 나타나신다. 두 괴물, 즉 땅에 사는 버헤모트와 바다에서 올라온 레비아탄은 다섯 번째 창조의 날에 창조되어 지속적으로 활동한다"(시리아 바룩 28:3 이하).

67) 네가 낚시로 리워야단을 낚을 수 있으며, 끈으로 그 혀를 맬 수 있느냐?

68) 리워야단을 보는 사람은, 쳐다보기만 해도 기가 꺾이고, 땅에 고꾸라진다. 그것이 흥분하면 얼마나 난폭하겠느냐? 누가 그것과 맞서겠느냐? 그것에게 덤벼 들고 그 어느 누가 무사하겠느냐? 이 세상에는 그럴 사람이 없다.

69) 누가 그것의 가죽을 벗길 수 있겠느냐? 누가 두 겹 갑옷 같은 비늘 사이를 뚫을 수 있겠느냐? 누가 그것의 턱을 벌릴 수 있겠느냐? 빙 둘러 돋아 있는 이빨은 보기만 해도 소름이 끼친다. 등비늘은, 그것이 자랑할 만한 것, 빽빽하게 짜여 있어서 돌처럼 단단하다. 그 비늘 하나하나가 서로 이어 있어서, 그 틈으로는 바람도 들어가지 못한다. 비늘이 서로 연결되어 꽉 달라붙어서, 그 얽힌 데가 떨어지지도 않는다. 재채기를 하면 불빛이 번쩍거리고, 눈을 뜨면 그 눈꺼풀이 치켜 올라가는 모양이 동이 트는 것과 같다. 입

나아가 그것은 교만한 것들을 두려워하지 않고 오히려 우습게 보며, 결국 그것들을 제압하고 왕 노릇을 한다(33-34절).

첫 번째 〈데리온〉과 가장 깊은 연관을 갖고 있는 다니엘 7:1-8[70]에서

에서는 횃불이 나오고, 불똥이 튄다. 콧구멍에서 펑펑 쏟아지는 연기는, 끓는 가마 밑에서 타는 갈대 연기와 같다. 그 숨결은 숯불을 피울 만하고, 입에서는 불꽃이 나온다. 목에는 억센 힘이 들어 있어서, 보는 사람마다 겁에 질리고 만다. 살갗은 쇠로 입힌 듯이, 약한 곳이 전혀 없다. 심장이 돌처럼 단단하니, 그 단단하기가 맷돌 아래짝과 같다. 일어나기만 하면 아무리 힘센 자도 벌벌 떨며 그 몸부림 치는 소리에 기가 꺾인다. 칼을 들이댄다 하여도 소용이 없고, 창이나 화살이나 표창도 맥을 쓰지 못한다. 쇠도 지푸라기로 여기고, 놋은 썩은 나무 정도로 생각하니, 그것을 쏘아서 도망치게 할 화살도 없고, 무릿매 돌도 아예 바람에 날리는 겨와 같다. 몽둥이는 지푸라기쯤으로 생각하며, 창이 날아오는 소리에는 코웃음만 친다. 뱃가죽은 날카로운 질그릇 조각과 같아서, 타작기가 할퀸 진흙 바닥처럼, 지나간 흔적을 남긴다. 물에 뛰어들면, 깊은 물을 가마솥의 물처럼 끓게 하고, 바다를 기름 가마처럼 휘젓는다. 한 번 지나가면, 그 자취가 번쩍번쩍 빛을 내니, 깊은 바다가 백발을 휘날리는 것처럼 보인다.

70) 벨사살이 바빌론 왕이 된 첫 해에, 다니엘은 잠자리에서 꿈을 꾸면서, 머리 속으로 환상을 보고, 그 꿈을 적었다. 그가 적은 내용의 줄거리는 다음과 같다. 이것은 다니엘이 한 말이다. "내가 밤에 환상을 보았는데, 동서남북 사방에서, 하늘로부터 바람이 큰 바다에 불어 닥쳤다. 그러자 바다에서 모양이 서로 다르게 생긴 큰 짐승 네 마리가 올라왔다. 첫째 짐승은 사자와 같이 보였으나, 독수리의 날개를 가지고 있었다. 내가 살펴보고 있는 동안에, 그 날개들이 뽑혔다. 그 짐승은 몸을 일으키더니, 사람처럼 발을 땅에 디디고 섰는데, 사람의 마음까지 지니고 있었다 또 살펴보니, 다른 짐승 곰 둘째 짐승은 곰과 같았는데, 뒷발로 서 있었다. 그 짐승은 갈빗대 세 개를 물고 있었는데, 누군가가 그에게 이렇게 말하였다. '일어나서 고기를 많이 먹어라.' 그 뒤에 내가 또 살펴보고 있는데, 또 다른 짐승이 나왔다. 그것은 표범처럼 생겼으나, 등에는 새의 날개가 네 개나 있었고, 머리도 네 개나 달려 있었으며, 아주 권위가 있어 보였다. 그 뒤에 내가 밤의 환상을 계속 살펴보고 있는데, 넷째 짐승이 나왔다. 그것은 사납고 무섭게 생겼으며, 힘이 아주 세었다. 이 짐승은 쇠로 된 큰 이빨을 가지고 있어서, 그것으로 먹이를 잡아

는 바다에서 올라온 네 짐승이 다루어진다. 첫째 짐승은 사자와 같고 독수리 날개가 있다(바빌론). 그런데 지금 현재는 날개가 뽑힌 채 사람처럼 두 발로 서 있을 뿐만 아니라 사람의 마음을 지니고 있다(7:4). 둘째 짐승은 곰과 같으며 뒷발로 자신의 몸을 지탱하고 있는데, 그의 이 사이엔 세 갈비대가 들려있다(메대: 7:5). 셋째 짐승은 머리 넷과 날개 넷을 가진 표범과 같다(파사: 7:6). 넷째 짐승은 무섭고 놀라우며 강하다. 이 짐승은 큰 이를 가지고 있어 먹고 부숴 뜨리고 나머지를 발로 밟는다(단 7:7-8).

요한계시록 13:1-10을 다니엘 7:1-8과 비교해 보면 몇 가지 특징을 발견할 수 있다.

첫째, 이 두 본문은 〈테리온〉의 출현지를 바다로 본다. 요한계시록에서 첫 번째 〈테리온〉이 바다에서 올라오듯이, 다니엘에서 네 짐승 모두 바다에서 올라온다. 다만 요한계시록 본문에서는 한 짐승만 올라오며, 다니엘 본문에서는 네 짐승이 따로 따로 올라온다.

둘째, 다니엘 본문에서 각 〈테리온〉에게 비유된 동물 모티브(사자, 곰, 표범)들이 요한계시록에서는 첫 번째 〈테리온〉 하나만을 묘사하기 위해 사용된다. 곧 표범과 비슷하게 생긴 이 〈테리온〉의 발은 곰의 발과 같으며 입은 사자의 입과 같이 생겼다(계 13:2). 이를 통해 요한계시록 저자는 역사 속에 등장한 하나님의 적대적인 모든 세력이 결국 마지막 때의 제국에서 통합될 것임을 함축하여 묘사한다.[71]

먹고, 으스러뜨리며, 먹고 남은 것은 발로 짓밟아 버렸다. 이 짐승은 앞에서 말한 짐승들과는 달리, 뿔을 열 개나 달고 있었다. 내가 그 뿔을 유심히 살펴보고 있자니, 다른 작은 뿔 하나가 그 뿔들 사이에서 돋아났다. 먼저 나온 뿔 가운데서 셋이 새로 돋아난 그 뿔에 밀려서 뿌리째 뽑혔다. 새로 돋아난 뿔은 사람의 눈과 같은 눈을 가지고 있었고, 입이 있어서 거하게 떠들었다."

71) 참조. U. B. Müller, *Die Offenbarung des Johannes*, 1984, 248; R. H. Charles, *The Revelation of John*, Bd. I., 1920, 345 이하; J. Behm, *Die Offenbarung des Johannes*, ⁴1949, 24.

셋째, 다니엘 본문에 나타나는 〈테리온〉을 비교하기 위해 사용된 동물 모티브에 대한 부연 설명이 요한계시록에서는 생략되었다. 독수리의 날개와 관련된 내용은 요한계시록에서는 전혀 언급되지 않는다. 곰과 관련해서는 몸 한편이 들려 있고 세 갈비대가 그 이 사이에 물려 있다는 내용뿐만 아니라 많이 먹으라고 말하는 음성도 나오지 않는다. 또 표범과 관련된 그의 네 머리와 등에 달린 네 날개에 대한 서술이 생략되었다. 결국 요한계시록 저자는 첫 번째 짐승의 악마적 속성을 두드러지게 하기 위해서 다니엘의 동물 상징이 갖는 주된 속성만을 수용한 셈이다.

나. 첫 번째 〈테리온〉이 갖는 신학적 의미

1) 첫 번째 〈테리온〉의 외모

그는 열 뿔과 일곱 머리를 가졌고, 각 뿔에는 각각 면류관, 곧 열 개의 면류관이 있고, 그 머리들에는 하나님을 모독하는 이름들이 붙어 있다(1절). 이 〈테리온〉은 표범처럼 생겼으며 그의 발은 곰의 발과 같고 그의 입은 사자의 입과 같이 생겼다(2절). 그의 머리 가운데 하나는 치명상을 입었으나 그의 상처는 회복되었다.

2) 첫 번째 〈테리온〉의 활동

첫 번째 〈테리온〉은 큰 소리를 치며 하나님을 모독하는 입을 가지고(5절) 하나님과 그의 이름과 그의 거처와 하늘에 사는 자들을 모독한다(6절). 그는 그의 권세를 그의 주인인 〈드라콘 메가 퓨로스〉에게서 위임받았다(2절). 그는 42개월 동안 활동할 수 있는 권세를 받았다(5절). 또 그는 모든 성도와의 전쟁에서 승리하고 모든 지파와 언어와 민족을 다스릴 수 있는 권세를 부여 받았다.

3) 사탄의 전권을 위임 받은 첫 번째 〈테리온〉

〈테리온〉의 이런 모습은 〈드라콘 메가 퓨로스〉의 모습과 같다. 〈드라콘 메가 퓨로스〉 역시 〈테리온〉과 같이 열 뿔과 일곱 머리를 가지고 있었다(12:3).[72)]

그러나 이런 유사점에도 불구하고 두드러진 몇 가지 차이점이 발견된다. 먼저 〈드라콘 메가 퓨로스〉에 대한 묘사에서는 뿔보다는 머리가 먼저 언급되는 반면(12:3), 첫 번째 〈테리온〉에 관한 묘사에서는 열 뿔이 언급되고, 그 다음에야 비로소 일곱 머리가 언급된다(13:1).

둘째, 면류관의 숫자와 위치가 각각 다르다. 〈드라콘 메가 퓨로스〉는 일곱 머리에 일곱 면류관을 쓰고 있는 반면(12:3), 첫 번째 〈테리온〉에게는 열 개의 면류관이 열 뿔에 씌어 있다(13:1). 요한계시록에서 '일곱'이라는 숫자는 하늘의 존재뿐만 아니라 〈드라콘 메가 퓨로스〉와 첫 번째 〈테리온〉과 같이 하나님의 적대적인 세력들을 묘사하는데 사용된다. 이 수는 완전함을 상징한다.[73)]

사탄인 〈드라콘〉의 지상적인 형상[74)]인 이〈테리온〉이 올라왔던 바다[75)]

---

72) 고대의 표상에서 〈드라콘〉은 일곱 개의 머리를 가진 존재이다.

73) H. Ulland, *Die Vision als Radikalisierung der Wirklichkeit in der Apokalypse des Johannes*, 1995, 212.

74) U. B. Müller, *Die Offenbarung des Johannes*, 249; H. Giesen, *Johannes Apokalypse*, 106.

75) 참조. 단 7:3; 제4 에스라에서 에스라는 일곱 번의 묵시를 본다. 바다와 관련된 내용은 그의 다섯 번째 묵시(11-12장)에서 발견된다. 그는 열 개의 날개와 세 개의 머리, 여덟 개의 보조 날개가 있는 독수리가 바다에서 올라오는 것을 본다(11:1). 그 독수리의 날개가 온 땅을 뒤덮고 다스렸다(11:2-3). 독수리의 머리 하나와 두 개의 보조 날개가 떨어져 나갔을 때 숲속에서 성난 사자 한 마리가 나와 독수리의 통치를 꾸짖으며 그의 멸망을 말한다(11:37-46). 사자가 말하는 동안 독수리의 날개와 머리들이 점점 없어지고 그의 온 몸도 결국 불타버렸다(12:1-3). 이것은 다니엘 7장의 인자 환상을 재해석한 것이다.

는 요한계시록 11:7[76]에 나타나는 아비소스, 즉 악마들이 거주하거나 또는 바다 괴물 레비아탄[77]이 거주하는 장소이다.[78] 또 일곱 뿔은 그 당시 시대사적인 의미를 암시하는 로마 황제들로 해석될 수 있다(17:10). 이 〈테리온〉은 열 뿔을 가지고 있다. 10이라는 숫자는 요한계시록에서 부정적인 의미를 갖는다. 이 수는 요한계시록 12장과 13장에서 〈드라콘 메가 퓨로스〉와 바다에서 올라온 〈테리온〉을 묘사하기 위해 사용된다. 이것은 요한계시록 2:10에 나오는 서머나 교회의 곤경에 대한 묘사에서도 발견된다. 이 열 뿔은 하나님의 적대적인 세력들의 상징으로 볼 수 있다. 그것은 곧 완전함을 상징한다.[79]

열 개의 면류관이 그의 뿔 위에 씌어 있으며 그 머리에는 하나님을 모독하는 이름이 붙어 있다(1절). 〈드라콘 메가 퓨로스〉는 일곱 개의 면류관을 쓰고 있는 반면, 첫 번째 〈테리온〉은 열 개의 면류관을 쓰고 있다(12:3). 이는 바다에서 올라온 〈테리온〉의 통치자적 위엄을 의미한다.[80]

그렇다면 머리 위에 붙어 있는 참람된(신성모독 하는) 이름은 도대체 무엇을 뜻하는 것일까? 이 문제는 시간사적인 방법을 통해 해결될 수 있다. 뮬러(U. B. Müller)는 다음과 같이 주장한다.

> 참람된 이름은 통치자들을 신으로 숭배하는 황제 숭배의 틀 속에서 이해되어야 한다. 이것들은 분명히 유일하신 하나님을 참람되게 하기 위해 그

---

76) 그러나 그들이 증언을 마칠 때에, 아비소스로부터 올라오는 〈테리온〉이 그들과 싸워서 이기고, 그들을 죽일 것입니다.

77) 참조. 사 27.1, 이디오피아 에녹서 60:7-9; 제4 에스라 6:49-52; 시리아 바룩서 29:4.

78) W. Hadorn, 위의 책, 139; H. Giesen, 위의 책, 106; H. Kraft, 위의 책, 174.

79) H. Ulland, *Die Vision als Radikalisierung der Wirklichkeit in der Apokalypse des Johannes*, 1995, 212.

80) H. Ritt, 위의 책, 70; E. Lohse, 위의 책, 77; J. Sickenbreger, 위의 책, 126; J. Behm, 위의 책, 74.

당시 통치자들에게 주어지는 모든 칭호를 일컫는다. 곧 지고하신 분, 주와 하나님이신 아우구스투스.[81]

3) 사탄의 속성으로 통합된 첫 번째 〈테리온〉

이 〈테리온〉은 표범[82]처럼 생겼으며 그의 발은 곰의 발과 같고[83] 그의 입은 사자의 입과 같이[84] 생겼다(참조. 2절). 이는 다니엘 7:3-8[85]에 나오는 네 짐승, 곧 사자, 곰, 표범, 괴물의 특징과 유사한 점을 지니고 있다.

이것들은 세상의 4대 제국을 상징한다. 다니엘의 본문에서 네 짐승은 동시에 출현하지 않고 순서에 따라 차례로 등장하는 반면, 요한계시록 본문에서는 이런 짐승들이 바다에서 올라오는 유일한 〈테리온〉임을 표현하기 위해 사용된다. 베엠(J. Behm)은 하나님의 적대적인 세력들이 마지막 제국에서 하나로 통합된다고 보았다.[86]

---

81) U. B. Müller, 위의 책, 249.

82) 참조. 단 7:6.

83) 참조. 단 7:5.

84) 참조. 단 7:4.

85) 다니엘은 바다에서 올라온 네 짐승을 본다. 첫째 짐승은 사자와 같고 독수리 날개가 있는데 그 날개가 뽑혔고 땅에서 들려서 사람처럼 두 발로 서 있고 사람의 마음을 받았다(4). 둘째 짐승은 곰과 같은데, 몸 한편을 들었고 그 입의 잇사이에 세 갈비대가 물려 있다. 많은 고기를 먹으라는 음성이 들려온다(5). 셋째 짐승은 표범과 같이 생겼다. 머리 넷과 등에 날개 넷이 있다. 그 짐승은 또한 권세를 받았다(6). 넷째 짐승은 무섭고 놀라우며 강하다. 또 큰 이가 있어 먹고 부숴 뜨리고 나머지를 발로 밟았다. 이 짐승은 다른 짐승과는 달리 열 뿔이 있는데 작은 뿔이 그 사이에 나서 먼저 난 새로운 뿌리를 뽑았고 사람 눈 같은 눈이 있고 입이 있어 큰 말을 하게 한다(7-8).

86) 참조. J. Behm, 위의 책, 74; R. H. Charles, 위의 책, 345-46; U. B. Müller, 위의 책, 248.

4) 치명상을 입고 회복된 첫 번째 〈테리온〉의 머리

바다에서 나오는 첫 번째 〈테리온〉의 머리와 관련해서 우리는 머리를 로마 황제들로 해석할 수 있는 요한계시록 17:9-11[87]과 관련하여 해석할 필요가 있다. 이 내용과 관련해서 어떤 황제를 생각해 볼 수 있는가? 이에 대해 학계에서는 여러 가지 견해가 소개되었다.

쿨만(O. Cullmann)의 제자인 리씨(M. Rissi)는 치명상을 입고 회복된 머리를 황제 아우구스투스로 간주한다.[88] 그러나 이런 견해는 설득력이 적다. 혹독한 죽음과 관련해서 이 주장이 설득력이 있지만 다시 살아난 황제와 관련해서는 수용될 수 없기 때문이다.[89]

또 이 머리를 황제 칼리굴라로 해석하려는 견해가 있다.[90] 그러나 이런 주장 역시 수용되기 어렵다. 황제 칼리굴라(37-41년)는 그리스도인들이 아닌 유대인들을 핍박하였기 때문이다.[91]

이 〈테리온〉의 머리를 황제 네로(54-68년)로 해석하려는 견해가 제기되었다.[92] 이 견해는 라익케(B. Reicke)가 제시한 다음의 근거로 설득력을 얻을 수 있다.

---

87) [9]여기에 지혜를 가진 마음이 필요하다. 머리 일곱은 그 여자가 타고 앉은 일곱 산이요, 또한 일곱 왕이다. [10]그 가운데서 다섯은 이미 망하고, 하나는 있고, 또 다른 하나는 아직 나타나지 않았다. 그것이 나타날지라도, 잠깐밖에 머물지 못할 것이다. [11]또 전에 있다가 지금은 없는 그 짐승은 여덟 번째인데, 그것은 그 일곱 가운데 속한 것으로서, 마침내 멸망하여 버릴 자다.

88) M. Rissi, *Zeit und Geschichte in der Offenbarung des Johannes*, 2.Auflgae, 1952, 76; ders., *Was ist und was geschehen soll danach*, 1965, 68.

89) E. Lohse, 위의 책, 78.

90) A. Strobel, "Abfassung und Geschichtestheologie der Apokalypse nach Kap. XVII, 9-11", *NTS* 10, 1964, 440.

91) B. Reicke, *Die jüdische Apokalyptik und die johanneische Tiervision*, 1972, 176.

92) P. S. Minear, "The Wounded Beast", *JBL* LXXII, 1953, 96.

(1) 네로는 묵시적인 〈테리온〉처럼 자신을 신으로 숭배할 것을 요구하였다.
(2) 네로는 65년에 로마의 그리스도인들을 박해한 가혹한 통치자였다.
(3) 로마의 일곱 황제의 순서는 네로로부터 시작되었다. 황제단이 네로로 인한 순교자들의 피를 통해 더러워졌기 때문이다.
(4) 다시 환생할 네로에 대한 유대적인 이해가 아주 중요한 역할을 하기 때문이다.[93]

그러므로 이 〈테리온〉의 머리를 네로로 해석하는 것은 무리가 없다고 본다. 그렇다면 요한계시록 17장에 나오는 여덟 번째 머리는 누구를 가리키는 것일까? 치명적인 상처가 회복된 머리는 어떻게 해석될 수 있을까? 이와 관련해서 학계에서 제기된 몇 가지 견해를 살펴볼 필요가 있다.

첫째, 짐승의 머리의 회복을 플라비우스 왕가를 중심으로 한 로마 제국의 재건을 의미한다고 보는 견해가 있다.[94] 국가 권력과의 관계성을 주장하는 이 주장은 설득력이 없다. 다시 회복된 머리는 어떤 사람과 연관되어 있기 때문이다.[95]

둘째, 이 회복된 머리를 도미티안 황제로 보려는 견해가 있다.[96] 그 당시에 편만하던 네로 전설(Nerosage)[97]과 관련하여 사람들은 다시 나타날

93) B. Reicke, 위의 책, 176; P. S. Minear, 위의 책, 96.

94) U. B. Müller, 위의 책, 250.

95) B. Reicke, 위의 책, 176.

96) Cerfaux-Cambier가 이런 주장을 지지한다.

97) 네로 전설에 대한 로마의 역사가들의 진술은 다음과 같다. Sueton, Nero 57: 2-3; Dio Hist, LXVI, 19:3; Dion Chrisostomus, Oratio 21:10; Tac. Hist. II, 8-9. 그의 어머니를 살해한 혐으로 도주한 네로 전설은 시빌의 신탁 4:117-139에서 발견되며 유대인을 처벌하기 위해 그리스와 이탈리아를 거쳐 공중에서 로마로 환생하는 네로 전설도 시빌의 신탁 5:214-227에 나타난다(참조. B. Reicke, 위의 책, 183-84).

네로를 인식하고 있었으며, 도미티안은 요한계시록의 저자가 생존하던 시기에 전설적인 환생한 네로로 동일시되었음에 틀림없다.[98)]

5) 〈드라콘〉의 권세를 위임받은 첫 번째 〈테리온〉

이 첫 번째 〈테리온〉에게 권세를 부여한 주체는 바로 〈드라콘 메가 퓨로스〉이다(2절). 이 〈드라콘〉은 자신의 능력과 보좌와 큰 권세를 이 첫 번째 〈테리온〉에게 위임하였다.

여기서 확인할 수 있는 것은 〈드라콘 메가 퓨로스〉와 바다에서 올라온 〈테리온〉과의 밀접한 관련성이다. 이 〈테리온〉이 받은 능력과 보좌와 큰 권세는 사탄의 지상적 하수인인 로마 제국이 지니고 있는 것이다. 이런 지상적 능력과 보좌와 권세는 곧 사탄의 능력이요, 사탄의 보좌요 권세이다.[99)] 이 〈테리온〉은 지상에 있는 인간들을 통해 신적인 예배와 경배의 대상이 된다. 이에 대해 울란트(H. Ulland)는 다음과 같이 진술한다.

> 바다에서 올라온 첫 번째 〈테리온〉이 로마 제국을 위한 상징으로 이용될 수 있다는 전제 하에 국가를 숭배하고 그의 권세를 찬미하는 것은 곧 로마 제국의 권세를 숭배를 통해 사실 그에게 권세를 부여한 주체인 사탄을 찬미하고 경배하는 것을 의미한다.[100)]

---

98) H. Ulland, 위의 책, 225-28; H. Ritt, 위의 책, 70; H. Giesen, 위의 책, 107; H. Kraft, 위의 책, 176; K. L. Schmidt, *Aus der Johannes-Apokalypse dem letzten Buch*, 32; ders., "Das Gegenueber von Kirche und Staat in der Gemeinde des neuen Testament", *ThB* 16, Jahrg., 1937, 7-8; C. A. Scott, *Revelation, New Centry Bible*, Edinburgh, 57.

99) W. Bousset, 위의 책, 232; R. H. Charles, 위의 책, 351.

100) H. Ulland, 위의 책, 230; 참조. U. B. Müller, 위의 책, 251; W. Bousset, 위의 책, 362.

그래서 그를 따른 모든 무리가 그를 찬미하고 경배할 것을 본문은 지적한다. 이런 사실을 통해 그 당시의 시간사적인 배경이 이 구절에 전제되어 있음이 분명하다. 로마 제국으로 간주된 첫 번째 〈테리온〉은 참담한 자기 신격화에 전념한다.[101)]

6) 첫 번째 〈테리온〉의 활동 기간

첫 번째 〈테리온〉은 42개월 동안 활동할 권세를 가지고 있다. 42개월(1260일, 3년 반)은 하나님이 결정한 신앙인들이 겪게 되는 제한된 시기를 의미한다. 그렇다면 이 기간은 시대사적으로 환생한 네로인 도미티안의 통치 기간을 묵시적으로 표현한 것임에 틀림없다.[102)] 또 이 기간은 하나님에 의해 확정된 기간으로써 영원하지 않고 제한되어 있다.[103)] 그렇기 때문에 신앙인들이 박해를 받는 것과 신앙인들의 인내는 가치가 있다.

〈테리온〉은 큰 소리로 외치며 모독하는 말을 하는 입을 가지고 있다. 이 내용은 다니엘 7:8, 20, 25[104)]과 연관되어 있다.

---

101) H. Ulland, 위의 책, 232; W. Bousset, 위의 책, 363.

102) W. Bousset, 위의 책, 363; R. H. Charles, 위의 책, 352.

103) H. Ulland, 위의 책, 230.

104) [8]내가 그 뿔을 유심히 살펴보고 있자니, 다른 작은 뿔 하나가 그 뿔들 사이에서 돋아났다. 먼저 나온 뿔 가운데서 셋이 새로 돋아난 그 뿔에 밀려서 뿌리째 뽑혔다. 새로 돋아난 뿔은 사람의 눈과 같은 눈을 가지고 있었고, 입이 있어서 거만하게 떠들었다.; [20]나는 또 그 짐승의 머리에 있던 열 뿔과, 새로 돋아난 다른 뿔 하나도 알고 싶었다. 그 다른 뿔 앞에서 세 뿔이 빠졌다. 그 뿔에는 눈들이 있고, 크게 떠드는 입이 있었으며, 그 모습이 다른 뿔들보다 강하게 보였다.; [25]그가 가장 높으신 분께 대항하여 말하며, 가장 높으신 분의 성도들을 괴롭히며, 정해진 때와 법을 바꾸려고 할 것이다. 성도들은 한 때와 두 때와 반 때까지 그의 권세 아래에 놓일 것이다.

7) 하나님을 모독하는 첫 번째 〈테리온〉

첫 번째 〈테리온〉은 그 큰 입으로 하나님과 그의 이름을 모독하지만 이제 점차로 그 영역을 넓혀간다. 그래서 그는 그 입을 통해 하늘에 사는 이들을 모독하였다. 본문은 본질적으로 그의 이런 적대적인 행위가 곧 하나님과 그의 권속을 모독하는 행위임을 지적하고 있다. 이것은 그의 행위일 뿐만 아니라 그의 주체자인 사탄의 의도인 것이다.

이 구절에도 시간사적인 배경이 전제되어 있다. 로마 제국(Imperium Romanum)으로 간주되는 첫 번째 〈테리온〉은 지상에서 하나님과 그의 권속(교회와 성도)을 모독하는 일을 하는데, 그것은 곧 황제 숭배와 관련이 있는 황제들의 자기 신성화(Selbst-vergöttlichung), 좀 더 구체적으로 언급한다면 도미티안의 자기 신성화를 추진하는 것이었다.

도미티안과 황제 사제단은 도미티안을 신으로 여겼으며, 그에게 신에게 부여되는 이름과 칭호, 즉 하나님(deus)과 주(kyrios)로 부르도록 강요하였다. 이것이 바로 하나님과 그의 이름을 모독하는 행위이다. 그는 이런 신성모독을 반대하며 거부하는 지상의 성도들을 유혹하고 박해하였다. 이는 바로 하늘에 사는 이들을 모독하는 것이다. 그들이 이전에 지상의 교회 구성원이었을 뿐만 아니라 참된 신앙인이었기 때문이다. 그래서 그들은 승리자로 불리운다.

8) 우상 숭배의 대상이 된 첫 번째 〈테리온〉

먼저 첫 번째 〈테리온〉은 성도들과 싸워서 승리하도록 허락을 받는다. 이런 표현은 전승사적으로 다니엘 7:21[105]을 연상시킨다. 이 본문에 도미티안이 자행했던 그 당시의 그리스도인들과 교회에 대한 박해[106]가

105) 내가 보고 있을 때에, 새로 돋은 그 뿔이 성도들에 맞서서 전쟁을 일으키고, 그들을 이겼으나,

106) 요 11;7; 12:17; 19;19; 참조. H. Giesen, 위의 책, 109; J. Sdickenberger,

암시되어 있음이 분명하다. 이 첫 번째 〈테리온〉은 모든 종족과 백성과 언어와 민족을 다스리는 권세를 받았다.

이런 표현은 요한계시록의 이원론적 구조를 통해서 밝혀지는데, 이것은 5:9의 나오는 어린 양과의 대조를 위한 표현 양식이다. 어린 양처럼 첫 번째 〈테리온〉 역시 모든 족속과 백성, 언어와 민족을 다스린다. 그는 한시적으로 하나님의 사람들과 싸워 승리하겠지만 영원한 승리를 얻지는 못한다. 이미 창세 때부터 하나님의 생명책에 기록되지 않는 모든 자는 그를 경배할 것이다. 그러나 그것 역시 한시적이며 영원한 것이 아니다. 그래서 성도들의 믿음과 인내는 더더욱 필요하다(10절).

2. 땅에서 올라온 두 번째 〈테리온〉(13:11-18)

11내가 보매 또 다른 짐승이 땅에서 올라오니 어린 양 같이 두 뿔[107]이 있
고 용처럼 말을 하더라 12그가 먼저 나온 짐승의 모든 권세를 그 앞에서
행하고 땅과 땅에 사는 자들을 처음 짐승에게 경배하게 하니[108] 곧 죽게
되었던 상처가 나은 자니라 13큰 이적[109]을 행하되 심지어 사람들 앞에서
불이 하늘로부터 땅에 내려오게 하고 14짐승 앞에서 받은 바 이적을 행함
으로 땅에 거하는 자들을 미혹하며 땅에 거하는 자들에게 이르기를 칼

위의 책, 131; H. Kraft, 위의 책, 177: 크라프트는 도미티안의 그리스도교 탄압을 이 구절과 연관시켜 해석한다.

107) 다니엘(8:3-4)은 두 뿔 가진 숫양에 대해 말한다. 요한은 하나님의 어린 양과 비교해서 짐승을 어린 양-용으로 묘사한다.

108) 이교의 제사장들은 황제 숭배 제의에 적극 참여했다.

109) 문자적으로는 "표징". 이교 예식에서 마술은 예배자들을 감동시키기 위해서 널리 행해졌다(13:14 16:14 19:20). 요한이 비난하는 것은 속임수가 아니라 거짓 신을 예배하는 것이다. 요한계시록은 한 번도 "이적"이라는 용어를 긍정적인 의미에서 사용하지 않는다.

에 상하였다가 살아난 짐승을 위하여 우상을 만들라 하더라 15그가 권세
를 받아 그 짐승의 우상에게 생기를 주어[110] 그 짐승의 우상으로 말하게
하고 또 짐승의 우상에게 경배하지 아니하는 자는 몇이든지 다 죽이게
하더라[111] 16그가 모든 자 곧 작은 자나 큰 자나 부자나 가난한 자나 자
유인이나 종들에게 그 오른손에나 이마에 표[112]를 받게 하고[113] 17누구든
지 이 표를 가진 자 외에는 매매를 못하게 하니 이 표는 곧 짐승의 이름
이나 그 이름의 수라 18지혜가 여기 있으니 총명한 자는 그 짐승의 수를
세어 보라 그것은 사람의 수니 그의 수는 육백육십육이니라.[114]

요한계시록 저자는 환상 가운데서 첫 번째 〈테리온〉과는 다른 또 다른 〈테리온〉을 보는데, 필자는 이것을 두 번째 〈테리온〉으로 부를 것이다. 이 두 번째 〈테리온〉은 땅에서 올라온다(11절). 이 〈테리온〉의 형상은 이중적인 특징을 띤다. 먼저 이 〈테리온〉은 어린 양처럼 뿔 둘이 있으며, 〈드라콘〉처럼 말을 한다(1절). 이 두 번째 〈테리온〉은 모든 권세를 첫 번째 〈테리온〉에게서 부여 받아 행사하며 사람들에게 그 〈테리온〉을 경배하게 한다(12절).

그는 첫 번째 이적을 행사하는데 사람들 앞에서 불을 하늘에서 땅으로 내려오게 하는 것이다(13절). 이런 이적에 현혹된 사람들에게 이 두 번째 〈테리온〉은 첫 번째 〈테리온〉의 우상을 만들라고 미혹한다(14절).

---

110) 이교의 이적은 예수의 죽음과(13:3) 부활에 대한 서투른 모방이다.

111) 참조. 마 26:52.

112) 처음 짐승에게 예배하는 사람들을 그 짐승의 노예로 표시함으로써, 하나님과 그리스도의 이름으로 표시된 사람들과 대조를 이룬다. 당시 이교의 예배자들은 종종 자기가 예배하는 신의 표를 몸에 받곤 했다. 어떤 곳에서는 이러한 표를 받기를 거부하는 사람들의 시민권을 제한하기도 했다(13:17).

113) 황제의 두상과 이름이 새겨진 동전.

114) 완전에 못미치는 숫자인 6을 세 번 반복한 666은 "네로 가이사"의 이름을 히브리어로 번역해서 그 음가를 계산한 숫자일 가능성이 있다.

그는 우상에게 영을 주어 말하게 하고, 그 우상에게 절하지 않는 자들을 죽게 한다(15절). 이 〈테리온〉은 모든 사람의 오른 손이나 이마에 표를 받게 하고(16절), 그것을 거부하는 사람들에게 경제적인 제재를 가한다.

이 표에는 첫 번째 〈테리온〉의 이름 또는 그 〈테리온〉의 이름을 뜻하는 숫자가 기록되어 있고, 이 표를 거부하는 자는 사거나 팔 수 없게 된다(17절). 이것을 풀기 위해 사람들에게 지혜가 필요하다. 이 〈테리온〉의 수는 666이며 어떤 사람을 가리킨다. 지각이 있는 자는 이 수를 세어 보라는 명령이 주어진다(18절).

가. 땅에서 올라온 〈테리온〉의 전승사

이 〈테리온〉은 요한계시록 저자의 신생 개념이 아니라 전승사와 종교사적인 모티브임을 이미 밝힌 바 있다.[115] 바다에서 올라온 첫 번째 〈테리온〉은 종교사적으로는 바빌론 신화와 관련을 맺고 있으며, 전승사적으로 욥기 40-41장; 다니엘 7:6 이하; 솔로몬의 시편 2:25; 제4에스라 12:10 이하와 관련을 맺고 있다.

이미 궁켈(H. Gunkel)이 지적한 바와 같이 첫 번째 〈테리온〉은 욥기 40-41장에 나타나는 해수(Leviathan)와 하마(Behemoth)를 연상시키는데, 이는 바빌론의 티아마트 전승에서 영향을 받은 것이다.[116]

욥기에서 이 두 짐승의 묘사는 묵시적인 요소들이 가미되어 있다.[117]

---

115) 박두환, "사탄의 파워 구조- 요한계시록 12-13장에 나오는 용과 두 짐 승의 관계를 중심으로", 『밀레니엄과 신약성서의 종말론』(서울: 한들출판사, 1999), 152-53; 박두환, "하나님의 종말적인 적대자 2. 요한계시록 13장 1-9절에 나온 바다에서 올라온 〈테리온〉에 대한 연구", 『신약논단』 9/2(서울: 한들출판사, 2002), 555-78.

116) 위의 책, 51; E. Lohmyer, 위의 책, 113-14.

117) 두 짐승, 레비아탄과 버헤모트는 처음에는 하나님과 그의 천사를 대적하기에는 미약했지만 마지막 때엔 다시 나타나 메시아의 도래를 준비한다(참

특별히 두 번째 〈테리온〉은 땅에서 올라온 베헤못(40:15-24)과 연관된다. 베헤못이 바다의 생물이 아니라 육지의 생물임을 암시하는 구절이 많다. 곧 육지에서 방목되며, 소처럼 풀을 먹고 사는데, 역시 하나님의 피조물이며, 그의 힘과 기운은 엄청나다(15-18절).[118]

그것은 하나님이 만든 피조물 가운데 으뜸이며 하나님의 무기를 가지고 다니도록 피조되었다(19절). 이것은 구약성서(욥 40-41장; 단 7:6; 시 80:14 등)에서 뿐만 아니라 요한계시록 이전의 그리스도교적인 문헌들(마 1:3; 행 10:12; 11:6; 28:4,5; 딛 1:12; 히 10:12; 약 3:7)에서도 발견된다.

나. 두 번째 〈테리온〉의 신학적 의미

요한계시록 저자는 이 〈테리온〉을 통해서 무엇을 말하고자 하는가? 이 두 〈테리온〉에 대하여 다음 질문이 제기될 수 있다. 이 〈테리온〉은 단순히 미래적인 종말을 위한 신화적인 이야기에 불과한 것일까? 현실과 과거와는 전혀 무관한 종국적인 미래를 위한 묵시적인 사변에 불과한 것일까? 아니면 이런 상징이 철저히 역사적인 상황을 전제하는 것일까? 요한계시록은 과거와 현재와 미래를 위해 열려 있어야 한다.

요한계시록의 과거와 현재에 대한 충분한 이해를 전제로 다가올 미래를 전망해야 한다. 그동안 한국 교회에서 요한계시록 해석은 특별히 미래로 치우친 경향이 너무 크게 나타났다. 이를 바로 잡기 위한 건강하게 균형 잡힌 해석을 위해 역사적인 연구가 선행되어야 할 것이며, 특히 요한계시록 13:11-18을 중심으로 땅에서 올라온 다른 〈테리온〉과 〈테리온〉의 수인 666에 대한 역사적 해석의 중요성이 간과되어서는 안 될 것이다.

조 시리아 바룩 28:3 이하; 제4 에스라 49-51장; 이디오피아 에녹 60:7-10).

118) 베헤못을 보아라. 내가 너를 만든 것처럼, 그것도 내가 만들었다. 그것이 소처럼 풀을 뜯지만, 허리에서 나오는 저 억센 힘과, 배에서 뻗쳐 나오는 저 놀라운 기운을 보아라. 꼬리는 백향목처럼 뻗고, 넓적다리는 힘줄로 단단하게 감쌌다. 뼈대는 놋처럼 강하고, 갈비뼈는 쇠빗장과 같다.

1) 두 번째 〈테리온〉의 외모와 활동

이 단락에서는 땅에서 올라온 〈테리온〉의 근원과 외형, 그의 이적 행위와 활동, 〈테리온〉의 수 666이 다루어진다. 그는 바다에서 올라온 〈테리온〉과는 달리 땅에서 올라온다(11절). 그는 어린 양처럼 뿔이 두 개가 있고 말을 하되 〈드라콘〉처럼 말한다(12절).

그는 이적을 행하여 하늘에서 땅으로 불을 내리게 하며(15절), 첫 번째 〈테리온〉의 우상에게 생기를 불어 넣어 그 〈테리온〉의 우상에게 말을 하게 한다. 그의 활동은 여러 가지로 기술될 수 있다.

첫째, 그는 사람들에게 첫 번째 〈테리온〉을 경배하도록 강요한다(12절). 둘째, 이 〈테리온〉은 칼에 상하였다가 상처가 회복된 〈테리온〉을 위하여 우상을 만들라고 미혹하면서 강요한다(14절). 셋째, 이 〈테리온〉은 사람들을 충동하여 오른 손이나 이마에 표를 받게 한다(16절). 넷째, 표를 받지 않는 사람들은 그 누구도 사거나 팔지 못하도록 통제한다(17절). 다섯째, 이 〈테리온〉의 수는 666인데, 곧 어떤 사람을 가리킨다(18절).

2) 두 번째 〈테리온〉의 이중적인 속성

여기서 앞서 등장한 바다에서 올라온 첫 번째 〈테리온〉과는 다른 〈테리온〉(allo therion), 즉 땅에서 올라온 〈테리온〉이 제3의 존재로 등장한다. 이 땅이 어떤 장소를 가리키는지 확실히 규정하기는 어렵지만 울란트(H. Ulland)가 제시한 세 차원의 의미는 긍정적으로 수용될 수 있다.

먼저 이 땅을 공간적으로 혼돈과 살육의 부정적 의미가 함축된 아비소스(Abyssos)로 생각할 수 있다. 요한계시록 저자는 이미 11:7에서 아비소스를 알고 있었다고 하며 그곳에서 올라온 〈테리온〉이 두 증인을 죽인다고 진술한다. 둘째, 그 〈테리온〉의 힘의 총체성이 함축되고 상대화된다. 셋째, 바다에서 올라온 〈테리온〉과 땅에서 올라온 〈테리온〉의 결합은 이 땅에서 이루어진다.[119] 이 땅에서 〈드라콘 메가 퓨로스〉는 그의 통치력을 두 번째 〈테리온〉을 통해서 행사한다.

이런 의미에서 요한계시록 저자는 두 번째 〈테리온〉의 근원지가 상대화된 지역으로 소아시아 지역을 염두에 두고 있다고 보아야 한다.[120]

이 두 번째 〈테리온〉이 외형적으로는 어린 양처럼 두 뿔이 있고, 내면적으로는 〈드라콘〉처럼 말을 하는[121] 두 번째 〈테리온〉의 이런 이중적 모습은 곧 사람을 미혹할 수 있다는 점을 강하게 시사하는 것이며, 경우에 따라 미혹당해서는 안된다는 사실을 주지시키는 것이다. 공관복음에서 예수께서도 "양의 탈을 쓴 이리"를 말씀하신 적이 있다. 이 본문은 이런 내용과 일치된다. 이와 같이 이 본문은 두 번째 〈테리온〉의 이중적인 모습을 강하게 시사한다.

3) 첫 번째 〈테리온〉의 대리자, 우상 숭배자인 두번째 〈테리온〉

본문은 두 번째 〈테리온〉이 첫 번째 〈테리온〉에 의존된 존재임을 부각시킨다. 그가 행하는 권세는 첫 번째 〈테리온〉에게 위임을 받은 것으로 철저히 첫 번째 〈테리온〉의 감독 하에 있다. 그는 온갖 수단과 방법을 사

---

119) H. Ulland, *Die Vision als Radikalisierung der Wirklichkeit in der Apokalypse des Johannes, Das Verständnis der sieben Sendschreiben zur Apokalypse* 12-13, 1975, 250.

120) E. Lohse, *Die Offenbarung des Johannes* (NTD 11), 1988, 80; J Roloff, *Die Offenbarung des Johannes*, 1984, 140; H. Lilje, *Das letzte Buch der Bibel. Eine Einführung in die Offenbarung Johannes* (Die urchistliche Botschaft 23), ^{7}1961, 211; J. Behm, *Die Offenbarung des Johannes*, ^{4}1949, 77; W. Bousset, *Die Offenbarung des Johannis* (KEK XVI), ^{6}1906, 366; R.H. Charles, *A Critical and Exegetical Commentary on the Revelation* (ICC Bd. II), 1920, 357.

121) U. B. Müller, *Die Offenbarung des Johannes*, 1984, 253.

용하여 땅과 거기에 거하는 사람들을 미혹하여 첫 번째 〈테리온〉을 숭배하게 하는데 여기에는 〈드라콘 메가 퓨로스〉의 종교적 숭배 의도가 깔려 있다. 이런 의미에서 이 〈테리온〉은 〈드라콘 메가 퓨로스〉와 첫 번째 〈테리온〉의 우상 숭배를 미혹하는 존재임을 알 수 있다.

이 첫 번째 〈테리온〉은 이미 과거에 치명적인 상처를 입었지만 그 상처가 다시 회복되었다. 이 내용은 시간사적으로 네로 전설과 관련이 있으며 네로의 죽음과 부활을 염두에 두고 있다. 요한계시록 저자는 이런 묵시적 언어로 그 당시의 시대적 상황을 고려하고 있음에 틀림없다. 그러므로 네로의 환생으로 간주되었던 도미티안 황제가 상징된다고 할 수 있다. 이 〈테리온〉은 이런 정치적인 인물을 종교적으로 이데올로기화하고 그것을 믿고 따르도록 유혹한다.

4) 엘리야의 이적을 모방하는 두 번째 〈테리온〉

두 번째 〈테리온〉은 하늘에서 땅으로 불을 내리게 하는 능력을 지닌 존재로서 묘사되고 있고, 이런 이적행위를 통해 사람들을 미혹하게 된다. 전승사적으로 이런 이적 행위는 열왕기상 18:38[122]에 나오는 엘리아의 이적 행위와 맥을 같이한다. 예언자 엘리아가 하늘에서 불을 내리듯이 이 두 번째 〈테리온〉도 하늘에서 불을 내린다.

그렇다면 이런 이적 행위가 무엇을 시사 하는 것일까? 이 본문은 앞에서 말한 어린 양처럼 생겼다는 두 번째 〈테리온〉의 외관과 관련을 맺고 있다. 사람들에게 참 예언자와 선지자로 보이기 위해 이 〈테리온〉은 하늘에서 불을 내리는 엘리야의 이적을 행사하는 것이다.[123] 엘리야의 이

---

122) 그러자 주의 불이 떨어져서, 제물과 나뭇단과 돌들과 흙을 태웠고, 도랑 안에 있는 물을 모두 말려 버렸다.

123) U. B. Müller, 위의 책, 254; H. Ritt, *Offenbarung des Johannes* (NEB 21), 1985, 72; J. Sickenberger, *Erklärung der Johannesapokalypse*, [2]1942, 132;

런 이적을 보고난 후에 온 백성이 엎드려 주 하나님을 경배하고 참 예언자인 엘리야의 말에 따라 그들을 현혹시켰던 바알의 예언자들을 잡아 기손 강가에서 처형시켰던 것처럼[124] 두 번째 〈테리온〉 역시 이런 이적을 통해 사람들을 미혹한다(계 13:14).

5) 인간 창조를 모방하는 두 번째 〈테리온〉

크라프트(H. Kraft)는 그 우상들이 세속적인 물질로 이루어졌기 때문에 불합리하고 무의미하다는 논거에 주의를 기울여야 한다고 말한다. 그러므로 우상을 숭배하는 것은 무의미한 것으로 결론지어진다.[125] 그러나 이와 달리 첫 번째 〈테리온〉의 우상은 말을 할 수 있을 정도로 대단한 능력을 갖고 있다. 기적을 행할 수 있는 탁월한 사람들은 우상에게 생기를 불어넣을 수 있다는 사상이 널리 퍼져 있었다.[126] 요한계시록 저자는 이 두 번째 〈테리온〉이 단순히 마법적인 행위가 아니라 진정한 능력으로 이런 일을 하고 있다고 본다.

6) 두 번째 〈테리온〉의 음모

이제 이 두 번째 〈테리온〉의 이적 행위에 대해 살펴보아야 한다. 먼저 첫 번째 〈테리온〉의 대리인으로서 이 〈테리온〉은 사람들에게 이 첫 번째

H. Lilje, 위의 책, 211; J. Behm, 위의 책, 78; H. Kraft, *Die Offenbarung des Johannes* (HNT 16a), 1974, 180.

124) 참조. 왕상 18:38-40.

125) H. Kraft, 위의 책, 181; A. Lindemann, 위의 책, 111; Sueton, *Caligula*, 22: 갈리굴라 황제는 로마에서그리스 신상의 머리를 베게 하였고 자신의 두상 형상을 설치하게 하였다. F. Josephus, *Ant*. 18:261 이하: 갈리굴라는 예루살렘에 그의 신상을 세우도록 명령했다; ders., *Bell* II 184. 192-97.

126) 참조. 같은 책 181 이하.

〈테리온〉을 경배하게 한다(12절). 여기서 이 두 번째 〈테리온〉은 종교적인 목적과 특성을 지니고 있다. 그는 첫 번째 〈테리온〉을 신격화하고 사람들을 미혹하여 그를 경배하게 한다.

이와 같이 요한계시록 저자 스스로 이 두 번째 〈테리온〉을 종교적 기능을 가진 거짓 예언자와 거짓 선지자로 해석한다. 시간사적으로 그 당시 소아시아 지역에서 황제 숭배를 위해 일하던 지방 사제단을 주목할 수 있다.[127] 이들은 황제 숭배를 위해 소아시아 지역에 사는 사람들, 특히 그리스도인들에게 신이 된 황제를 섬기도록 강요하였다.

다. 첫 번째 〈테리온〉을 위한 우상화 작업과 추종

두 번째 〈테리온〉은 사람들을 미혹하여 죽음의 상처가 다시 회복된 첫 번째 〈테리온〉의 우상을 만들고 그를 추종하게 한다(14절). 이 〈테리온〉은 첫 번째 〈테리온〉의 신격화를 위해 일한다. 그것을 위해 이 〈테리온〉은 사람을 미혹하여 우상을 만드는 일을, 제자화 작업으로 사람들로 하여금 그를 추종하게 한다.

여기서 소아시아 지역에 행해지는 신격화 작업을 감지할 수 있다. 황제 숭배의 종교화 작업을 위해 신당을 짓게 하고, 이 신당을 중심으로 종교 확산, 즉 황제 숭배의 정당화를 선전하는 제자화를 시도한다. 우상화

---

127) H. Giesen, *Johannis Apokalypse* (SKK 18), 1986, 110; W. Bousset, 위의 책, 367. 374; R. E. Charles, 위의 책, 357; W. Schrage, *Die Christen und Staat nach dem Neuen Testament*, 1971, 74: Schrage는 두 번째 짐승은 국가 이데올로기(die Staatideologie)와 국가 형이상학(Staatsmetaphysik)을 위해 일하며, 사람들에게 인을 찍거나(13:16) 또는 국가 종교를 거부하는 사람들에게 경제적으로 규제하고(13:17) 죽이면서(13:15) 국가 행정부 최고 기관을 위해 일한다고 하였다.

의 대상이 여기에서는 칼의 상처가 회복된 〈테리온〉, 즉 13절에 나오는 첫 번째 〈테리온〉으로 간주된다.[128)]

라. 햐라그마에 대한 유혹과 거부자에 대한 조치

두 번째 〈테리온〉은 인간들에게 그들의 오른손과 이마에 인을 받도록 충동한다(참조. 16절). 이런 인침을 헬라어로 햐라그마(charagma)라고 하는데, 이것은 원래 황제의 공식적인 도장을 의미한다. 이로써 인을 받은 사람들은 황제의 소유가 되었음을 의미한다.[129)]

본문에서 햐라그마가 찍힐 신체 부분으로 오른손과 이마가 언급된다. 이러한 부분을 강조하는 것은 유대인들의 기도의 띠(Gebetsriemen)로 불리는 테필린(Tephillin)과 깊은 연관성이 있다. 신명기 6:4-8[130)]에서 유대인의 기도의 띠는 신체의 다른 두 부분, 즉 이마와 오른손에 부착해야만 한다. 유대인들은 기도할 때에 기도의 띠를 기호로 삼아 오른 손에 매어야 하고 기도의 경패 역시 기호로 삼아 이마에 붙여야 한다.[131)]

이와 같이 첫 번째 〈테리온〉을 경배하는 사람들은 지금 하나님과 그리스도교를 철저하게 신봉하여 하나님과 예수 그리스도께만 경배하는

---

128) U. B. Müller, 위의 책, 253; W. Bousset, 위의 책, 367.

129) H. Ritt, 위의 책, 73; E. Lohse, 위의 책, 82; H. Giesen, 위의 책, 111; E. Lohmeyer, 위의 책, 117.

130) [4]이스라엘아, 들어라. 주는 우리의 하나님이시요, 주는 오직 한 분뿐이시다. [5]너희는 마음을 다하고 뜻을 다하고 힘을 다하여, 주 너희의 하나님을 사랑하여라. [6]내가 오늘 너희에게 명하는 이 말씀을 마음에 새기고, [7]자녀에게 부지런히 가르치며, 집에 앉아 있을 때나 길을 갈 때나, 누워 있을 때나 일어나 있을 때나, 언제든지 가르쳐라. [8]또 너희는 그것을 손에 매어 표로 삼고, 이마에 붙여 기호로 삼아라.

131) 참조. 신 6:8.

사람들과 대치된다.[132] 이 두 번째 〈테리온〉은 인을 받지 아니한 사람이라면 그 누구도 물건을 사거나 또는 팔지 못하게 통제한다(17절).

이런 본문에 그 당시의 실존적인 상황이 반영되어 있다.[133] 황제 숭배를 수락하는 표를 받기를 거부하던 그 당시 소아시아의 그리스도인들은 이들에 대한 경제적인 규제와 조치 때문에 삶의 위협을 경험해야만 했다.

---

132) 참조. W. Bousset, 위의 책, 369.

133) 참조. H. Ritt, 위의 책, 73.

교회를 위한 종말론 연구 신약성경의 종말론
Eschatology in the New Testament
제1부 신약성경의 종말 이해

제6장 신약성경의 종말 이해 요약

신약성경 종말론의 신학적인 특성

장흥길

장로회신학대학교 교수/신약학

신약성경 종말론의 신학적인 특성

I. 들어가는 말

II. 신약성경 종말론의 신학적인 특성

1. 선취적 종말론
2. 중간기의 종말론
3. 윤리적 종말론
4. 성령론적 종말론
5. 기독론적 종말론

III. 나가는 말

신약성경 종말론의 신학적인 특성

I. 들어가는 말

18세기 서구(西歐)에서 시작되고 활발하게 전개된 자유주의 신학의 말기 종교사학파(Religionsgeschichtliche Schule)가 활동하던 19세기가 끝날 무렵, 신약성서 연구에서 큰 변화가 일어났다. 그것은 다름 아니라 신약성서에서 종말론을 재발견하고 강조한 것이었다.

이는 무엇보다도 1892년 바이스(J. Weiß)의 대표적 저서 『하나님 나라에 관한 예수의 선포』(*Die Predigt Jesu vom Reiche Gottes*)[1]에서 찾아볼 수 있다. 불트만(R. Bultman)이 적절하게 지적하였듯이, 그는 이 저술에서 예수의 신분과 선포의 종말론적 성격을 철저하고도 광범위하게 밝혀냈다.[2]

예수의 종말론을 철저하게 임박한 종말론으로, 예수의 윤리를 '중간 윤리'(Interimsethik)로,[3] 바울의 윤리 역시 종말론적 신비와 관련된 윤리

---

1) J. Weiß, *Die Predigt Jesu vom Reiche Gottes*, Göttingen: V. & R., 1892.

2) R. Bultmann, "Johannes Weiß zum Gedächtnis", *ThBl* 18(1939), 242. 이에 대하여는 Hung-Kil Chang, *Neuere Entwürfe zur Ethik des Neuen Testaments im deutschsprachigen Raum: Ihre Sichtung und kritische Würdigung*, Erlangen Diss., 1995. 9-11을 참조하라.

3) A, Schweitzer, *Geschichte der Leben-Jesu-Forschung*, UTB 1302, ^{9}1984,

로 여겼던 슈바이처(A. Schweitzer)도 이 시기에 한 몫을 하였다.

제2차 세계대전 이후에 신약학 연구 분야에서 지대한 공헌을 하였던 독일의 신약학자 캐제만(E. Käsemann, 1906-1998년)은 종말론과 관련하여 구약과 초기 유대교의 묵시를 '기독교의 모태(母胎)'로 여겼다.[4)]

이 무렵 신약윤리학자 벤트란트(H.-D. Wendland)는 자신의 저술 『신약성서윤리』(*Ethik der Neuen Testaments*)[5)]에서 신약성경의 종말론을 '윤리적 종말론'으로, 또 신약성경의 윤리를 '종말론적 윤리'로 규정하였다.

지난 세기 말에 이르러 자거(W. Zager)는 신약학에서 구약과 초기 유대교의 묵시가 지닌 의의에 대해 자신의 박사학위 논문(Dissertation)을 출판한 저술, 『신약학 연구에서 묵시의 의미와 가치』(*Begriff und Wertung der Apokalyptik der neutestamentlichen Forschung*)[6)]에서 19세기 이후 연구사를 정리하여 해명하기도 하였다.

이와 같이 간추린 연구사에서 찾아볼 수 있는 것처럼 신약성경은 종말론과 불가분(不可分)의 관계에 놓여 있다.

종말론으로 채색(彩色)되어 있는 신약성경의 가르침은 나사렛 예수의 종말에 대한 가르침에서 시작되어, 하나님 아들 예수 그리스도 안에 계시된 하나님의 구원을 전하는 예수의 증인들에 의해 다양하게 전개되었다. 예수 그리스도를 따르는 예수의 증인들에 의해 서술된 신약성경의 종말론은 하나님의 구속사(救贖史) 내지는 계시사(啓示史)의 전개 흐름과 함께 시대와 교회의 상황에 따라 그때그때의 신학적 강조점을 가지고 전

263.

4) 이에 대하여 E. Käsemann, "Die Anfänge christlicher Theologie", *Zeitschrift für Theologie und Kirche* 57/2 (Tübingen: Mohr, 1960), 162-85.

5) H.-D. Wendland, *Ethik der Neuen Testaments*, GNT 4 (Göttingen: V. & R., 1970).

6) W. Zager, *Begriff und Wertung der Apokalyptik der neutestamentlichen Forschung*, EHS.T 358 (Frankfurt am Main, 1989).

해졌다. 그렇기는 하지만, 예수의 종말론적 하나님 나라 선포의 토대 위에 세워져 있어 공통적인 특성도 함께 지니고 있다. 그렇다면 신약성경의 종말론은 어떤 신학적 특성을 가지고 있는가?

본 글에서 필자는 하나님 나라 선포의 토대 위에 세워진 예수의 종말론에 기초하면서도 하나님의 구속사의 전개 흐름과 함께 시대와 교회의 상황에 따른 강조점을 가지고 전해진 신약성경의 종말론의 신학적인 특성을 '선취(先取)적 종말론'(proleptische Eschatologie), '중간기의 종말론'(zwischenzeitliche Eschatologie), '윤리적 종말론'(ethische Eschatologie), '성령론적 종말론'(pneumatologiesche Eschatologie), '기독론적 종말론'(christolgische Eschatologie)으로 나누어 해명하고자 한다.

이로써 오늘날 그리스도인들이 '신약성경의 종말론'을 올바르게 이해하고, 그에 부합된 기독교적 삶의 방향 정위(定位)점(Orientierungspunkt)을 찾는 데에 일조(一助)하려는 것이다.

II. 신약성경의 종말론의 신학적인 특성

1. 선취(先取)적 종말론(proleptische Eschatologie)

구약과 초기 유대교의 묵시적 종말론과 달리, 신약성경의 종말론은 예수에 의해 선취된 구원이 시작된 '선취적 종말론'[7]이다. "나사렛 예수의 종말에 대한 가르침"에서 이미 밝힌 바와 같이 '예수의 하나님 나라 선포'[8]가 지닌 특징은 무엇보다도 하나님 나라가 장차 도래할 것을 선포한

7) 이에 대하여 필자의 글인 본서 제1장 예수의 종말 이해, "나사렛 예수의 종말에 대한 가르침"(13-32)을 참조하라.

8) 이에 대하여 장흥길, "예수의 하나님 나라 선포", 『하나님 나라와 선교』(서

예수 이전의 선포자들과 달리, 예수에 의해 도래하여 시작된 하나님 나라에 있다.

단순한 하나님 나라의 '선포자'(Verkündiger)가 아니라 하나님 나라를 가지고 있는 '담지(擔持)자'(Träger)이며 이를 가지고 오는 '운반자'(Bringer)이신 예수의 선포와 선포 행위를 통해 장차 들어갈 하나님의 나라는 그와 함께 도래(到來)하여 이미 시작되었다. 이로써 '미래적 희망재(希望財)'인 묵시적인 하나님 나라는 예수와 함께 임하여 현존하는 '현재적 구원재(救援財)'가 되었다.

이런 점에서 예수에 의해 선포된 하나님 나라는 순수하게 '미래적 희망재'가 아니었으며, 동시에 순전히 '실현된 하나님 나라'로서 '현재적 구원재'도 아니었다. 곧 예수에 의해 선포된 종말론은 그를 믿고 따르는 자가 미리 받은 선취적 구원재이며, 그럼에도 불구하고 아직은 여전히 세상 밖에 있는, 마지막 때까지 기다려야 하는 희망재로 '시발(始發)적인 하나님 나라'이다. 그러므로 예수의 종말론은 '선취'를 통해 미래적 종말론과 현재적 종말론이 조화를 이루는 '변증법(辨證法)적 종말론'이다.

이는 신약의 다른 증인들의 경우에도 마찬가지다. 신약의 주요 증인인 바울의 경우는 유대인이나 이방인이나 누구든지 예수 그리스도를 믿음으로써 의롭다 여김을 받는다(롬 1:16-17; 3:24-26 등). 그러나 의롭다 여김을 받은 칭의자 역시도 최종적인 구원을 기다려야 한다. 이와 같이 바울에게서도 '구원의 현재 진술'(갈 1:4; 5:1; 롬 3:21; 5:8; 고전 6:11; 고후 6:2 등)과 '구원의 미래 진술'(살전 2:12; 갈 5:21; 고전 6:9-10; 15:24, 50; 롬 14:10 등)이 함께 나타난다. '하나님의 의'(δικαιοσύνη θεοῦ)가 이미 현재에 나타나 예수 그리스도를 믿는 자에게 칭의가 이루어졌으나, 최종적

울: 대한기독교서회, 2001), 41-63과 장흥길, 『하나님 나라 선포의 관점으로 읽는 하나님의 구원 이야기- 구속사의 눈으로 신약성경 읽기』(서울: 한국성서학연구소, 2015), 25-42 참조.

인 그의 의는 아직 밖에 있다(갈 5:5; 롬 3:24; 8:10 등). 이러한 선취적 종말론은 바울이 그리스도를 부활의 '첫 열매'(ἀπαρχή)로 묘사하는 데(고전 15:20, 23)에서도 잘 드러난다.

신약의 다른 주요 증인인 요한의 경우도 마찬가지다. 요한의 경우도 강조점은 '미래적 종말론'이 아니라 '현재적 종말론'에 있다. 물론, 요한의 종말론의 특징을 '실현된 종말론'(realized eschatology)으로 여기기도 하지만, 요한의 경우 현재적 종말론 진술과 함께 미래적 종말론 진술 역시도 간과할 수 없게 나타난다. 요한의 경우 미래적 사건은 이미 현재에 영향을 미친다(요 5:25). 종말론적 사건들은 현재적 실재이며, 미래적인 것은 현재를 결정한다(요 3:18). 현재 계시자인 예수 그리스도의 말씀과의 만남에서 이미 심판이 행해지며, 미래에 대한 결정이 현재에 내려진다(요 8:51). 예수 그리스도를 믿는 믿음 안에 '영생의 구원재'가 현존하고 있기 때문에, 믿는 자에게 있어서는 생명에서 사망으로 옮기는 단계는 미래에 일어나는 것이 아니라 이미 과거에 놓여 있다(요 5:24).

그렇기는 하지만 요한복음에 두드러지게 나타나는 현재적 진술은 요한의 종말론 전체의 특징이 아니다. 오히려 요한의 종말론의 특징은 '현재적 종말론'을 보완하는 '미래적 종말론'에 있다. 요한은 미래적 종말론적 진술들을 현재와 관련짓는다. 특히 요한의 경우 예수의 '고별 설교'의 수신인은 예수의 열두 제자가 아니라 요한복음의 독자 내지는 청중이다. 이때 그리스도의 '재림'이 주제가 된다(요 14:2-3, 18-21, 28; 16:13, 16).

'마지막 때 죽은 자의 부활' 역시도 요한복음의 독자(청중)에게 알려진다(요 5:28, 29; 6:39, 40, 44, 54). 예수를 그리스도로 영접하는 현재에서 미래에 대한 결정이 내려진다. 그러나 그 믿음은 죽은 자의 부활을 현세에서 바로 보게 하지 않는다. 요한은 예수는 아버지 곁에 계시며, 그가 재림하실 때에 비로소 믿는 자들은 그분을 만날 것이라고 한다. 그때 예수 그리스도는 현재 이미 결정되었으나 아직 일어나지 않은, 곧 죽은 자들로부터의 부활을 실행하실 것이다.

이처럼 "현재적인 종말론과 미래적인 종말론은 요한의 경우 어떤 반대도 아니며 서로를 보완해준다".[9] 이로써 현재적 구원 진술은 상대화되는 것이 아니라, 신앙 공동체의 현실이라는 관점에서 이해된다.[10]

2. 중간기의 종말론(zwischenzeitliche Eschatologie)

신약성경에서 현실은 아직 마지막에 이르지 않은 현재이다. 그러므로 현실과 종말은 확실히 구분된다. 곧 현재와 종말은 서로 관련되어 있으나 시간적으로 현재는 아직 종말이 아니며, 종말은 현재 아직 오지 않았다. 그리스도인에게 이 시기는 분명히 '중간기'(中間期)이다.

슈바이처는 예수에게서 이 '중간기'(Zwischenzeit)를 지나치게 좁게, 또 아주 절박하게 이해하였다. 곧 그는 예수의 임박한 하나님 나라 선포를 '질적인 시간'(καιρός) 대신 '길이의 시간'(χρόνος)에서 이해하여, 예수에 의해 아주 가까이 도래한 하나님 나라에 관련하여 '회개'를 촉구하는 '철저한 종말론'(konsequente Eschatologie)으로 이해하였다.[11]

이는 예수의 하나님 나라 선포를 '하나님 나라의 포괄적인 새로운 삶'과 관련짓지 않고, 임박한 하나님 나라 선포에 직면한 회개 촉구와 이에 따른 과격하고 철저한 삶으로 이해한 일종의 신학적 감축주의(reductionism)다. 또 예수의 하나님 나라 선포를 지나치게 구약과 초기 유대교의 묵시의 선상(線上)에서 이해한 결과이다.

이런 점에서 슈바이처는 '산상설교'(마 5-7장)의 해석에서 예수의 철저한 요구를 아주 임박한 하나님 나라에 근거를 둔 '중간 윤리'(Interimsethik)

9) U. Schnelle, *Einleitung in das Neue Testament*, UTB 1830 (Göttingen: V. & R., ^{4}2002), 552.

10) U. Schnelle, *Einleitung*, 552.

11) A. Schweitzer, *Das Messianitäts- und Leidensgeheimnis*(Tübingen: Mohr, ^{2}1929), 19.

의 관점에서 이해하였다.[12)]

예수의 하나님 나라 선포, 곧 예수의 종말론은 아주 임박한 종말에 앞선 '회개 촉구'가 아니라, 예수와 함께 도래하여 시작되는 하나님 나라 선포 앞에서 요구되는 전체적인 '삶의 전환'과 관련되어 있다. 이런 점에서 예수의 종말론은 '중간기의 종말론'이며, 그 시기에 요구된 삶은 '중간윤리'가 아닌 '중간기의 윤리'이다.

누가의 경우 이런 중간기는 자신의 2부작인 '누가-행전'에서 확연하게 드러난다. 콘첼만(H. Conzelmann)은 '예수의 여행 보고(Reisebericht)'(눅 9:51-19:27)에서 누가복음 16:16(율법과 선지자는 요한의 때까지요 그 후부터는 하나님 나라의 복음이 전파되어 사람마다 그리로 침입하느니라)을 누가 신학의 열쇠 구절로 여기고, 16절 상반절의 "요한의 때까지"(μέχρι Ἰωάννου)를 증거로 삼아, "그 후부터는"(ἀπὸ τότε)에서 요한을 제외한 '배타적 해석'을 지지하여,[13)] 율법과 선지자의 때는 세례 요한까지이며, 예수의 출현으로써 새로운 시대, 곧 '시간의 중심'이 시작되었다고 주장하였다.

그러나 그 후 큄멜(W. G. Kümmel)은 누가복음에서 세례 요한이 출생기사에서 예수와 나란히 묘사되고(1-2장) 결정적인 구원 시대의 처음에 놓여 있음(눅 3:1-2)을 근거로 들어, "그 후부터는"(ἀπὸ τότε)에서 세례자 요한을 포함한 '내포적 해석'을 지지하였다.[14)]

아무튼, 누가의 경우 '예수 시대'는 '교회 시대'와 엄격하게 구분될 수 없다고 하더라도, '구약 시대', '예수 시대', '교회 시대'로 구분되는 구속사의 시대에서 중심이며, '교회 시대'는 예수의 초림과, 그가 재림하실 종말 사이의 중간기에 놓여 있다.

---

12) A. Schweitzer, *Das Messianitäts- und Leidensgeheimnis*, 22.

13) H. Conzelmann, *Die Mitte der Zeit*, BHTh 17 (Tübingen: Mohr, ⁶1977), 17 등 참조.

14) 누가의 경우 하나님의 나라 선포는 세례자 요한에게서부터 시작된다. W. G. Kümmel, "Das Gesetz und die Propheten gehen bis Johannes", G. Braumann (Ed.), *Das Lukas-Evangelium*, 398-415 참조.

바울의 경우에도 이러한 중간기를 볼 수 있다. 그것은 무엇보다도 바울이 자신의 삶을 '그리스도 예수께 잡힌 바 된 그것을 잡으려고 달려가는 삶', '잡은 줄로 여기지 아니하고 오직 한 일 즉 뒤에 있는 것은 잊어버리고 앞에 있는 것을 잡으려고 푯대를 향하여 그리스도 예수 안에서 하나님이 위에서 부르신 부름의 상을 위하여 달려가는 삶'으로 묘사한데서 분명하게 드러난다(빌 3:12-14).

요한의 경우도 마찬가지다. 예수를 믿음으로 영접한 그리스도인은 영생을 얻었고 심판에 이르지 아니하며 사망에서 생명으로 옮겼으나(요 5:24), 육신이 죽더라도 살 것이다(요 11:25). 무엇보다도 요한복음의 종결 추가장(21장)에서 부활하신 예수께서 베드로에게 주신 '추종 요구' 말씀(요 21:18-19)에서 이러한 '중간기의 종말론'을 엿볼 수 있다.

3. 윤리적 종말론(ethische Eschatologie)

'종말론'과 '윤리'는 용어의 개념상 서로 배타적이다. 그것은 윤리가 현세에 속해 있는 인간의 행위와 삶에 관한 것이라면, 종말은 현세가 끝나고 시작되는 내세에 관한 것이기 때문이다. 신약성경의 경우 그 사정은 다르다. 앞서 살펴본 것처럼, 신약의 종말론이 선취적 종말론이라면, 종말론과 윤리의 관계는 상호 배타적이 아니라, 상호 불가분(不可分)으로 관련되어 있는 공속(共屬)적이다. 다시 말하면, 신약의 종말론이, 아직 '옛 시대'가 끝나지 않았으나 예수에 의해 현세에 선취된 '새 시대'가 시작되어 내세에 이르게 되기까지 두 시대가 공존하는 '선취적 종말론'이라고 한다면, 종말론과 윤리는 공존(共存)하며 서로 관련될 수밖에 없다.

이런 점에서 신약의 종말론은 '윤리적 종말론'이며, 역(亦)으로, 신약의 윤리는 '종말론적 윤리'이다. 그리스도인이 예수 그리스도를 믿음으로 말미암아 이미 시작된 현세와 그 현세에 참여한 자가 이르게 되는 내세 사이에 놓여 있는 '중간기'(中間期)를 산다면, 그 중간기에 적절한 삶은 결코 현실 도피적인 피안(彼岸)적 정적(靜寂)주의나 열광(熱狂)적 묵시(黙示)주의가 아니다. 오히려 그것은 그리스도인에게 시작된 하나님 나라에 부합된 삶, 곧 하나님 나라가 행동과 삶의 원리가 되는 삶이다. 그 기초와 토대는 예수에 의해 선포된 '하나님 나라'이다.[15]

이런 점에서 슈라게가 예수의 '하나님 나라' 선포를 예수 윤리의 전제와 토대로 여기고, 메르클라인(H. Merklein)[16]이 예수의 '하나님 나라'를 그리스도인의 '행동 원리'(Handlungsprinzip)로 여긴 것은 적절하다.

바울의 경우도 그러하다. 다만 바울은 예수에 의해 선포된 '하나님 나라'를 복음에 나타난 '하나님의 의'로 표현하였을 뿐이다(롬 1:17; 3:21). 그 의는 예수 그리스도를 믿는 자에게 이르는 '믿음의 의'이며(롬 3:21-26), 믿음으로 의롭다 여김 받은 칭의자가 의로운 삶을 살 수 있게 하는 하나님의 능력이다(롬 1:16; 6:12-14, 15-18).

칭의자는 믿음으로 말미암은 칭의 사건을 통하여 '그리스도의 통치'(regnum Christi)에 참여하게 되며, 바울신학의 내용중심인 '하나님의 통치'(regnum Dei)에 참여하게 된다. 예수 그리스도를 믿음으로 말미암아 '옛 시대'에서 '새 시대'로 옮겨진 칭의자는 '시대 교체'에 부합되게 '주권 교체'를 요구받으며, 죄로부터 의로의 주권 교체는 하나님께 자신을 '의의 무기'로, '의의 종'으로 드림으로써 이루어진다(롬 6:12-23; 12:1-2).[17]

누구든지 그리스도 안에 있으면, 새로운 피조물이 된다(고후 5:17). 그러므로 예수 그리스도를 믿음으로 말미암아 일어나는 칭의 사건은 하나

---

15) W. Schrage, *Ethik des Neuen Testaments* (Göttingen: V. & R., ²1989), 23-45.

16) H. Merklein, *Die Gottesherrschaft als Handlungsprinzip*, fzb 34 (Würzburg: Echter, 1978).

17) 이에 대하여 장흥길, "바울에게 있어서 직설법과 명령법: 로마서 6장을 중심으로", 『장신논단』 제15집(1999), 119-39 참조.

님의 '새 창조' 사건이다.

이처럼 바울의 경우 '하나님의 의' 라는 관점에서 기독론과 칭의론과 종말론이 밀접하게 관련되어 있다. 예수의 경우 '하나님 나라'가 그리스도인의 행동과 삶의 원리인 것처럼, 바울의 경우도 '하나님의 의'가 '의로운 삶', '의의 열매 맺는 삶'(빌 1:11; 4:17; 롬 6:22)의 전제요 토대이며 원리다. 바울에게 있어서 종말에 다가가는 그리스도인의 중간기에 합당한 삶은 무엇보다도 '지나가는 세상'에서 옛 시대에 속한 것들을 '아닌(없는) 것처럼'(ὡς μὴ) 여기며 사는 삶이다(고전 7:29-31).

요한의 경우도 종말론의 사정이 다르지 않다. 예수 그리스도를 믿음으로 말미암아 영생을 얻었으나 아직 최종적인 종말에 이르지 않은, 중간기를 사는 그리스도인에게 현실에서 윤리가 유효하다. 그것은 다름 아닌 '형제 사랑'이다(요 13:14, 34-35; 15:12, 13-15, 17; 요일 2:9-11; 3:10-11, 14–18; 4:20 등). 예수는 자신의 제자들과 함께 보낸 마지막 유월절에서 제자들에게 '새 계명', 곧 '서로 사랑하라'는 계명을 주신다(요 13:34-35). 이는 공관복음에 나타나는 원수도 포함하는 예수의 이웃 사랑 계명의 실천이며 구체화이다.[18]

4. 성령론적 종말론(pneumatologische Eschatologie)

앞서 밝힌 것처럼, 신약의 종말론은 예수를 믿는 자들이 하나님 나라를 세상이 끝나기 전에 현세에서 미리 받은 '선취적 종말론'이다. 그러니까 그것은 예수를 믿음으로 말미암아 시작된 '새 시대'와 아직 끝나지 않은 '옛 시대' 사이에 두 시대가 공존하고 있는 '중간기의 종말론'이다. 그리

18) R. Schnackenburg, *Die sittliche Botschaft des Neuen Testaments* II, HThK.S II (Frieburg i. Br.: Herder, 1988), 177.

고 신약의 종말론은 그 중간기에 '새 시대'에 부합된, 열매[19] 맺는 삶이 요구되는 '윤리적 종말론'이다. 게다가 예수 그리스도의 십자가와 부활, 현현과 승천 이후 그리스도인이 맺어야 하는 열매 맺는 삶은 성령으로 말미암아 '주 안에', 또는 '그리스도 안에' 있을 때 가능하다. 이런 점에서, 신약의 종말론은 '성령론적 종말론'이다.

공관복음서의 저자들은 하나님 나라를 전하신 예수는 성령으로 잉태되었으며(마 1:20; 눅 1:35), 세례를 받으시고(마 3:16; 막 1:10; 눅 3:22) 또한 마귀에게 시험을 받으셨다(마 4:1; 막 1:12; 눅 4:1)고 하며, 예수의 공생애 초두뿐 아니라 공생애 말미에서도 성령의 함께하심과 그 약속을 강조한다(마 28:19; 눅 24:49). 특히 '성령 복음'으로 불리기도 하는 '누가복음'의 경우 예수의 전 생애는 성령의 역사(役事)하심으로 점철(點綴)되어 있다. 그러므로 예수의 경우 종말론은 '성령론적 종말론'이다.

바울의 경우도 마찬가지다. 바울은 예수 그리스도를 믿음으로 의롭다 여김 받은 자의 삶을, 자신을 하나님께 드려서 그분과 동행하는 삶으로 여겼다(롬 12:1-2). 다시 말하면, 이신칭의로 말미암아 '하나님으로부터 난 생명'(life from God)으로서 그리스도인의 삶은 다름 아닌 '하나님과 함께 사는 삶'(life with God)이다.

바울은 이를 '주 안에'(ἐν κυρίῳ) 사는 삶(빌 4:4 등) 내지는 '그리스도 안에'(ἐν Χριστῷ) 사는 삶(고후 5:17 등)으로 묘사하였으며, 그와 함께 '그리스도의 영'(πνεῦμα Χριστοῦ, 롬 8:9)인 '성령으로'(ἐν πνεύματι) 사는 삶

---

19) '열매'(κάρπος)는 신약성경에서 그리스도인의 삶을 묘사하는 중요한 윤리적 술어(述語)이다. 신약성경의 저자들이 요구하는 그리스도인의 삶은 결코 구원을 얻기 위해 필요한 공덕(功德)이나 업적(業績)이 아니라, 구원 받은 자에게 요구된 '열매'이다. 곧 '열매'는 목적 윤리적 개념이 아니라 결과 윤리적 용어이다. 이에 대하여는 S. Schulz, *Neutestamentliche Ethik* (Zürich: Theologischer Verlag Zürich, 1987), 342-45, 380-84을 참조하라.

(롬 8:9; 14:17; 15:16; 참조, 갈 5:25)으로 표현하였다. 그러므로 바울의 경우도 종말론은 '성령론적 종말론'이다.

예수처럼 요한의 경우도 다르지 않다. 요한에게서 '그리스도인의 삶'은 '그리스도 안에 거하는 것'(μένειν ἐν Χριστῷ) 외에 다른 것이 아니다.[20] 요한의 경우 이는 무엇보다도 신약성경의 다른 책에서는 찾아볼 수 없는 '보혜사'(παράκλητος) 성령[21] 진술에서 다루어진다(요 14:16, 26; 15:26; 16:7; 요일 2:1).

요한이 서술한 예수의 '고별 설교'(요 14-16장)에서 예수는 아버지께서 자신의 이름으로 제자들에게 보내실 보혜사 성령을 통해서 영원토록 그들과 함께 있게 하려 하셨고(요 14:16), 자신이 제자들에게 가르친 모든 것을 생각나게 하려 하셨으며(요 14:26), 또한 '진리의 성령'인 보혜사 성령이 자신을 증언하시고(요 15:26), 죄와 의와 심판에 대하여 세상을 책망하실 것(요 16:8)을 말씀하셨다.

곧 예수께서 제자들에게 보혜사 성령을 보내신 목적은 제자들과 함께 하기 위함이었다. 이를 위해 부활하여 제자들 앞에 나타나신 예수는 제자들에게 그들이 죄 사함의 사역을 계속할 수 있도록 "성령을 받으라"(요 20:22)고 말씀하신다.

---

20) 신약성경에서 '거하다'(μένειν)는 동사는 총 120회 등장하는데, 그 중 절반 이상이 요한의 문헌에 나타난다. 곧 요한복음에서 41회, 요한일서에서 23회, 요한이서에서 3회 등장한다. 요한복음의 경우 대부분은 '그리스도 안에'나 '말씀 안에'와 같이 처소격 전치사 ἐν과 함께 나타난다. 이에 대하여는 J. Heise, *Bleiben - Menein in den Johanneischen Schriften*, HUTh 8 (Tübingen: Mohr, 1967)을 참조하라. 이 용어가 신약성경 각 권에 등장하는 빈도에 대해서는 J. B. Smith, *Greek-English Concordance to the New Testament* (Scottdale: Herald Press, 1955), 226을 참조하라.

21) 이에 대하여 장흥길, "신약성경에서의 임파워링: 신약성경에 나타나는 '보혜사' 용어를 중심으로", 『뉴시니어 다시 부흥의 주역으로』 제8회 바른신학 균형목회 세미나 자료집(서울: 한지터, 2015), 51-78을 참조하라.

이와 같이 요한의 경우 그리스도인의 삶은 보혜사 성령으로 말미암아 예수 그리스도 안에 거하며 열매 맺는 삶이다(요 15:1-11 참조). 그러므로 요한의 경우도 중간기를 사는 그리스도인 앞에 놓여 있는 종말론은 '성령론적 종말론'이다.

5. 기독론적 종말론(christologische Eschatologie)

신약의 종말론의 마지막 특성은 다시 오실 인자이신 예수 그리스도에 의해 성취될 '기독론적 종말론'이다. 이는 무엇보다도 '기독교 묵시록'[22]이자 신약성경의 마지막 책인 요한계시록에서 확연히 나타난다.

'기독교 묵시'에서는 하나님이 '전능하신 분'(παντοκράτωρ)[23]이신 것처럼(계 15:3; 16:7, 14; 19:6, 15; 21:22), 다시 오실 예수 그리스도 역시 "전에도 계셨고 이제도 계시고 장차 오실 이"(ὁ ἦν καὶ ὁ ὢν καὶ ὁ ἐρχόμενος)요, '전능하신 이'(ὁ παντοκράτωρ)시다(계 1:8; 4:8; 11:17). "알파와 오메가요 처음과 마지막이요 시작과 마침"(τὸ ἄλφα καὶ τὸ ὦ, ὁ πρῶτος καὶ ὁ ἔσχατος, ἡ ἀρχὴ καὶ τὸ τέλος)이 되신 그 분(계 1:8, 17; 2:8; 21:6; 22:13)은 세상의 마지막 때 세상에 다시 오셔서 역사와 세상을 심판하실 것이

---

22) 이는 마지막 때 하나님이 세상과 역사의 심판자가 되시는 구약이나 초기 유대교의 묵시록과 달리, 그 심판이 하나님뿐 아니라 세상의 심판을 위해 다시 오실 그의 아들 예수 그리스도에게 확대된 묵시록이다

23) 이 용어는 신약성경에서 총 10회 등장하는데, 한 번(고후 6:18)을 제외하고는 모두 요한계시록에서만 나타난다(계 1:8; 4:8; 11:17; 15:3; 16:7, 14; 19:6, 15; 21:22). 한 번 등장하는 고린도후서의 경우도 믿는 자들에게 하나님이 아버지가 되시고 그들은 하나님의 자녀가 될 것을 언급하는 구약 예언서의 인용(호 1:10; 사 43:6)에서만 나타난다. 이 용어의 신약 각권에 등장하는 빈도에 대해서는 J. B. Smith, *Greek-English Concordance to the New Testament* (Scottdale: Herald Press, 1955), 272를 참조하라.

며, 만물을 새롭게 하실 것이다(계 21:5-6).

역사와 세상을 심판하시기 위해서 다시 오실 어린 양 예수 그리스도는 단순히 세상에서 득세(得勢)하여 세도를 부리는 '세상 주관자(κοσμοκράτωρ)'[24](엡 6:12)를 능가하는 "만주의 주시요 만왕의 왕"(βασιλεὺς βασιλέων καὶ κύριος κυρίων)이시다(계 17:14; 19:16).

앞서 언급한 것처럼, 신약의 종말론은 결코 세상이 포기되지 않은 '윤리적 종말론'일 뿐 아니라,[25] 마지막 때 다시 오실 예수 그리스도에 의해 세상이 새롭게 되며, '새 하늘과 새 땅'(οὐρανὸς καινὸς καὶ γῆ καινή), '새 예루살렘'(Ἰερουσαλὴμ καινὴ)이 도래(계 21장)하는 '기독론적 종말론'이다.

III. 나가는 말

이와 같이 신약성경의 종말론의 신학적 특성을 '선취적 종말론', '중간기의 종말론', '윤리적 종말론', '성령론적 종말론', '기독론적 종말론'으로 나누어 해명하였다. 이러한 '신약성경의 종말론'에 대한 이해는 오늘날 그리스도인의 신앙과 생활을 좌표와 방향을 검증하게 하고, 올바른 방향으로 재설정하게 해준다. 신약성경의 종말론 이해를 위한 신학적인 특성에 따른 신학적 메시지를 다음과 같이 요약해 보자.

첫째, 신약성경의 종말론은 '선취적 종말론'이다. 그러므로 그리스도인은 장차 들어갈 하나님 나라에 앞서 '새 시대'(구원)가 시작된 현실을 이해하고, 예수를 믿음으로 말미암아 자신에게 일어난 '시대 교체'를 인식할 수 있어야 한다(롬 6:12-23).

---

24) 이는 신약성경에서 단 한 번 나타나는 유일 용어(hapaxlegomenon)이다.

25) 이에 대하여는 W. Schrage, *Ethik des Neuen Testaments*, 331-47, 특히 334-35를 참조하라.

둘째, 신약성경의 종말론은 '중간기의 종말론'이다. 그러므로 그리스도인은 이미 시작된 구원과 아직 이르지 않은 최종적 구원 사이에서 하나님께 항상 복종하여 두렵고 떨림으로 자신의 구원을 이루어 가야 한다(빌 2:12).

셋째, 신약성경의 종말론은 '윤리적 종말론'이다. 이런 관점에서 예수 그리스도를 믿음으로 의롭다 여김을 받은 성도는 세상과 현실에 무관하게 피안(彼岸)적 정적(靜寂)주의나 열광(熱狂)적 내세(來世)주의에 의해 사는 것이 아니라, 이 중간기에 받은바 '그리스도의 복음에 합당하게'(빌 1:27), 또 교회와 동일하게 하나님의 통치 영역인 역사와 세상에서 책임 있게 '빛과 소금'(마 5:13 16) 역할을 감당할 수 있어야 한다.

넷째, 신약성경의 종말론은 '성령론적 종말론'이다. 이런 점에서 하나님의 사람들은 이미 시작된 구원과 아직 이르지 않은 최종적인 구원 사이의 시대인 중간기를 믿음으로 살아가면서 '성령으로' 주 안에 거하며 하나님과 동행하며 자신의 행위와 삶이 '업적'(Verdienst)을 위한 것이 아니라 이미 하나님의 은혜로 주어진 구원에 감사함으로 '열매'를 맺는 '섬김'(Dienst)의 삶임을 인식해야 한다.

다섯째, 신약성경의 종말론은 '기독론적 종말론'이다. 그러므로 그리스도인은 다시 오실 예수 그리스도를 대망하면서, 환난 중에도 즐거워하고 인내하며(롬 5:1-4), 요한계시록의 가르침을 따라서 마지막 때에 이르기까지 신앙의 절개(節槪)를 지켜나가야 할 것이다.

오늘날 세상에 팽배해 있는 사람들의 마음을 한 단어로 표현하라고 한다면, 그것은 위기에서 오는 '불안'일 것이다. 교회도 예외가 아니다. 많은 사람이 교회의 '위기'를 말하며 불안해 한다. 그러나 위기는 위험한 것이지만, 한편으로는 기회다. 그러니 불안해 하지 말고 오히려 현실을 직시하면서 하나님의 말씀에 귀를 기울인다면, 희망은 아직도 교회에 있다.

바울 사도의 말씀(롬 13:11-14)대로, '때가 단축'되었고(고전 7:29), 벌써 자다가 깰 때가 되었다. 그것은 우리의 구원이 처음 믿을 때보다 가까워

졌기 때문이다. 밤이 깊었고 낮이 가까워졌기 때문에, 어둠의 일을 벗어 버리고 빛의 갑옷을 입을 때가 되었다.

> 낮에와 같이 단정히 행하고 방탕하거나 술 취하지 말며 음란하거나 호색하지 말며 다투거나 시기하지 말고 오직 주 예수 그리스도로 옷 입고 정욕을 위하여 육신의 일을 도모하지 말라(롬 13:13-14).

이러한 바울의 종말론적 권면은 한국 교회가 경청해야 할 가장 절실하고도 시급한 하나님의 말씀이다. 신약의 종말론은 궁극적으로는 최종적인 하나님 나라를 향해 설정되어 있지만, 그 강세는 마지막 때가 아니라, 현세에 시작된 하나님 나라에 부합된, 열매 맺는 하나님의 백성들의 현실적 삶에 있음을 잊지 말아야 한다.

● 참고문헌

장흥길. "바울에게 있어서 직설법과 명령법: 로미서 6장을 중심으로", 『장신논단』 제15집(1999): 119-39.

______. "예수의 하나님 나라 선포". 『하나님 나라와 선교』. 서울: 대한기독교서회, 2001. 41-63.

______. 『신약성경윤리』. 서울: 장로회신학대학교, [2]2009.

______. "신약성서윤리의 성격과 최근 연구 동향". 『신약논단』(2011): 375-411.

______. "신약성경의 종말론". 『교육교회』(2013. 12): 14-21.

______. "신약성경에서의 임파워링: 신약성경에 나타나는 '보혜사' 용어를 중심으로". 『뉴시니어 다시 부흥의 주역으로』. 제8회 바른신학 균형목회 세미나 자료집. 서울: 한지터, 2015, 51-78.

______. 『하나님 나라 선포의 관점으로 읽는 하나님의 구원 이야기- 구속사의 눈으로 신약성경 읽기』. 서울: 한국성서학연구소, 2015.

______. "나사렛 예수의 종말에 대한 가르침". 『신약성경의 종말론』. 서울: 한국성서학연구소, 2016, 13-32.

Chang, Hung-Kil. *Neuere Entwürfe zur Ethik des Neuen Testaments im deutschsprachigen Raum: Ihre Sichtung und kritische Würdigung*. Erlangen Diss., 1995.

Conzelmann, H. *Die Mitte der Zeit*. BHTh 17. Tübingen: Mohr, [6]1977.

Heise, J. *Bleiben - Menein in den Johanneischen Schriften*. HUTh 8. Tübingen: Mohr, 1967.

Käsemann, E. "Die Anfänge christlicher Theologie". *Zeitschrift für Theologie und Kirche* 57/2. Tübingen: Mohr, 1960, 162-85.

Merklein, H. *Die Gottesherrschaft als Handlungsprinzip*. fzb 34. Würzburg: Echter, 1978.

Münchow, Chr. *Ethik und Eschatologie*. Göttingen: V. & R., 1981.

Schnackenburg, R. *Die sittliche Botschaft des Neuen Testaments* II. HThK.S II. Frieburg i. Br.: Herder, 1988.

Schnelle, U. *Einleitung in das Neue Testament*. UTB 1830. Göttingen: V. & R., [4]2002.

Schrage, W. *Ethik des Neuen Testaments*. GNT 4. Göttingen: V. & R., [2]1989.

Schulz, S. *Neutestamentliche Ethik*. Zürich: Theologischer Verlag Zürich, 1987.

Schweitzer, A. *Geschichte der Leben-Jesu-Forschung*. UTB 1302. [9]1984.

______. *Das Messianitäts- und Leidensgeheimnis*. Tübingen: Mohr, [2]1929.

Smith, J. B. *Greek-English Concordance to the New Testament*. Scottdale: Herald Press, 1955.

Weiß, J. *Die Predigt Jesu vom Reiche Gottes*, Göttingen: V. & R., 1892.

Wendland, H.-D. *Ethik der Neuen Testaments*. GNT 4. Göttingen: V. & R., 1970.

Zager, W. *Begriff und Wertung der Apokalytik in der neutestamentlichen Forschung*. Frankfurt: Peter Lang, 1989.

교회를 위한
종말론 연구

신약성경의
종말론

Eschatology
in the New Testament

제2부

신구약성경과 한국 교회사에 나타난 종말 이해

제7장 구약의 종말 이해

성서적 종말론, 성경 속의 종말론 왕대일

제8장 신약의 종말 이해

신약성서의 종말론의 다양성

– 묵시문학적 종말론과 예언적 종말론을 중심으로

박두환

제9장 한국 교회사의 종말 이해

한국 교회사에 나타난 종말 유형

– 한국 교회사 전반과 종말론을 연결한

통사적 이해를 위한 연구 안교성

제7장 구약의 종말 이해

성서적 종말론,
성경 속의 종말론

왕대일

감리교신학대학교 교수/구약학

성서적 종말론, 성경 속의 종말론

I. 구속사와 종말론

II. 종말론과 시온 신학

– 예레미야의 70년 · 다니엘의 칠십 이레

III. 종말론과 하나님의 나라

IV. 종말론과 인자

V. 종말론과 교회

성서적 종말론, 성경 속의 종말론

I. 구속사와 종말론

역사적으로 이스라엘 백성의 신앙의 종말론은 유다 왕국의 멸망과 함께 부상하였다. 주전 6세기 초 예루살렘에 휘몰아쳤던 일련의 비극적 사건(주전 597년 바빌론의 1차 예루살렘 침공과 바빌론 포로살이, 주전 587년 바빌론의 2차 예루살렘 침공과 예루살렘 도성의 함락)은 하나님의 구속사를 신봉하며 살아가던 이스라엘 백성에게는 너무나도 큰 충격적인 사건으로 다가왔다. 하나님이 이끄시던 구원과 해방, 자유와 샬롬(shalom)의 역사가 단절되고, 그 자리에 전쟁과 패배, 억압과 굴종의 역사가 자리 잡게 되었던 것이다.

이스라엘 민족에게 하나님은 애굽에서의 구원과 해방을 이끄셨던 하나님이셨다. 그랬던 하나님이 가나안 땅의 이스라엘에게 바빌론이 던진 멍에를 기꺼이 메게 하신다는 역사적 사실은 하나님의 구속사를 신앙적 독트린으로 신봉하던 자들이 도저히 수용할 수 없는 역사적 모순이었다. 하나님의 백성 이스라엘이 다시 이민족의 포로가 되어 낯선 땅 바빌론으로 끌려가 살아야 한다는 역사적 현실은 그들에게는 한 마디로, 구속사의 종언(終焉)으로 비쳐졌다. 하나님의 구속사가 유다와 바빌론의 힘 겨루기에서 더 이상 실효성 없는 신앙적 유물로만 남게 되었다는 소리다.

하나님의 구속사를 유다 왕국의 쇠퇴와 멸망 앞에서 다시 읽은 예는 예레미야에게서 찾을 수 있다. 예루살렘의 패망을 전후하던 시기에 예언자로 부름 받았던 예레미야는 바빌론의 느부갓네살이 외치는 승리의 찬가 앞에서 하나님의 구속사의 진정성을 다시 음미할 수밖에 없었다.

주전 6세기 초 예루살렘 도성 안에서 벌어졌던 예언자 예레미야와 예언자 하나냐의 대결(렘 28장)이 역사적 현실에 대한 그런 신앙 인식의 차이를 그대로 드러낸다. 예루살렘이 처한 운명이 바람 앞에 등불 같았던 순간 예레미야가 외쳐야 했던 추방(exile)의 하나님과 거기에 맞서 하나냐가 응수하고자 했던 해방(exodus)의 하나님이 바로 그런 신학적 갈등과 대결을 고스란히 보여 주는 것이다.

> 예언자 하나냐는 예언자 예레미야의 목에서 나무 멍에를 빼앗아 꺾어 버렸다. 그러고 나서 하나냐는 온 백성이 보는 앞에서 이렇게 말했다. "나 주가 말한다. 내가 이 년 안에 바빌로니아 왕 느부갓네살의 멍에를 모든 민족의 목에서 벗겨서 이와 같이 꺾어 버리겠다." … 예언자 하나냐가 예언자 예레미야의 목에서 나무 멍에를 빼앗아 꺾어 버린 뒤에, 주님께서 예레미야에게 이렇게 말씀하셨다. 너는 가서 하나냐에게 이렇게 전하여라. '나 주가 말한다. 너는 나무로 만든 멍에를 꺾어 버렸으나, 오히려 그 대신에 쇠로 멍에를 만들고 말았다. 진실로 나 만군의 주 이스라엘의 하나님이 말한다. 내가 이 모든 민족의 목에 쇠로 만든 멍에를 메워 놓고, 바빌로니아 왕 느부갓네살을 섬기게 하였으니, 그들이 그를 섬길 수밖에 없다. 나는 심지어 들짐승도 그에게 넘겨주었다'(렘 28:10-11, 12-14).

흔히 하나냐는 거짓 예언자로 간주된다. 그러나 성경 본문에서 하나냐는 그냥 "선지자" 하나냐로만 소개된다(렘 28:1). 하나냐는 예루살렘 도성이 바빌론의 1차 침공으로 수모를 당한 뒤 바빌론으로 사로 잡혀간 포로들의 아픔이 하늘에 사무치고 있던 때에 출애굽의 하나님을 설파하던 종교인이었다. 나라와 민족이 어지럽고 힘들었을 당시 출애굽의 하나님이 주시는 해방과 구원, 승리와 평화의 신학을 굳건히 붙들고자 했던 그는 만군의 주 이스라엘의 하나님의 이름으로 하나님이 "반드시 바빌로니아 왕의 멍에를 꺾어" 버리실 것이라고 외쳤다(렘 28:2-4). 거듭 말하지만 예레미야의 글말은 그런 하나냐를 시종일관 그냥 "예언자 하나냐"(하나냐 한나비)라고만 부른다(렘 28:1, 5, 10, 11, 12, 15, 17).

이와 같이 출애굽의 하나님을 설파하던 하나냐의 신앙, 하나냐의 신학, 하나냐의 역사 이해에는 이스라엘의 역사를 하나님의 구속사가 실현되는 현장으로 간주하였음이 나타난다. 한 마디로 그는 출애굽의 신학(Theology of Exodus)을 자기 시대의 신학적 주제로 붙들었던 신앙적 인물이었다. 바빌론의 느부갓네살이 아무리 흉악한 폭군이라고 해도 만군의 야훼(야훼 체바오트) 하나님을 대적할 만한 위인은 되지 못한다는 판단이 하나냐의 신념에 굳게 자리 잡고 있었다.

이런 하나냐가 외쳤던 해방의 신학에 맞서서 예레미야가 온 몸으로 외쳐야 했던 추방의 신학(Theology of Exile)은 주전 6세기 초 당시 유다 백성들로서는 도저히 수용하기 어려웠던 신앙적 퍼즐(puzzle)이었다. 이와 같이 예레미야가 외친 추방의 신학은 해방의 신학의 정당성을 되새기는 자리에서 부상하였다. 예레미야는 출애굽의 신학이, 해방의 신학이 잘못된 것이 아니라 출애굽의 신학을, 해방의 신학을 외치던 하나냐와 그의 추종자들의 상황(콘텍스트) 파악이 그릇되어 있었다는 것을 알린다.

이스라엘이 하나님의 구속사가 주는 은총을 누리기 위해서는 당시 유다 백성들이 출애굽의 은총을 누린 백성답게 하나님의 성소를 그들의 삶 속에 구축해 놓아야 했었다. 그러나 당시 그들의 현실은 그렇지 못했다. 주전 6세기 초 유다 백성들의 신앙과 종교는 출애굽의 하나님이 주문하였던 "거룩한" 기대와는 너무나 거리가 먼 반신앙적 환경에 몰입되어 있었다. 주전 6세기 초 연거푸 일어났던 바빌론의 예루살렘 침공에 대한 예레미야의 신학적 사색은 이런 역사적·시대적 정황을 배경으로 삼는다.

예레미야는 느부갓네살의 침공을 하나님의 역사라는 지평에서 수용하고자 했다. 곧 구속사는 하나님의 역사이지 이스라엘을 위한 역사가 아니다. 그렇게 예레미야는 느부갓네살의 예루살렘 침공을 결코 구속사의 종언으로 읽지 않았다. 예루살렘의 패망과 그에 따른 포로 살이-디아스포라의 시작은 하나님의 구속사의 온전한 실현을 향한 또 하나의 역사적 과도기라고 생각하였다. 역사의 완성을 바라보는 역사 이해에 눈을 뜨게 된 것이다.

예언자적 종말론은 바로 이런 정황에서 움트기 시작한다. 현실에서 겪는 구속사의 굴곡이 언제, 어디에서, 어떻게 극복될 것인지, 그래서 하나님의 구속사가 마침내 완성될 "그 날"이 어느 때인지를 조망하는 기대 속에서 종말론이라는 신학적 사색이 등장하게 되었던 것이다. 즉 구약성경에서 종말론은 구속사의 종언이 아니라 구속사의 최후 실현을 향한 역사적 소망으로 등장하였다.

II. 종말론과 시온 신학
– 예레미야의 70년 · 다니엘의 칠십 이레

사실, 주전 597년에서 587년에 이르는 시대는 예루살렘에 거주하던 유다 백성들이 수용하기 어려운 오욕의 시기였다. 신학적으로 이 시기를 해석하면 예루살렘과 예루살렘 성전이 당했던 멸망에 이르는 수치는 시온 신학이 수포로 그치고 말았다는 역사적 진실을 고스란히 대변하는 창구가 된다.

주전 6세기 초 이전까지 예루살렘은 신학적으로 난공불락의 도성으로 간주되었다. 하나님께서는 실로의 성막이나 요셉의 장막, 에브라임 지파를 버리셨지만, "오직 유다 지파와 그가 사랑하신 시온산을 선택하셨다"고 보았던(시 78:68) 그들은 그 시온산에서 "주님은 주님의 성소를 높은 하늘처럼 세우셨다. 영원히 흔들리지 않는 터전 위에 세우셨다"고 목소리를 드높였다(시 78:69). 이 같은 목소리에는 주전 8세기를 숨가쁘게 몰아갔던 시리아·에브라임 전쟁(주전 735-732년) → 북왕국의 수도 사마리아이 멸망(주전 722년) → 앗수르의 왕 산헤립의 예루살렘 침공(주전 701년)을 그 때 그 때 극복하고 살아남았던 예루살렘의 운명에 대한 기억이 진하게 배여 있다.

문제는 그들이 그렇게 건재하고 난공불락의 성으로 여겼던 예루살렘이 바빌론의 느부갓네살 앞에서는 그만 무릎을 꿇고 마는 참혹한 참사를 겪고 말았다는 데 있다. 난공불락으로 성으로 여겨지던 시온(예루살렘)이 어떻게, 왜, 무엇 때문에 바빌론의 침공을 이겨내지 못했을까? 왜 하나님은 유다 왕 여호야킨 → 여호야킴 → 시드기야 시대에 예루살렘이 이민족의 수중에 넘어가는 수모를 기꺼이 겪게 하시는가?

시온 신학의 쇠잔은 이른바 디아스포라 신학의 부상과 맞물려 있다. 디아스포라 신학은 시온산에 거주하지 못하고 낯선 이민족의 땅에 가서 정주해야 했던 하나님의 사람들을 향한 신학적 처방으로 떠오르게 되었다. 그리하여 예레미야가 바빌론의 1차 예루살렘 침공 때 바빌론 땅으로 사로잡혀 갔던 유다 백성에게 70년이 지나면 포로 살이가 끝나고 예루살렘으로 귀향하게 될 것이라는 서신을 띄우게 된 것도 이런 맥락에서 추슬러져야 한다.

> 나 만군의 주, 이스라엘의 하나님이 말한다. 내가 예루살렘에서 바빌로니아로 잡혀 가게 한 모든 포로에게 말한다. 너희는 그 곳에 집을 짓고 정착하여라. 과수원도 만들고 그 열매도 따 먹어라 너희는 장가를 들어서 아들딸을 낳고, 너희 아들들도 장가를 보내고 너희 딸들도 시집을 보내어, 그들도 아들딸을 낳도록 하여라. 너희가 그곳에서 번성하여, 줄어들지 않게 하여라 … 나 주가 분명히 말한다. 너희가 바빌로니아에서 칠십년을 다 채우고 나면, 내가 너희를 돌아보아, 너희를 이곳으로 다시 데리고 오기로 한 나의 은혜로운 약속을 너희에게 그대로 이루어 주겠다. 너희를 두고 계획하고 있는 일들은 오직 나만이 알고 있다. 내가 너희를 두

고 계획하고 있는 일들은 재앙이 아니라 번영이다. 너희에게 미래에 대한 희망을 주려는 것이다. 나 주의 말이다(렘 29:4-6, 10-11).

"너희가 바빌로니아에서 칠십 년을 다 채우고 나면 … 너희를 이곳으로 다시 데리고 오기로 한 나의 … 약속을 너희에게 그대로 이루어 주겠다!"는 예레미야가 바빌론으로 끌려간 포로들에게 보낸 이 편지는 디아스포라의 신학을 향한 정초 작업에 해당되는 내용을 담고 있다.

여기에는 디아스포라의 에토스와 아이덴티티가 분명하게 규정되어 있다. 예레미야는 바빌론 땅에서 디아스포라 유대인으로 살아가는 자들에게 만군의 여호와 이스라엘의 하나님께서 하신 말씀을 전한다.

너희는 집을 짓고 거기에 살며 텃밭을 만들고 그 열매를 먹으라 … 또 너희는 내가 사로잡혀 가게 한 그 성읍의 평안을 구하고 그를 위하여 여호와께 기도하라 이는 그성읍이 성읍이 평안함으로 너희도 평안할 것임이라(렘 29:5, 7).

이와 같은 예레미야의 편지는 역사가 소용돌이를 치던 시대 당시 디아스포라로 내몰린 하나님의 백성들이 어떻게 해야 생존할 수 있는 지를 구체적으로 가르치는 하나의 범례가 된다. 생존을 향한 신학적 처방(Theology of Survival)이 그 속에 담겨 있는 것이다.

문제는 예레미야가 공개적으로 약속한 칠십 년이 다 차도록 유다 백성이 당했던 역사적 모욕과 치욕이 온전히 청산되지 않았다는 데서 드러난다. 사실 페르시아의 왕 고레스의 등장과 함께 주전 538년에 뜻밖에 이루어진 바빌론 포로들의 해방은 바빌론 땅에서 포로로 살아가던 자들에게는 긴 감동을 안겼다.

그렇지만 그 역사적 감동은 곧 이어 닥친 페르시아의 유다 공동체 지배 → 알렉산더의 세계 정복 → 헬레니즘의 침탈로 이어지는 역사적 격변기 앞에서 이내 그만 수그러들고 말았다. 제2의 출애굽으로 간주되던 바빌론에서 예루살렘으로 가는 여정(사 40-55장)은 유다 공동체를 휘몰아 갔던 세계 제국의 침탈과 억압 앞에서 고스란히 무력해지고 만다.

바로 여기에서 다니엘의 묵시라는 낯설기 짝이 없는 신학적 사색이 등장하게 된다. 예레미야의 70년을 70이레로 환원하여 이해하는 묵시적 종말론이 부상하게 된 것이다.

> 내가 아직 아뢰어 기도하면서, 나의 죄와 이 백성 이스라엘의 죄를 자백하고, 나의 하나님의 거룩한 산 성전을 다시 회복시켜 주시기를 주 나의 하나님께 간구할 때에 … 그가 나에게 와서 설명해 주었다. 다니엘아, 내가 이제 너에게 지혜와 통찰력을 주려고 한다 … 하나님께서 너의 백성과 거룩한 도성에 일흔 이레의 기한을 정하셨다. 이 기간이 지나가야, 반역이 그치고, 죄가 끝나고, 속죄가 이루어지고, 하나님이 영원한 의를 세우시고, 환상에서 보이신 것과 예언의 말씀을 이루시고, 가장 거룩한 곳에 기름을 부으며, 거룩하게 구별하실 것이다(단 9:20, 22, 24).

하나님께서 너의 백성과 거룩한 도성에 일흔 이레의 기한을 정하셨다!"(단 9:24a). 다니엘서의 "일흔 이레"는 종말에 이르는 시간표를 제시하는 묵시적 종말론을 대변한다. 예레미야의 70년의 "년"(해)을 70 "이레"로 바꾸어 읽는 해석학적 변이를 다니엘의 묵시는 제시한다. "년"은 "이레"보다 길다. "이레"는 "년"에 비해 짧다. 다니엘의 70 이레는 예레미야의 70년보다 시간적으로는 짧다. 그렇지만 다니엘의 묵시가 소개하는 70 "이레"는 묵시 사상(apocalypticism)을 담고 있는 묵시적 은유이다. 역사적 시간(chronos)을 묵시적 암호로 푸는 묵시 상징이다.

여기서 묵시적 은유는 상징이나 기호 등의 표기로만 저자와 독자 사이에 주고 받았던 소통 방식을 가리킨다. 다니엘이 소개한 종말에 이르는 시간표(70 이레)는 다니엘서에 표현된 "한 때, 두 때, 반 때"나 "메네 메네 데겔 우바르신"과 더불어 유다 백성이 당하던 역사적 수모와 억입이 언제 완전히 청산될 것인지를 묻는 소망을 품은 용어이다.

다니엘이 물었던 타향 살이의 청산은 단순히 바빌론 포로 살이에만 국한되지 않았다. 유다 백성들이 바빌론에서 겪어야 했던 타향살이가 바빌론 시대 → 페르시아 시대 → 헬레니즘 시대로 이어지면서 유다 땅에서 그들이 누릴 수 없었던 정치 사회적 자주와 자유가 언제 비로소 회복될 것인지를 묻는 분노와 한과 아픔이 배여 있다. 다니엘이 제시한 종말에 이르는 시간표에는 예루살렘의 완전한 회복을 염원하는 신앙 공동체의 소망이 담겨 있었다는 것이다.

역사적 소용돌이에 휘말려야만 했던 유다 백성들이 속으로 제기하였던 물음 – 언제 하나님의 백성들이 예루살렘으로 귀환하게 될 것인가 – 이 하나님의 백성들이 역사적으로 당하는 수모와 억압이 언제 끝장 날 것인가를 묻는 종말론적 시간표로 수정되었다. 유다 백성의 귀향과 예루살렘의 회복을 묻던 예언자적 종말론이 혼돈스런 역사가 언제 결말에 이르게 되는지를 묻는 묵시적 사색으로 확장되었던 것이다.

III. 종말론과 하나님의 나라

이스라엘 신앙의 종말론은 다윗 왕조를 향한 역사적 평가와도 맞물려 있다. 따지고 보면 성서적 종말론은 이스라엘 백성이 경험하는 역사적 "밤"에서 태동되었다. 하나님의 구속사가 예루살렘 도성의 패망이라는 사건과 함께 내리막길로 치달으면서 역사적 절망을 치유하는 역사적 소망을 종말론의 지평에서 조망하고자 했던 것이다. 그 지평에서 마주하게 되는 종말론 신앙은 단연 다윗 왕조에 대한 절망과 희망으로 정리된다. 다윗 왕조에 대한 절망에서 현실 왕국이 맞닥뜨린 한계 상황을 읽었지만, 결코 포기할 수 없었던 다윗 왕조를 향한 희망에서 현실 왕국 저 너머에 자리 잡고 있는 그 날을 지향하는 소망이 움트게 되었다.

유다 왕국의 멸망은 역사적으로는 다윗 왕조의 멸망과 그 궤를 같이 한다. 다윗 왕조의 멸망은 단순한 역사적 사건으로 끝나지 않는다. 다윗 왕조의 멸망은 다윗과 그 왕조를 향한 하나님의 약속(삼하 7장)의 정당성과 타당성을 묻는 신학적 성찰로 이어지게 된다. 예언자 나단의 이름으로 다윗에게 전해졌던 하나님의 신탁에는 어떠한 조건도 나오지 않는다. 시내산에서 하나님이 모세를 통해 이스라엘과 맺으셨던 언약에는 분명한 조건이 있었다. "너희가 정말로 나의 말을 듣고 내가 세워 준 언약을 지키면, 너희는 모든 민족 가운데서 나의 보물이 될 것이다"(출 19:5)라고 하지 않았는가! 그렇지만 사무엘하 7장에 수록된 나단 신탁에는 다윗과 그 후손을 향한 하나님의 은총이 전적으로 강조된다. 거기에는 어떤 단서 조항도, 조건도 나오지 않는다.

> 그러므로 이제 너는 나의 종 다윗에게 전하여라. '나 만군의 주가 말한다. 양 떼를 따라다니던 너를 목장에서 데려다가, 내 백성 이스라엘의 통치자로 삼은 것은, 바로 나다. 나는, 네가 어디로 가든지, 언제나 너와 함께 있어서, 네 모든 원수를 네 앞에서 물리쳐 주었다. 나는 이제 네 이름을, 세상에서 위대한 사람들의 이름과 같이, 빛나게 해 주겠다 … 내가 사울에게서 나의 총애를 거두어, 나의 앞에서 물러가게 하였지만, 너의 자손에게는 총애를 거두지 않겠다. 네 집과 네 나라가 내 앞에서 영원히 이어갈 것이며, 네 왕위가 영원히 튼튼하게 서 있을 것이다'(삼하 7:8-9, 15-16).

구약학자 레벤슨은 사무엘하 7장에 드러난 나단 신학은 시온을 향한 하나님의 은총으로 갈무리된다고 한다. 시내산 언약이 담지한 사람의 행함이 아닌 다윗과 그 후손을 향한 하나님의 절대적 은총이 시온 언약에서는 크게 부각된다. 레벤슨의 지적대로라면 시온 언약은, 시온의 운명은 이스라엘의 행동과는 아무 관련이 없다. 그렇지만 문제는 그런 은총을 받은 다윗 왕조가 역사적 패배와 더불어 역사의 무대에서 그 뒤안길로 사라져 버렸다는 데에 있다.

왜 하나님은 다윗 왕조를 향한 절대적 은총을 거두어버리셨는가? 다윗 왕조의 멸망을 다윗 왕조를 향한 하나님의 실망으로 읽어야 하는가? 그것이 아니라면, 유다 왕국의 패망을 다윗 왕조를 향한 하나님의 약속의 역사적 패배로 받아들여야 하는가? 이스라엘 신앙의 종말론은 이런 질문에 대한 한 해답이 된다. 다윗 왕조의 허약함과 그 인간적 한계를 본 이스라엘의 예언자들이 "그 날"에 도래할 메시아를 기대하게 된 것이다.

이사야가 선포하는 "그 날"에 관한 예언이 바로 그 경우이다. 이사야의 예언은 신학적으로 다윗 왕조를 향한 기대를 품고 있다. 이사야의 예언에 메시아 대망이 나오지만, 그것은 어디까지나 다윗의 후손으로 오실 분으로 정리된다. 다윗 왕조를 향한 신학적 기대를 재해석하는 길에 들어서면서 내세우게 되었던 것이 이사야가 조망하는 "그 날"에 오실 메시아이다. 나단 신탁에 대한 신학적 재해석으로 다윗의 후손 가운데 메시아로 오실 분을 기대하는 소망이 종말론의 이름으로 소개된 것이다.

> 이새의 줄기에서 한 싹이 나며 그 뿌리에서 한 가지가 자라서 열매를 맺는다. 주님의 영이 그에게 내려오신다. 지혜와 총명의 영, 모략과 권능의 영, 지식과 주님을 경외하게 하는 영이 그에게 내려오시니 … 그는 정의로 허리를 동여매고 성실로 그의 몸의 띠를 삼는다. 그 때에는, 이리가 어린 양과 함께 살며, 표범이 새끼 염소와 함께 누우며, 송아지가 새끼 사자와 살진 짐승이 함께 풀을 뜯고, 어린 아이가 그것들을 이끌고 다닌다. 암소와 곰이 서로 벗이 되며, 그것들의 새끼가 함께 눕고, 사자가 소처럼 풀을 먹는다. 젖 먹는 아이가 독사의 구멍 곁에서 장난하고, 젖 뗀 아이가 살무사의 굴에 손을 넣는다(사 11:1-2, 5-8).

"이새의 줄기에서 한 싹이 나며!" 이사야 11장에 담긴 이사야의 메시아 대망은 주전 8세기 시리아·에브라임 전쟁 → 북왕국 사마리아의 멸망 → 앗시리아 산헤립의 예루살렘 침공으로 이어진 역사적 격변기를 그 배경으로 삼는다.

주전 8세기는 그야말로 전쟁의 시대였다. 앗시리아의 패권주의가 몰고 온 혼란과 혼돈이 끝없는 살육과 살생으로 이어지던 시절이었다. 이사야가 선포한 시온의 미래는 이 시절 정치·경제·사회적으로 무력해진 유다 왕조를 배경으로 삼는다. 이사야에 따르면 시온의 미래는 어디까지나 시온을 하나님의 파트너로 택하셨던 하나님의 섭리 안에 있었다. "그 날" 다윗의 후손이 왕으로 와서 창조 신앙이 갈파하였던 상생의 이치를 구속사의 무대 위에 실현하면서 시온의 장래가 하나님이 일하시는 터전이 될 것이라고 소망하였다. "그 때에는 이리가 어린 양과 함께 살며 … "로 시작되는 이사야의 종말론은 바로 이런 소망을 그 매트릭스로 삼는다.

그러나 여기에서 기억할 것은 예언자 이사야가 품었던 종말론의 실체가 단순히 다윗 왕조의 회복으로 그치지 않았다는 사실이다. 이사야 종말론은 궁극적으로는 다윗 왕조의 통치가 아닌 하나님의 통치가 다시(!) 이 땅에 이루어지게 된다는 신학적 기대로 충만하였다. 사실, 이스라엘 왕국은 원래 하나님의 통치를 가나안 땅에 구현하려던 통로였다. 출애굽기가 토로하는 구속사의 테마는 "하나님이 영원히 다스리신다"는 사상으로 충만하다. 출애굽 한 이스라엘이 "바다 한가운데로 마른 땅을 밟고 건넌"(출 15:19) 뒤 이스라엘 자손이 부른 모세의 노래(출 15:1-18)와 미리암의 노래(출 15:21)가 바로 그 점을 분명하게 밝혀주었다.

> … 주님께서 그들을 데려다가 / 주님의 소유인 주님의 산에/ 심으실 것입니다. / 주님, 이 곳이 바로 / 주님께서 계시려고 만드신 곳입니다. / 주님 / 주님께서 손수 세우신 성소입니다. // 주님께서 / 영원무궁토록 다스리실 것입니다(출 15:18).

"주님께서 영원 무궁토록 다스리실 것입니다!" 출애굽은 그냥 애굽으로부터의 탈출이 아니다. 출애굽은 하나님의 땅에서 하나님이 영원히 다스리시는 나라를 세우는 역사를 향한 발걸음이다. 신명기 역사서가 조망하는 이스라엘 역사는 바로 가나안 땅 정착과 함께 이루어지는 왕의 통치를 출애굽의 구속사가 낳은 열매라고 수렴한 것이다. 가나안 땅에 수립한 왕의 통치를 통해서 하나님의 나라가 가나안 땅에 구현되는 기대를 가지게 하였다. 구속사의 틀인 약속과 성취는 역사의 완성과 함께 도래할 하나님의 나라를 기대하는 종말을 꿈꾸게 하였다.

기억할 것은 신명기 역사서 안에는 왕과 왕조의 통치에 대한 비판 의식이 도사리고 있다는 점이다. 가나안 땅에 정착하여 살게 된 이스라엘이 사무엘에게 요구했던 부르짖음 – "우리에게 왕을 세워 주셔서, 왕이 우리를 다스리게 하여 주십시오"(삼상 8:5) – 을 하나님의 통치가 무산되는 계기로 읽었다는 사실이 그 점을 분명히 한다. "그들이 너를 버린 것이 아니라 나를 버려서 자기들의 왕이 되지 못하게 한 것이다"(삼상 8:7b)라고 하지 않았는가!

이스라엘 신앙의 종말론은 바로 이 하나님의 통치가 종말에 실현될 하나님의 나라로 기대하게 만드는 신학적 장치로 삼는다. "이 날"에 수포로 돌아가고 만 하나님의 통치가 "그 날"에는 역사의 지평선 위에 이루어지게 된다는 소망이 종말론의 이름으로 피력되는 것이다.

이 점에서 성경의 종말론은 하나님의 통치를 기대하게 하는 신앙적 토대가 된다. 이는 곧 하나님의 나라를 소망하게 만드는 복음의 뿌리가 된다. 예수 그리스도를 향한 신약성서의 호칭이 "다윗의 자손 예수"인 것도 구약의 종말론 신앙이 열어 젖혔던 이새의 뿌리 메시아를 적극 수렴해 간 결과라고 볼 수 있다. 다윗의 자손으로 오신 예수 그리스도가 공생애의 사역을 개시하면서 맨 먼저 외친 소리가 하나님의 나라인 것도 이런 맥락에서 구체화된 것이다.

요한이 잡힌 뒤에, 예수께서 갈릴리에 오셔서, 하나님의 복음을 선포하였다. "때가 찼다. 하나님의 나라가 가까이 왔다. 회개하여라. 복음을 믿어라"(막 1.14-15).

하나님의 나라가 도래할 것을 기대하는 종말론적 신앙은 신약의 복음서가 전하는 하나님의 나라의 비유들에 의해서 적극 계승되고 있다. 구약의 이스라엘 역사가 포기하고 만 하나님의 나라를 신약의 예수 공동체가 다시 일으켜 구축해 가기를 바라는 것이다. 이 점에서 예수 그리스도가 선포한 하나님의 나라 운동은 역사의 무대 위에 실현된 종말론을 체험하게 하면서 역사의 지평선 저 끝에서 완성될 종말의 세계를 기대하게 하는 신앙 운동이 된다. 곧 예수 그리스도 신앙은 종말을 살아가는 현실을 실천하는 발걸음이다.

IV. 종말론과 인자

역사의 종말에 이루어질 하나님의 통치는 원래 모든 예언자들의 사유 속에 자리 잡았던 사상이다. 구약의 예언은 역사에 대한 코멘타리(commentary) 형식으로 주어진 글말이다. 역사의 무대에서 이루어지는 사건의 원인과 결과를 하나님 신앙의 눈으로 읽어보았다. 그러면서 현실의 역사 저 끝에 가서 기필코 이루어질 하나님의 통치를 종말론이라는 이름으로 제기하였다. 그렇지만 역사의 완성에 관한 기대가 예언자들만의 전유물은 아니었다. 앞에서 살펴 본 묵시 사상도 역사의 완성에 관한 기대를 묵시록이라는 장르로 우리에게 소개하였다.

묵시 사상은 예언이 수포로 그치고 말았다고 여겨지는 자리에서 형성된 신학적 사유를 담고 있다. 묵시 사상의 기원에 대해서는 여러 이론과 주장이 있지만, 위에서 살펴본 예레미야서 29장에서 다니엘서 9장에 이르는 정신사적 여정은 묵시 사상의 기원을 예언에 대한 재해석의 자리로 규정하게 만든다. 하나님의 말씀을, 예언자에게 주신 하나님의 말씀을 다시 되새기는 학습의 정황에서 수포로 그치고 만 예언을 다시 해석하여 제시하는 묵시적 은유가 등장하게 되었다는 것이다.

묵시 사상은 종말론 운동이다. 묵시 사상은 다윗 왕조에 대한 절망을 그 사유의 출발점으로 삼는다. 다윗이 일으키고 다윗 왕조가 계승해간 성서적 이스라엘 왕국사에 대한 신학적 탐색은 역사적 지평의 저 끝에서 완성될 하나님의 나라가 아닌 역사적 지평 저 너머에서 도래할 하나님의 통치를 조망하는 은유로 채워진다. 그 은유 속에 이 땅에 도래할 하나님의 나라(이 땅에서 완성될 하나님의 나라가 아니다!)를 이끌 "인자 메시아"에 대한 기대가 담겨 있다.

> 내가 밤에 이러한 환상을 보고 있을 때에 인자 같은 이가 오는데, 하늘 구름을 타고 와서, 옛적부터 계신 분에게로 나아가, 그 앞에 섰다. 옛부터 계신 분이 그에게 권세와 영광과 나라를 주셔서, 민족과 언어가 다른 뭇 백성이 그를 경배하게 하셨다. 그 권세는 영원한 권세여서, 옮겨 가지 않을 것이며, 그 나라가 멸망하지 않을 것이다(단 7:13-14).

다니엘서 7장이 소개하는 "인자 같은 이"의 오심은 이스라엘 역사의 무대에 등장하였던 네 왕국(네 괴물)에 대한 기사의 결론 부분에 소개된다. 구약의 묵시록은 이미 경험한 역사의 아픔을 예언과 예고 방식으로 소개하는 문학적 특징을 보인다. 그 예고의 말미에 소개되는 환상(단 7:7-14)은 맨 마지막 왕국의 멸망을 힘주어 말하기 위해서 지금까지 겪었던 거칠었던 역사의 아픔을 세 마리 괴물들이 등장해서 짓밟았던 역사적 오욕으로 제시하고 있다. 인자 같은 이의 오심은 그 맨 마지막 왕국(괴물)의 종말을 선고하는 자리에 등장한다.

다니엘 7장이 전하는 환상 해석에 그 인자 같은 이는 오셔서 하늘의 하나님께 대항하면서 예루살렘의 성도들을 괴롭히며 "정해진 때와 법을"

바꾸는 만행을 저질렀던 괴물(왕국)을 심판하신다. 그 때 성도들은 "한 때와 두 때와 반 때"까지만 그의 권세 앞에 놓이게 될 뿐이고, 인자 같은 이가 오셔서 그를 심판하기 시작하면 "그는 권세를 빼앗기고 멸망하여 없어질" 것이며 "나라와 권세와 온 천하 열국의 위력이 가장 높으신 분의 거룩한 백성에게로 돌아갈" 것이다. 그 "인자 같은 이"가 통치하는 나라는 영원할 것이다(단 7:25-27).

여기에서 우리는 "인자 같은 이"의 역할이 역사의 혼돈을 심판할 하늘의 세력이라는 점에 주목해야 한다. 현실 역사를 단(斷)하고 새 하늘과 새 땅을 개시하는 역사가 "인자 같은 이"의 오심에서 출발한다고 보는 것이다. 이런 인자 같은 이의 오심을 라콕크는 인자·메시아 사상을 전하는 신학적 은유로 푼다. 묵시 사상의 종말론이 개진하는 새 나라는 다윗 계통의 메시아가 아닌 인자 메시아가 오셔서 수립하는 나라라는 것이다.

인자는 말 그대로 사람의 아들이다. 아담의 아들이다. 곧 구속사의 치유에 대한 처방을 창조 신앙의 회복에서 찾는다. 이스라엘 왕국사가 남긴 절망스런 자취를 창조주 하나님의 직접적인 통치에서 치유하려고 한다는 것이다. 그런 까닭에 다니엘서 7장이 전하는 하나님의 나라는 다윗의 후손이 와서 세우게 되는 나라가 아니다. 그 나라는 "인자 같은 이"가, 아니 인자가 다스리는 나라이다. 곧 다윗의 후손에 대한 역사적 절망을 인자의 도래에서 넘어 서고자 한다.

그런 까닭에 구약의 묵시록인 다니엘서는 종말에 도래할 하나님의 나라를 다윗 – 메시아가 아닌 인자 – 메시아 사상으로 대치하였다.

사실 구약의 사상사에서 만나는 인자에 대한 기대는 묵시 사상에서 처음 나타나는 것은 아니다. 인자 사상은 구약의 예언자들 사이에서도 부각되었었다. 바벨론 포로기의 예언자 에스겔을 향한 호칭이 "인자"였던 것은 그런 흐름을 읽는 하나의 예가 된다. 그렇지만 다니엘서 7장에서의 인자는 사람을 부르는 호칭으로서의 인자가 아니다. 다니엘 7장에서의 인자의 도래는 현 역사에 대한 심판과 장차 이루어질 하나님의 다스리심을 조망하는 묵시적 프로그램에 해당된다.

묵시적 종말 사상을 표현하는 다니엘서의 인자는 복음서의 예수 그리스도에게로 고스란히 계승된다. 예수 그리스도가 인자라고 불리게 되었던 것은 예수 그리스도에게 걸고 있었던 종말론적 기대가 무엇이었는지를 암시한다. 예수 그리스도의 오심에서 인자의 통치를 고백하게 되었던 까닭이 여기에 있다. 다윗 가문이 주장했던 역사 시대가 끝나고 하나님의 나라가 주도하는 새 시대가 도래하였다는 것이다.

여기에 예수 그리스도 안에서 이루어지는 두 지평의 합류가 있다. 이스라엘 역사를 완성하는 자리에서 부상하는 예언자적 소망과 이스라엘 역사의 저 너머에서 이 땅으로 도래하는 하나님의 나라를 조망하는 기대가 인자 기독론 사상에 합류되고 있다는 것이다.

V. 종말론과 교회

이스라엘 신앙에서 종말론은 새 예루살렘 성전의 수축을 향한 열망도 담고 있다. 유다 왕국의 멸망은 예루살렘 성전의 파괴로 마감되었다. 예루살렘 성전의 파괴(주전 587년, 주후 70년)는 성전 중심적이었던 이스라엘 신앙에서는 탈(脫)성전적 경건을 지향하게 만드는 하나의 계기가 된다. 이스라엘 신앙의 경우 그것은 성전이 아닌 토라를, 성전 예식(희생 제사)이 아닌 기도와 찬양을, 성전의 제단이 아닌 성전 밖에 놓인 강단을 이스라엘 신앙의 중추 신경으로 삼고자 했던 종교개혁을 향한 단초가 된다(비교. 느 8장). 특히 포로 후기 시대 제사장 에스라가 제사장 에스라란 칭호 외에도 학사/서기관 에스라로 불리게 되었다는 것을 주목해야 한다. 성전이 아닌 성경의 시대가 열린 것이다.

유대교의 역사는 포로 후기 시대 에스라 → 느헤미야 → 형성기의 유대교(Formative Judaism) → 랍비들의 유대교(Rabbinic Judaism)로 이어지는 궤도를 밟는다. 이 궤도는 성전 파괴 이후 이스라엘 신앙이 개척해 가야 했던 신앙사적 궤도를 고스란히 대변한다. 이 유대교, 유대 사상의 바탕에는 토라(모세의 율법책)가 있다.

성전이 무너지고 성전 종교가 사라지고 만 역사적 폐허 위에서 유대 공동체의 생존을 가능하게 하였던 것은 토라이다. 성전의 제단 위에 드리는 예물과 제물로 하나님과 소통하던 방식의 신앙 생활에서 토라를 읽고 깨우치면서 하늘의 하나님과 소통하던 방식의 신앙 생활로 종교의 근간이 바뀌게 된다.

예루살렘 성전이 무너지고 성전 제의가 사라지고 나서도 유대 공동체가 어엿한 신앙 공동체로 자리매김할 수 있었던 것은 그들이 신앙적 생존의 터전을 성전이 아닌 경전(canon)으로 삼았기 때문이다. 경전을 말씀으로 읽는 신앙 공동체와 신앙 공동체의 정체성과 에토스(ethos)를 규정하는 경전이 있었기에 에스라 시대 이후 유대 사상은 유대교라는 신앙 공동체로 역사의 무대 한 구석에 자리 잡게 되었다.

여기에서 주목할 것은 에스라·느헤미야가 주도한 종교개혁이 현실의 생존을 추구하는 영성을 지향하였다는 사실이다. 모세의 토라를 신앙 공동체의 경전으로 읽고 해석해 가는 열정 속에는 신앙 공동체의 "오늘"을 살아가려는 강한 정신적·영적 흐름이 있었던 것이다. 그렇지만 에스라·느헤미야가 걸어가고자 했던 현실 개혁 청사진과는 별개로 성전 재건을 향한 종말론적 사유를 꿈꾸는 정신 운동도 포로 후기 유대교 공동체 안에서 일어나고 있었다.

오래 전 폴 핸슨이 이 점을 지적하였다. 페르시아 시대 예후디라는 이름으로 살아가던 유다 공동체가 벌였던 현실 지향적 신앙 운동(토라 읽기·토라 해석하기·토라 살기)과는 별도로 현실 역사의 한계를 돌파하게 해 줄 종말론적 환상 지향의 신앙 운동이 포로기 – 포로 후기 당시 유다 공동체 안에서 제기되고 있었다는 것이다. 포로기의 예언자 에스겔이 제시했던 새 예루살렘 성전 청사진(겔 40-48장)도 그런 환상 프로그램에 속하는 경우가 된다.

에스겔의 성전 청사진(겔 40-48장)은 다윗·솔로몬이 구축하였던 성전 시대에 대한 비판적 대안에서 출발한다. 곧 바빌론 포로 시대의 개시와 함께 솔로몬의 성전은 역사의 무대 저 편으로 사라져버렸다. 그렇기 때문에 바빌론 이민족의 문화 속에서 살아가던 유다 사람들에게 예루살렘 성전은 아픈 기억으로만 남아 있었다(시 137편). 포로기의 예언자 에스겔이 바빌론에서 예루살렘으로 가는 길을 꿈꾸면서 환상 보도의 형태로 제시하였던 성전 청사진이 예루살렘 성전 종교에 대한 강한 비판을 풍기고 있는 것은 이 때문이다.

에스겔이 바라보는 성전은 왕궁에 딸린 채플 형태의 성전이었던 솔로몬의 성전을 철저하게 극복한 것이다. 곧 에스겔이 그리는 새 성전에는 사방으로 친 담이 버티고 있다. 성전을 가운데 두고 사면에 담으로 거룩한 곳과 속된 곳을 갈라 놓았다.

> 그 사람이 성전의 내부 측량을 마친 다음에, 나를 데리고 바깥 동쪽 문으로 나와서, 사면의 담을 측량하였다. 그가 장대로 동쪽 담을 재니, 그 장대로 재어서 오백 자였다. 북쪽 담을 재니, 그 장대로 오백 자였다. 남쪽 담을 재니, 그 장대로 오백 자였다. 그가 서쪽으로 와서 서쪽 담을 내니, 그 장대로 오백 자였다. 그가 이렇게 성전의 사방을 내니, 사방으로 담이 있어서, 길이가 각각 오백 자였다. 그 담은 거룩한 곳과 속된 곳을 갈라놓았다(겔 42:15-20).

이와 같이 에스겔이 꿈꾸는 새 성전에는 거룩한 성전과 세속의 살림터가 분명하게 구분되어 있다. 이같은 구분은 솔로몬이 지은 성전(왕상 6-7장)에는 나타나지 않는다. 솔로몬의 성전 건축에 대한 열왕기상의 기록은 "이스라엘 자손이 이집트 땅에서 나온 지 사백팔십 년, 솔로몬이 이스라엘의 왕이 된 지 사년 째 되는 해 시브월 곧 둘째 달에, 솔로몬은 주님의 성전을 짓기 시작하였다"(왕상 6:1)로 시작하여 성전과 궁전 건축과 관련된 제반 기사를 소개한 다음 "이렇게 해서, 솔로몬 왕은 주님의 성전을 짓는 모든 일을 완성하였다 … "(왕상 7:51)로 끝난다. 즉 솔로몬이 지은 성전과 그의 살림터 왕궁 사이에는 아무 구분되는 점이 없었다. 아니, 너른 왕궁(왕궁 건설에는 14년이 걸렸다!)에 비해서 성전(성전 건설에는 7년이 걸렸다!)의 규모는 그 절반에 지나지 않았음이 나타난다.

에스겔의 새 성전은 바로 이런 과거 왕궁 중심의 구도를 극복하여 구축된다. 왕궁과 성전 사이를 담이 확실하게 가로막고 있다. 에스겔이 꿈꾸는 새 성전은 다윗 왕조가 세웠던 왕궁 중심의 성전 구도에 대한 철저한 변혁이 제시되어 있다. 곧 왕이 주도하였던 성전 시대가 아닌, 하나님이 인도하는 종말론적 통치가 새 성전 청사진의 밑그림으로 작용하는 것이다. 에스겔의 새 성전 청사진(겔 40-48장)은 이런 종말론적 기대를 예언자적 신탁으로 선포한 밑그림이었다고 보아야 한다.

학개·스가랴가 펼쳤던 성전 재건 운동은 이런 에스겔의 성전 청사진을 현실에 구현하고자 했던 개혁 프로그램이었다. 학개·스가랴는 포로기의 에스겔이 펼쳐보았던 새 성전 환상을 역사의 난국을 타개해 나가는 실용적 프로그램으로 붙들고자 했다. 그들이 예언의 속내로 삼았던 것은 무너져 내렸던 성전을 다시 세우는 일이었다. 이른바 제2의 성전을 건축하는 일에 나선 것이다.

여기서 학개는 제2 성전 건축과 관련한 공사 여정을 밝히는 것에 주안점을 두며, 스가랴는 제2의 성전이 감당해야 할 종교적 역할을 드러내는 데 초점을 둔다. 곧 그들은 성전 건축을 통해서, 성전 종교의 부흥을 통해서 이스라엘 공동체의 부흥과 재건을 도모하고자 했다. 성전 건축을 통해서, 성전 종교의 부흥을 통해서 포로 후기 유다 공동체의 정치·경제·사회·종교적 부흥을 꾀했던 것이다.

스알디엘의 아들 스룹바벨과 여호사닥의 아들 여호수아 대제사장과 남아 있는 모든 백성이, 주 그들의 하나님이 하신 말씀과, 주 하나님이 보내신 학개 예언자가 한 말을 따랐다. 백성은 주님을 두려워하였다. 주님의 특사 학개는, 주님께서 하신 말씀을 백성에게 전하였다. "내가 너희와 함께 있겠다. 나 주의 말이다." 주님께서 스알디엘의 아들 스룹바벨 유다 총독의 마음과 여호사닥의 아들 여호수아 대제사장의 마음과 남아 있는 모든 백성의 마음을 감동시키셨다. 그래서 백성이 와서 그들의 하나님 만군의 주님의 성전을 짓는 일을 하였다. 때는 다리우스 왕 이년 여섯째 달, 그 달 이십사일이다(학 1:12-15).

그러므로 나 주가 이렇게 선언한다. 나는 예루살렘을 불쌍히 여기는 심정으로 이 도성에 돌아왔다. 그 가운데 내 집을 다시 세우겠다. 예루살렘 위에 측량줄을 다시 긋겠다. 나 만군의 주의 말이다. 너는 또 외쳐라. 나 만군의 주가 말한다. 내 성읍마다 좋은 것들로 다시 풍성하게 될 것이다. 나 주가 다시 한 번 시온을 위로하겠다. 예루살렘은 다시 내가 택한 내 도성이 될 것이다(슥 1:16-17).

그러나 학개·스가랴가 주창하였단 성전 재건·성전 종교는 현실에서는 그 기대를 충족시키지 못하고 말았다. 주전 515년 두 번째 성전이 예루살렘에 세워지게 되었음에도 유다 땅의 신앙 공동체는 정치적·경제적·종교적 탄압과 수탈에서 벗어나지 못했다.

말라기가 대변하는 성전 종교에 대한 절망에는 성전 개혁 운동이 그 기대에 미치지 못했었던 당시의 상황이 그대로 반영되어 있다. 유다 공동체가 지어서 봉헌한 제2의 성전은 구신약 중간기 시대를 거치면서 헬레니즘의 거센 도전 앞에 무력하기 짝이 없던 종교 현장으로 전락하고 말았다. 이러한 정황에서 참된 성전의 도래를 갈망하는 묵시 사상이 구신약 중간기를 거치면서 증폭되었다. 신약성서의 정신사적 토양이 묵시문학인 것도 이 때문이다.

예수 그리스도가 세우신 교회(마 16:16-17)는 이 점에서 성전을 대체하는 종말론적 공동체가 된다. 예수 그리스도는 무능하고 부패하고 타락한 성전 종교가 아닌 교회(에클레시아)를 이 땅에 세우고자 했다 예수 그리스도는 예루살렘 성전 종교의 회복과 부흥을 바라지 않았다. 예수 공동체가 세우게 된 교회는 성전을 대체하는 전혀 새로운 유형의 신앙 공동체였다. 교회는 종말에 이루어질 하나님의 나라를 현실에서 미리 살아가는 종말론적 신앙 공동체로 출발하였다. 이 점에서 교회는 실현된 종말론을 실천하는 터전이 된다.

무엇보다도 에클레시아 용어를 예수 그리스도가 맨 먼저 사용했다는 사실을 간과해서는 안 된다. 구약에는 "에클레시아"라는 단어가 나오지 않는다. 구신약 중간기 때 유다 사람이 모인 집회처를 "회당"(시나고그)이라고 부르기는 했지만, "교회"(에클레시아)라고는 부르지 않았다. 교회는 실현된 종말을 사는 신앙 공동체이다.

그와 동시에 교회는 종말(예수 그리스도의 재림)을 기대하는 공동체이다. 기독교 신앙의 종말론에 임마누엘과 마라나타라는 두 요소가 버티고 있는 것은 이 때문이다. 그렇지만 마라나타 신앙에서 임마누엘을 해석해서는 안 된다. 신학적으로 교회는 임마누엘 신앙에서 마라나타 신앙을 수용해야 한다. 그것이 바로 예수 그리스도가 남기신 복음의 중심이다. "그 날"이 언제이든, "그 날"이 언제 오든, "그 날"이 오기까지 하나님은 우리와 항상 함께 계실 것이다.

> 예수께서 다가와서, 그들에게 말씀하셨다. "나는 하늘과 땅의 모든 권세를 받았다. 그러므로 너희는 가서 모든 민족을 제자로 삼아서, 아버지와 아들과 성령의 이름으로 세례를 주고, 내가 너희에게 명령한 모든 것을 그들에게 가르쳐 지키게 하여라. 보아라, 내가 세상 끝 날까지 항상 너희와 함께 있을 것이다"(마 28:18-20).

신약성서의 종말론의 다양성
– 묵시문학적 종말론과 예언적 종말론을 중심으로

박두환

나사렛대학교 교수/신약학

신약성서의 종말론의 다양성

– 묵시문학적 종말론과 예언적 종말론을 중심으로

신약성서의 종말론의 다양성

– 묵시문학적 종말론과 예언적 종말론을 중심으로

성서에서 우리는 종말에 대한 많은 증언을 발견하게 된다. 그것은 1세기 공동체들의 종말 신앙에 대한 증언과 고백으로, 때론 임박한 종말론이, 때론 지연된 종말론이, 때론 미래적 종말론이, 때론 현재적 종말론이, 때론 개인적인 종말론이, 때론 우주적 종말론이 강조되어 나타난다. 이런 다양성은 여기서 다루게 될 묵시문학적 종말론과 예언적 종말론을 중심적 근거로 삼고 있다. 따라서 본 글에서 묵시문학적 종말론과 예언적 종말론을 다루는 것은 매우 가치가 있다.

I. 묵시문학의 종말: 우주적 종말

"묵시(Apokalypse)"는 문헌 유형이 아니라 단지 어떤 독특한 종교적인 관점을 표현하는 용어로, 이원론적인 종말 사상과 피안의 세계를 주된 내용으로 삼는다. 이를 표현하는 하나의 문헌 유형이 바로 "묵시록(Apokalytik)"이다. 뤼케(F. Lücke: 1791-1855년)는 종말의 사건과 피안의 세계에 대한 비밀을 내포하는 묵시의 문헌 유형을 처음으로 "묵시록"이라 규정하였고, 이런 문헌이 내포한 사상을 묵시 사상이라 일컬었다.

요한계시록에는 그리스도의 부활과 승천, 그의 재림과 심판이 기록되어 있다. 신약성서에서 이런 내용을 담은 문헌은 요한계시록뿐이며, 복음서와

서신에서 단지 짧은 단편들이 나타날 뿐이다. 그 당시 유대교의 경건한 그룹에게 임박한 세상의 종말과 하나님의 새로운 세계의 시작에 대한 기대가 살아 있었으며, 이런 희망이 유대교의 많은 묵시문헌에서 발견된다.

요한계시록 1:1에서 "예수 그리스도의 묵시"가 표제로 나온다. 이 책이 바로 하나님께서 그의 종들에게 곧 일어나야 할 일들을 보이시려고 그에게 주신 묵시라는 것이다. 요한계시록 저자가 표제를 그렇게 삼은 것은 이미 이전에 있었던 유대교 묵시문헌을 염두에 두었기 때문이다. 요한계시록 저자는 자신과 소아시아에 있는 성도들이 처한 신앙적 위기에서 정치적-종교적 고발과 신학적-종말적인 메시지를 유대교 묵시록의 형식과 사고를 빌어 독특하게 표현하였다.

1. 묵시문학의 개관과 현황

신약성서의 유일한 묵시문헌인 요한계시록은 그리스도교의 문헌 유형이 아닌 유대교의 묵시문헌에 뿌리를 두고 있다. 당시 경건한 유대교 그룹에게 있었던 임박한 세상의 종말과 하나님의 새로운 세계의 도래에 대한 기대는 많은 묵시적인 문헌에서 발견되는 것이었다. 그래서 유대교의 묵시 문학에 대한 일차적인 이해가 요한계시록 연구를 위해 필요하다.

가. 구약성서와 묵시문헌

가장 오래된 묵시문헌은 시리아의 왕인 안티오쿠스 4세 에피파네스(Epipanes)에게 박해를 받던 시기에 기록되어 다니엘의 이름으로 전승된 것으로(주전 167-164년), 묵시문헌 중에서 유일하게 구약성서에 속하여 있는 문헌이다. 그러나 다니엘 이전의 구약성서에서도 묵시문학적 단편들을 찾아볼 수 있다. 그 대표적인 것은 에스겔과 요엘과 스가랴 등에서 나타나는 묵시문학적 단편으로, 우리는 여기서 묵시문학의 초기 단계를 발견하게 된다. 이런 단편들은 마지막 시대의 사건 묘사나 상상력을 표현하는 묵시 문학에 영향을 준다.

1) 에스겔과 묵시문학적 단편

에스겔 16장: 음녀와 같은 바빌론의 심판이 다루어진다. 이를 위해 묵시적 상징과 알레고리들이 사용되었다.

에스겔 38-39장: "곡의 심판"을 통해 이방 국가의 침략을 다룬다.

에스겔 40-48장: 새 이스라엘과 새 성전이 주제로 다루어진다.

동쪽으로 난 문과 바깥 뜰(40:5-19), 북쪽으로 난 문(40:20-23)과 남쪽으로 난 문(40:24-27), 안뜰의 남쪽 문(40:28-31)과 안뜰의 동쪽 문(40:32-34), 안뜰의 북쪽 중문과 그 부속물(40:38-46), 안뜰과 성전 건물(40:47-41:4), 성전과 지성소의 골방들(41:5-11), 성전의 서쪽 건물(41:12), 성전의 총면적과 내부 시설(41:13-22), 성전의 문들(41:23-26), 제사장 방(42:1-14)과 성전의 사면 담 측량(42:15-20), 성전에 거하시는 주님(43:1-12), 번제단의 모양과 크기(43:13-17), 번제단의 봉헌(43:18-27), 성전 동쪽문의 용도(44:1-3), 성전에 가득한 주님의 영광(44:4-9).

레위 사람들의 제사장 직무 박탈(44:10-14), 제사장들(44:15-31), 주의 거룩한 땅(45:1-6), 왕의 차지(45:7–8), 통치자들의 통치 법칙(45:9-17), 유월절(45:18-24), 초막절과 안식일(45:25-46:12), 매일 바치는 제사(46:13-15), 왕과 그 토지(46:16-18), 성전 부엌(46:19-24), 성전에서 흘러나오는 물(47:1-12), 땅의 경계선과 분배(47:13-48:29).

2) 요엘과 묵시문학적 단편

묵시적인 단편을 요엘 1:1-3:21에서 발견할 수 있다.

농사를 망친 백성의 통곡(1:1-20), 주의 날을 경고하는 메뚜기 떼(2:1-11), 회개 촉구(2:12-17), 땅을 비옥하게 하시는 하나님(2:18-27),

주께서 심판하시는 날(2:28-32), 하나님이 민족들을 심판하게 하심(3:1-15), 하나님이 백성에게 복을 주심(3:16-21)

요엘서 전체를 묵시문학으로 간주할 수 없지만 요엘서는 미래의 심판을 기술하는데, 요엘서 저자는 메뚜기 떼를 통한 야훼의 날과 하늘의 징조와 같은 묵시적 표현들을 자주 사용하고 있다.

3) 이사야와 묵시문학적 단편

이사야서는 예언 전집이라고 부를 수 있을 만한 경우를 가장 잘 보여주는 본보기이기도 하다. 예언자 이사야와 직접 관계되는 것은 이사야의 첫 부분(1-39장)뿐이다. 이사야의 활동 초기에 대한 내용은 6-9장에서, 후기 활동에 대한 내용은 22장, 28-32장, 36-39장에서 다룬다.

24-27장은 이사야의 소묵시록으로 독립된 내용을 이룬다.

땅을 벌하시는 주님(24:1-23), 찬양(25:1-5), 잔치를 베푸시는 하나님(25:6-9), 모압을 벌하시는 하나님(25:10-12), 자신의 백성에게 승리를 주시는 하나님(26:1-19), 심판과 회복(26:20-27:13)

이사야의 소묵시록에서는 우주적 심판과 종말적 만찬, 하늘에서 나타나는 징조와 하나님의 적대자들의 파괴와 심판, 죽은 자들의 부활 등이 발견된다. 세상의 종말에 대한 묵시적 선언은 다른 곳에서는 나타나지 않는 강렬한 것이다.

땅이 완전히 텅 비며, 완전히 황무하게 될 것이다. 주께서 그렇게 된다고 선언하셨기 때문이다. 땅이 메마르며 시든다. 세상이 생기가 없고 시든다. 땅에서 높은 자리를 차지한 자들도 생기가 없다. 땅이 사람 때문에 더럽혀진다. 사람이 율법을 어기고 법령을 거슬러서, 영원한 언약을 깨뜨렸기 때문이다. 그러므로 땅은 저주를 받고, 거기에서 사는 사람이 형벌을 받는다. 그러므로 땅의 주민들이 불에 타서, 살아남는 자가 얼마 되지 않을 것이다(24:4-6).

땅 끝에서부터 노래하는 소리 의로우신 분께 영광을 돌리세 하는 찬양을 우리가 들을 것이다. 그러나 갑자기 나는 절망에 사로잡혔다. 이런 변이 있나! 이런 변이 또 어디에 있단 말인가! 나에게 재앙이 닥쳤구나! 약탈자들이 약탈한다. 약탈자들이 마구 약탈한다. 땅에 사는 사람들아, 무서운 일과 함정과 올가미가 너를 기다리고 있다. 무서운 소리를 피하여 달아나는 사람은 함정에 빠지고, 함정 속에서 기어 나온 사람은 올가미에 걸릴 것이다. 하늘의 홍수 문들이 열리고, 땅의 기초가 흔들린다. 땅덩이가 여지없이 부스러지며, 땅이 아주 갈라지고, 땅이 몹시 흔들린다. 땅이 술 취한 자처럼 몹시 비틀거린다, 폭풍 속의 오두막처럼 흔들린다 세상은 자기가 지은 죄의 무게에 짓눌릴 것이니, 쓰러져서, 다시는 일어나지 못할 것이다(24:16-20).

여기에는 우주적인 규모의 사건들이 나타난다. 전 세계에 닥칠 하나님의 심판이 인상적인 여러 비유로 묘사되어 있고, 구원과 회복에 대한 내용도 발견된다. 이와 비슷하게 세상 끝과 그 뒤에 동터 올 구원의 시대에 대해 자세히 말하는 단락을 여러 예언서에서 찾아볼 수 있다. 이런 종류의 글들은 주전 2세기부터 주후 1세기에 이르기까지 그 나름대로 뚜렷한 특징을 갖추게 되었다.

4) 스가랴와 묵시문학적 단편

스가랴 소묵시록(슥 1-8장): 여기서는 하늘 환상에 대한 묵시적 내용과 해석이 나타난다.

백성들에게 들어 오라고 명하시는 주님(1:1-6),
화석류 나무 사이에 서 있는 사람(1:7-17), 네 뿔과 네 대장장이(1:18-21),
측량줄을 손에 잡은 사람(2:1-13), 주의 사자 앞에 선 대제사장(3:1-10),
순금 등잔대와 두 올리브 나무(4:1-14), 날아가는 두루마리(5:1-4),

뒤주 속의 여인(5:5-11), 병거 네 대(6:1-8),
여호수아에게 왕관을 씌우라는 명령(6:9-15),
금식보다 순종을 원하시는 하나님(7:1-7), 사로잡혀가게 된 까닭(7:8-14),
예루살렘 회복에 대한 약속(8:1-23)

스가랴 9-14장: 여기서는 이스라엘의 회복과 주님의 날, 종말 전쟁과 적대자들의 멸망, 최후의 승리가 다루어진다.

이웃 나라들에 대한 경고(9:1-8), 앞으로 올 왕(9:9-17), 구원을 약속하시는 주님(10:1-12), 폭군의 멸망(11:1-17), 예루살렘의 구원(12:1-13:6),
하나님의 목자를 죽이라는 명령(13:7-9), 예루살렘과 이방 나라들(14:1-21)

5) 묵시문학으로서의 다니엘

묵시적 단편이 아니라 구약성서의 유일한 묵시문헌이라는 점에서 매우 중요한 책인 다니엘서는 묵시적 설화(1-6장)와 묵시적 환상(7-12장)으로 구성되어 있다.

1부: 묵시적 설화 편의 내용적 구성

- 바벨론 왕궁에서 하나님께 충성했던 다니엘과 그의 세 친구(1:1-21)
  – 왕을 받드는 포로들(1:3-7), 불결한 음식 먹기에 대한 거부(1:8-17), 그들의 복종에 대한 보상(1:18-21)
- 느부갓네살의 꿈(2:1-49)
  – 왕의 꿈과 지혜 자들의 거절(2:1-11), 중대 심판의 위협(2:12-23), 잃어버린 꿈과 다니엘의 해석(2:24-45), 다니엘의 승진과 하나님 찬양(2:46-49)
- 뜨거운 풀무불 속에 있는 세 사람(3:1-43)
  – 형상을 세우고 예배하라는 명령이 내려짐(3:1-7), 세 사람의 반대와 신앙고백(3:8-18), 풀무 불에 던져진 세 사람(3:19-25), 그들의 승진과 하나님 찬양(3:26-30)

• 나무에 대한 꿈과 그 해석(4:4-34)
– 느부갓네살의 나무에 대한 꿈 이야기(4:4-15), 왕의 꿈에 대한 다니엘의 해석(4:16-24), 사실이 된 왕의 꿈과 하나님 찬양(4:25-34)
• 벽에 글을 쓰는 손가락(5:1-31)
– 성전 기물을 사용한 연회(5:1-9), 왕의 질문과 벽에 쓰인 글에 대한 설명(5:10-28), 높임을 받은 다니엘(5:29-31)
• 사자 굴에 던져진 다니엘(6:1-28)
– 총리가 된 다니엘과 반대자들의 음모(6:1-9), 사자 굴에 던져진 다니엘과 그의 기도(6:10-18), 보호를 받은 다니엘(6:16-24), 왕의 칙령(6:25-28)

2부: 묵시적 환상 편의 내용 구성
• 네 마리의 짐승과 인자 환상(7:1-28)
– 바다의 네 짐승과 열 개의 뿔, 적은 뿔(7:1-8), 보좌에 앉으신 이와 인자에 대한 보도(7:9-14), 네 왕국에 대한 천사의 해석(7:15-25), 영원한 왕국(7:26-28)
• 뿔 달린 양(8:1-27)
– 짐승과 그들의 전쟁(8:1-14), 왕국들에 대한 가브리엘 천사의 해석(8:15-27)
• 70년에 대한 해석(9:1-27)
• 종말 사건과 구원의 시작(10:1-12:13)
– 천사의 환상(10:1-11:1), 이집트와 시리아, 시리아의 악한 왕(11:2-20), 안티오쿠스 에피파네스 4세와 그의 몰락(11:21-45), 미가엘의 전쟁(12:1-4), 세상 끝 날에 관한 보도(12:5-13)

나. 중간기 유대 문헌과 묵시문헌

아브라함의 묵시록(Abraham-Apokalypse), 바룩의 묵시록(Baruch-Apokalypse),
엘리야의 묵시록(Elias-Apokalypse), 에스라의 묵시록(Esdras-Apokalypse),
모세의 묵시록(Moses-Apokalypse), 세드락의 묵시록(Sedrach-Apokalypse),
제4 에스라(4 Buch Esdra), 에스라의 환영(Gesicht des Esdras),
에녹의 묵시록(Henoch-Buch), 모세의 승천기(Himmelfahrt des Moses),
시빌의 신탁(Sibillinische Bücher), 아담의 유언(Testament Adams),

아브라함의 유언(Testament Abrahmas), 이삭의 유언(Testament Isaaks),
열두 족장의 유언(Testament der zwölf Patriarchen), 모세의 유언(Testament Moses)

다. 신약성서의 묵시문학적 전승

원시 그리스도교에서도 하나님의 나라의 임박한 도래와 그리스도의 재림과 관련하여 묵시적인 요소들이 전수되었고, 신약성서에도 이러한 묵시 사상이 나타났다.

(1) 예수의 종말론적 설교(막 1:14-15 병행)에 나타난 묵시적 단편
(2) Q에서 찾아볼 수 있는 묵시적 단편들
저기 있다 여기 있다(마 24:26= 눅 17:22-23), 번개의 비췸(마 24:27= 눅 17:24), 주검 있는 곳에 나타난 독수리(마 24:28= 눅 17:37), 노아의 때(마 24:28= 눅 17:37), 롯의 때(마 24:39= 눅 17:28-30), 지붕 위에 있으면(마 24:17-18= 눅 17:31-32), 잃은 자가 살리라(마 10:39= 눅 17:33), 데려감을 당한 남자(마 10:39= 눅 17:33), 내 상에서 먹고 마시며(마 19:28= 눅 22:28-30)
(3) 바울의 종말론에 나타난 묵시적 단편
(살전 4:15-17; 고전 15:20-28; 고후 5:1 이하; 12:4 이하)
(4) 바울학파의 종말론에 나타난 묵시적 단편(살후 2:1-3)
(5) 공관복음의 종말론에 나타난 묵시적 단편(막 13장= 마 24-25장= 눅 21-22장)
(6) 요한서신과 공동서신, 히브리서에 나오는 묵시적 단편들
(7) 묵시문학으로서의 요한계시록

라. 신약성서 이후의 묵시문학

주후 2세기 경에도 많은 묵시록이 출간되었다.
신약 외경(Apocryphen)에 들어 있는 후기 묵시문학은 다음과 같다.

베드로의 묵시록(Petrus-Apokalypse), 바울의 묵시록(Paulus-Apokalypse),
도마의 묵시록(Thomas-Apokalypse), 마리아의 묵시록(Marien-Apokalypse),

스데반의 묵시록(Stephanus-Apokalypse), 야고보의 묵시록(Jakobus-Apokalypse),
빌립의 묵시록(Philippus-Apokalypse),
바돌로메의 묵시록(Bartholomäus-Apokalypse),
스가랴의 묵시록(Zacharius-Apokalypse)

이런 개관을 통해 묵시문학이 헬라 시대에 있었던 유대교의 가장 중요한 종교 운동이었으며 그리스도교를 태동시키는데 결정적인 역할을 했음을 알 수 있다. 구 이스라엘과 그의 예언의 유산들이 묵시문학의 특별한 형태를 취한 채 그리스도교에 전달되었다.

2. 묵시문학의 일반적 특징

유대 묵시록은 구약에 나오는 예언적인 유산을 새롭게 진술하면서 그것을 확대하려고 한다. 유대 묵시록은 이스라엘과 주변 백성들의 역사의 과정을 관찰할 뿐만 아니라 세계사의 과정을 조망하며 이 세상의 종말을 묘사한다.

이 세상은 엄청난 재난에 휩싸이게 되지만 하나님의 나라는 하늘로부터 내려와서 천국의 영광을 재현할 수 있다. 이 세상과 저 세상 사이의 두드러진 대조는 분명하다. 이런 명확한 이원론적 구분은 역사의 과정을 조정하시는 하나님에 대한 신앙과 결합된다.

마지막 때엔 끔찍한 일들이 사탄 세력의 지배 하에 있는 이 세상에 임습해 온다. 진쟁, 물가 상승, 여러 가지 질병이 인간을 임습한다. 땅은 열매 맺기를 거부하고 여자들은 더 이상 출산하지 못하며, 우주의 질서는 혼돈에 빠진다. 그렇게 이 천체는 더 이상 규칙적으로 운행하지 않는다.

이런 '메시아적 고통'에서 보다 임박한 종말 예언을 발견하게 된다. 혼란이 절정에 달하고 시간이 지나면 하나님이 관여하신다. 하나님이 결정하신 순서에 따라 사건들이 전개된다. 죽은 자들은 무덤에서 일어나고 모든 인간은 하나님과 인자가 앉아 계시는 심판대 앞에 서야 한다.

그들을 심판하기 위해 여러 책으로부터 그들의 행위가 낭독된다. 이런 심판은 돌이킬 수 없고 단지 영원한 구원이나 영원한 죽음을 결정할 따름이다. 심판 후에 하나님께서는 옛 세상을 새롭게 만드신다. 이 세상은 사라진다. 그래서 세상의 마지막과 새로운 창조에 관한 표현은 이런 묵시적 내용 가운데 마지막을 장식한다. 경건한 자들은 이 글을 다 기록한 다음 훗날 환란의 때가 되면 사람들에게 읽힐 수 있도록 봉인하였다.

3. 묵시문학의 문학적 특징

묵시문학은 무엇보다도 종말론적인 사상이 표현되는 문학 장르이다. 내용상으로 유대적 종말론의 특수 형태이며 초기 유대교의 종교적 현상과 문학적인 현상으로 이해될 수 있다. 묵시 문학가들의 대부분은 그들의 실존적인 상황, 즉 정치적인 상황과 종교적인 상황을 고려하며 그들의 독자들에게 글을 썼다.

이런 사실들은 묵시문학에 내포되어 있는 고정된 두 가지 유형, 즉 훈계와 기도를 통해서 확실해진다. 기도는 때때로 발생된 사건의 해석을 간청하고, 더 나아가서 하나님의 약속과 역사적인 실재와의 관계 속에서 묵시 문학가에게 고통을 더하는 문제 의식과 과제를 발전시키는 기능을 가지고 있다. 묵시 문학의 문학적 특징을 정리하면 다음과 같다.

가. 위명성(Pseudonymität)

유대교의 묵시 문학가들은 그들이 기록한 책에 권위를 부여하기 위해 그것을 자신들의 이름으로 출간하지 않고 과거의 경건한 인물들인 에녹, 아브라함, 야곱과 그의 아들들, 모세, 바룩, 다니엘, 에스라와 같은 과거의 신앙적 위인들의 이름을 빌어 출간한다.

나. 환상 보고(Visionsbericht)

묵시 문학가들은 대부분 꿈과 무아경 같은 환상을 통해서 묵시를 경험하는데, 아주 드물게 자신의 청각에 의존하기도 한다. 묵시 문학가들은 종종 무아경 속에서 하늘 세계로 이끌리거나, 때론 자신이 죽기 전에 본 환상을 보도하기도 한다. 또한 고별사 같은 형식을 빌어 전달되기도 하고 그런 특징들이 부가적으로 첨가되어 기록되기도 한다.

다. 형상 언어(Bildersprache)

묵시 문학가는 주로 상징과 비유와 같은 형상 언어를 사용하여 사건들을 기술하거나 비밀스러운 내용을 표현한다. 그는 이런 언어를 과거 전승에서 빌어 자신의 독특한 의미를 담아 사용한다. 사람들이 동물 상징으로 표현되고, 역사적 사건이 때로는 자연 현상으로 표현되기도 한다.

세계 제국은 위험한 짐승(단 7장; 이디오피아 에녹 85장 이하; 제4 에스라 11장)이나 거대한 나무(시리아 바룩 36장 이하), 넘쳐 흐르는 물(아브라함의 묵시 13장)로 상징되며 이스라엘과 그의 지도자들은 포도나무 줄기(시리아 바룩 36장)나 사자(제4 에스라 11장 이하)의 형상들로 표현된다.

하나님이 역사의 과정과 기간을 충분히 결정하였기 때문에 숫자는 묵시적인 표현 속에서 중요한 역할을 한다. 그래서 7이라는 수는 거룩한 수로서 완전을 의미한다. 일곱 시대는 역사의 과정에서 연속된다. 12라는 수는 우주적인 범위로부터 결정된다. 이 세상은 12가지 상징을 갖는 12 별자리는 그늘의 궤노를 따라 운행되기 때문이다.

확실한 상징 내용을 담고 나타나는 숫자들인 4, 7, 10, 12는 신비스러운 역할을 한다. 이런 것들은 우선적으로 동일하게 구성된 순서에서 그가 본 것을 요약하는 역할을 한다. 그런 환상의 순서들은 세계사와 마지막 사건의 과정이 하나님 안에서 이미 오래전부터 확정되었던 하나의 분명한 시대적 구분과 함께 한다.

라. 암호 해독(Entschlüsselung)

묵시문학은 종종 형상의 의미를 암호나 수수께끼로 전하는 경우가 있다. 아주 드물게 수수께끼에 감추어진 의미가 단지 묵시 문학가에게만 명확할 뿐 해석가에게는 어려운 과제로 남는 경우가 있다. 환상은 묵시 문학가에 의해서가 아니라 반드시 하늘의 중재자, 즉 "해석하는 천사(angelus interpreter)"를 통해 설명된다(예. 이디오피아 에녹 18:13-16; 27:1-5; 제4 에스라 10:29-58; 12:3-40; 13:25-56). 그러나 대개는 이런 것이 한 명이나 여러 천사(통역하는 천사), 또는 하나님 스스로에 의해 해석된다.

마. 조직화(Systematisierung)

묵시문학은 내용적 구성에 있어서 상당히 조직적이다. 묵시 문학가는 많은 환상과, 상징 언어를 사용하면서 그것을 조직적으로 배열하며 내용을 체계화시킨다.

4. 묵시문학의 내용적 특징

가. 미래 시제의 역사 개관(Geschichtsüberblick in Futurform)

묵시 문학가는 세상의 끔찍한 멸망과 그 후에 다가올 새로운 세계를 보며, 그런 종말 사건들이 임박해 있음을 믿고 있다. 그렇다고 해도 그는 단순히 예언자들처럼 미래의 사건만을 예언하지는 않는다. 오히려 미래 시제를 사용해서 가상적인 세상의 종말과 새 세계의 도래를 그려낸다. 이것이 바로 묵시적인 역사 서술의 전형적 특징이다. 묵시 문학가는 자신이 마지막 때에 살고 있다고 확신하며 독자들에게 세상의 임박한 종말을 확신시키고 다가올 새 세계를 그리며 그들을 위로한다.

나. 저 세상에 대한 묘사(Jenseitsschilderung)

묵시 문학가의 또 다른 중요한 관심사는 독자들에게 저 세상에 대한 묘사를 제공하는 것이다. 그것을 경험하기 위해서 묵시문학가는 무아경을 통한 환상 속으로 이끌린다. 그런 가운데서도 그는 장소의 변화를 경험하고 인식하며 하늘과 땅에 있는 낯설고 비밀스러운 지역을 여행한다.

이런 묘사들은 묵시문학에서는 하나의 형식으로 간주되지만 후에는 독자적인 문학 유형으로 발전하게 된다(슬라브어 에녹과 바울의 묵시록). 묵시 문학은 때때로 하늘과 지옥의 지형학적 정보와 천사들의 위계 질서와 점성학을 제공하기도 한다.

다. 하나님의 보좌에 관한 환상(Thronsaalvision)

묵시문학은 우리들에게 하나님의 보좌에 관한 환상을 제공한다. 묵시문학가들은 하나님을 인간이 가까이 할 수 없는 존재로 명확히 할 뿐만 아니라 동시에 직접적인 하나님의 권한을 기록한다(비교. 이디오피아 에녹 14장 이하; 70장 이하; 슬라비어 에녹 21장 이하).

5. 묵시문학의 사상적 특징

가. 역사적 이원론(Dualismus der zwei Äonen)

역사적 이원론은 묵시문학의 가장 중요한 특징이라 할 수 있다. 이 시대는 옛 세상으로 악하며, 사탄의 지배를 받는다. 그러나 마지막에는 새로운 시대를 맞게 된다. 이 시대는 결국 멸망하게 되고 영원한 새 시대만이 도래하여 지속된다. 이것이 바로 묵시문학의 역사적 이원론이다.

이런 이원론적인 경향은 인간뿐만 아니라 우주의 영역에서도 관철된다. 이런 두 영역에서 두 세력은 서로 대치된 채 싸운다. 하나님과 사탄이, 그리고 하늘에 속한 하나님의 군대와 사탄의 군대가, 선택받은 자들과 타락한 자들이 이원론적으로 구분되며 서로 대적한다. 이런 경향은 그 당시 랍비문헌 가운데서도 팽배해 있었지만 묵시 문학에서보다는 두드러지지 않는다.

나. 보편주의와 개인주의(Universalismus und Individualismus)

묵시 문학의 또 다른 특징은 보편적인 역사관과 구원에 있어서의 철저한 개인주의적 성향이다. 다니엘은 전 세계사를 네 개의 금속으로 혼합된 신상과 네 동물 모티브를 통해서 상징으로 보여준다. 그러나 인간의 구원 문제는 전혀 보편적인 성향을 띄지 않는다. 그들이 선택된 유대 백성이라고 해서 모두 다 구원받을 수 있는 것은 아니다. 인간의 구원은 하나님께서 주신 율법에 얼마나 순종했고, 얼마나 그것을 지켰느냐에 달려있다. 에스겔에서 발견되는 이런 개인주의적인 성향은 묵시 문학에서 더욱 발전된다.

다. 역사적 비관주의와 저 세상에 대한 희망 (Pessimismus und Jenseitshoffnung)

묵시문학은 현재를 보는 시각이 비관적이다. 이것은 역사적 이원론과 함께 이해되어야만 한다. 하나님의 지배에도 불구하고 이 세상은 악에 물들어 있고 사탄과 그의 권속들에게 지배를 받으며, 정신적, 도덕적인 타락도 점차 심해져 간다(단 2장; 제4 에스라 14:10; 시리아 바룩 85:10).

이 세상은 더 이상 구원의 대상이 아니며 심판의 대상일 뿐이다. 마지막 때가 되면 하나님을 대적하는 역겨운 것들로 가득차게 될 것이다. 결국 이 땅은 하나님의 심판으로 말미암아 파국으로 치닫게 될 것이다. 또 정치적 재난과 우주적 재난이 전 세계로 확산된다.

이런 역사적 비관주의로부터 저 세상에 대한 희망이 더욱 강하게 드러난다. 저 세상은 어떤 역사적 발전을 통해서 오는 것이 아니라 타락한 이 세상과 엄격히 단절되고 구분된다. 하나님의 백성들은 이런 하나님의 새 세계, 이 세계가 멸망하고 그들에게 도래할 새 창조를 강렬히 희망한다. 그들은 이런 희망을 통해 비로소 이 세상으로부터 자유롭게 된다. 결국 그들은 역사적 비관주의를 극복하게 되는 것이다.

라. 결정주의와 임박한 종말 기대(Determinismus und Naherwartung)

하나님께서 모든 것을 통치하신다는 확신은 이런 역사적 결정론에서 명확해진다. 모든 세계사는 하나님께서 확정하신 계획에 따라 운행된다. 하나님의 태도는 단호하다. 그는 예언서에서처럼 자신의 뜻을 굽히거나 유보하지 않는다. 단지 가끔 하나님께서 자신의 택한 자들을 위해서 마지막 재난을 시기적으로 단축시키는 경향이 있을 뿐이다(막 13:20).

묵시 문학가는 마지막 날의 정확한 날짜를 제공하지 않는다. 다만 종말이 임박해 있음을 확신하면서 그의 독자들에게 언제 닥칠지 모르는 마지막 때를 잘 준비해야 한다고 가르친다.

마. 심판과 종말(Gerichts und Ende)

묵시문학의 또 다른 특징은 장차 임박하게 될 종말의 때에 악인과 악한 세대는 결국 심판을 받게 된다는 것이다. 이에 대해 다니엘이 언급한다.

> 날마다 드리는 제사가 없어지고, 혐오감을 주는 흉측한 것이 세워질 때부터, 천이백구십 일이 지나갈 것이다. 천삼백삼십오 일이 지나가기까지, 기다리면서 참는 사람은 복이 있을 것이다. 너, 다니엘아, 너는 끝까지 신실하여라. 너는 죽겠지만, 끝 날에는 네가 일어나서, 네게 돌아올 보상을 받을 것이다(단 12:11-13).

다니엘처럼 세상 종말에 관한 확신과 여호와의 주권의 강조는 제2 바룩 85:10-12, 제4 에스라 7:33-34에서 분명히 드러난다.

그 진행 과정을 살펴보면 먼저 하늘의 천체에 변화가 생긴다. 천상에서는 해와 달과 별들의 운행이 예사롭지 않으며(이디오피아 에녹 80:4-5; 제4 에스라 5:4), 지상에서도 역시 다양한 징조들이 나타난다(제4 에스라 5:4, 8; 9:3; 시리아 바룩 48:37; 70:3 등). 인간의 불법은 도를 넘어 결국 하나님의 공의로운 심판을 벗어날 수 없게 된다. 악에 속한 무리들은 누구라 할지라도 결국 심판을 받게 된다.

바. 새로운 세계(Die neue Welt)

묵시문학은 종말 심판 이후에 도래하게 될 새로운 세계, 즉 새 창조를 다룬다. 이런 묵시적 새 창조의 중심적인 특징은 다음과 같다.

(1) 하나님의 새 성전 완성(희년서 1:17, 26, 28; 납달리의 유언 8:3; 이디오피아 에녹 91:13). 이를 통해 묵시 문학은 하나님의 임재와 임마누엘을 강조한다. 하나님은 이전의 주인으로서 새로운 창조의 중심이 되시며, 그 분의 절대 주권이 지속된다.

(2) 새로운 세계에서는 저주와 질병, 죽음은 더 이상 존재하지 않으며(비교. 시리아 바룩 73:2; 이디오피아 에녹 10:17-18) 오직 행복만이 있다(이디오피아 에녹 45:4).

(3) 그곳에서는 해산의 고통이 더 이상 없으며(비교. 시리아 바룩 73:3, 6; 이디오피아 에녹 10:17), 다만 짐승과 인간의 평화로운 공존만이 지속된다(비교. 이디오피아 에녹 73:5).

바. 시대 구분(Die Verteilung der Zeit)

이미 앞에서 밝힌 것처럼 묵시문헌의 이원론적 구조가 강하게 드러나고 있다. 여기서 시대를 두 에온(이 세상, 저 세상)으로 구분하려는 묵시

문학가들의 시대적 통찰력이 파악된다. 묵시문학의 이런 시대 구분의 특징은 메시아의 시대가 도래하기까지 더욱 세밀하게 서술한다는 것이다. 70인의 목사의 환상을 통하여 저자는 역사를 구분한다(이디오피아 에녹 85-90장). 그는 10주간의 환상(91-93장)에서 메시아 시대까지의 시기를 10시기(에녹, 노아, 아브라함, 모세, 성전, 엘리야, 배교, 악인, 메시아 시대)로 구분한다.

더 나아가 시리아 바룩의 저자는 창조부터 메시아의 도래 시기까지의 14시기를 묵시적인 상징(색깔과 물)으로 다음과 같이 구분짓는다.

시대	물의 색	시대 구분	시기	물의 색	시대 구분
1	검은 물	아담의 범죄 시대	2	아주 맑은 물	아브라함과 그 자손의 시대
3	검은 물	이교도들의 범죄 시대	4	맑은 물	모세, 아론, 여호수아, 갈렙의 시대
5	검은 물	아모리인의 범죄 시대	6	맑은 물	다윗과 솔로몬 시대
7	검은 물	르호보암과 이세벨의 시대	8	맑은 물	히스기야의 시대
9	검은 물	므낫세의 범죄 시대	10	맑은 물	요시야의 개혁 시대
11	검은 물	시온의 환난 시대	12	맑은 물	시온의 재건 시대
13	최후의 검은 물	심판 시대	14	맑은 물	메시아의 시대

II. 신약성서의 예언적 종말

1. 하나님의 나라와 예언적 종말

하나님의 나라(das Königtum Jahwes)를 지혜 문헌과 예언자들의 격언, 역사서에서 발견하기 어렵다. 여호와를 왕으로 진술한 최초의 표현으로 이사야 6:5을 들 수 있다.

> 나는 부르짖었다. 재앙이 나에게 닥치겠구나! 이제 나는 죽게 되었구나! 나는 입술이 부정한 백성 가운데 살고 있으면서, 왕이신 만군의 주님을 만나 뵙다니!"

야훼를 왕(maelaekh)으로 칭하는 경우들은 그 당시 가나안과 시리아의 지역에서 통용되던 칭호로서 이사야는 이것을 야훼를 위한 칭호로 돌린다. 그분은 세상의 창조주이시며(시 24:1; 93:1; 95:3 이하 등), 세상을 통치하시는 분이시다(시 103:19). 야훼의 우주적인 통치는 역사적 공간을 통해 드러난다(렘 10:7; 시 47:4; 99:2).

후대에 들어와서야 하나님의 나라(malkût Jahwes)는 종말론적으로 이해되기 시작하고, 야훼도 종말적이고 종국적으로 이해된다. 그는 훗날 모든 땅을 통치하시며 예루살렘에서 보좌에 앉으시며 거기서 시온으로 순례하는 자들에게 경배를 받으시게 될 것이다(사 24:23; 슥 14:9). 여기서처럼 후기 예언자의 종말 기대에는 항상 야훼의 통치가 내재적으로 소개된다. 이런 내재적 종말 기대는 결국 다니엘 7장에서 "인자의 왕국"(7:13-14)과 "지존하신 분의 왕국"(7:27)을 중심 내용으로 하는 초월적인 종말 사상으로 발전하게 된다. "하늘 나라"(malkût schâmaim)는 후기 유대교의 실존을 반영하고 있으며 이것은 하나님의 나라로 표기된다.

신약성서에서 지상적이며 인간적인 왕국은 지상의 왕과 일치한다. 바실레이아(basileia)는 내용에 따라 왕권을 의미하기도 하고(눅 19:12, 15; 계 17:12), 때로는 왕이 통치하는 영역을 나타내기도 한다(마 4:8 병행문; 막 6:23; 계 16:10 등). 성서의 대부분의 본문은 하나님의 나라가 지상의 나라와 대조됨을 보여준다. 지상의 나라는 사탄(diabolos)에게 굴복하고 말았다(마 4:8 등).

"하나님의 나라(basileia tou theou)"는 단지 공관복음 전승에서 아주 중요한 개념으로 간주된다. 이와 관련된 용어들을 다양하게 소개하는 마가복음과 누가복음은 "하나님의 나라"를 사용하는 반면, 마태복음은

"하늘 나라"(basileia tou ouranon)와 "아버지의 나라"(basileia tou patros)를 언급한다. 무엇보다 우리는 공관복음에서 하나님 나라의 미래적 의미를 발견하게 된다. 이런 하나님의 나라는 묵시적 종말론적인 특징과 함께 사용된다(막 1:15; 마 3:2; 4:17; 눅 17:20; 21:31).

또한 우리는 공관복음에서 하나님의 현재적인 의미를 찾아볼 수 있다. 대표적인 내용들로는 귀신 축출과 하나님 나라의 임재(막 12:28), 사탄의 결박 당함(막 3:27), 종말에 있게 될 사탄의 무력화(눅 10:18) 등을 들 수 있다. 더 나아가 공관복음에서는 하나님의 나라가 예수의 인격을 통해 이루어져 간다는 실현된 종말론이 발견된다(마 10:32; 11:21 이하; 25:41 등). 예수께서는 하나님 나라의 미래만을 선포하신 것이 아니다. 그는 자신의 사역과 인격을 통해 미래적인 하나님의 나라를 현재화시켰다.

끝으로, 신약성서에서 하나님의 나라는 예수 그리스도의 나라와 일치한다. 이런 내용을 하나님과 그리스도의 나라를 언급하는 에베소서(5:5)와 주님과 그리스도의 통치를 말하는 요한계시록(5:10; 11:5; 20:4,6; 22:5)에서 찾아볼 수 있다. 그리스도의 주권은 하나님의 주권과 일치한다. 이것은 묵시적 종말론적인 하나님의 나라와 깊은 관련을 갖고 있다.

2. 예언 문학의 문학적 특징

예언 문학과 묵시 문학 사이에서 공통점을 발견하게 되는데, 그것들은 다음과 같다.

첫째, 예언자나 묵시가는 하나님의 선택받은 자들이다.

둘째, 예언자와 묵시가는 환상과 환청을 통해 계시를 받아 전달한다.

셋째, 그들은 모두 하나님의 특별한 임무를 하나님의 사람들에게 전달하는 사람들이다.

넷째, 그들은 이스라엘의 멸망을 전후로 활동하는 자들이다.

다섯째, 예언과 묵시는 본래 간결하고 율동적인 형식을 띤다. 마지막에는 품위 있는 산문으로 발전하였다.

이러한 공통점에도 불구하고 두 문학 사이에는 여러 차이가 발견되기도 한다.

첫째, 종교적 체험에서 서로 차이가 있다. 예외적으로 예언자가 환상을 보기도 하고(사 6:1-5) 묵시 문학가들이 하나님의 말씀을 듣기도 하지만(계 1:12; 22:8-10), 예언자는 대체적으로 하나님의 말씀을 듣고 선포하는 사람이고, 묵시 문학가는 하나님의 묵시를 무아경의 환상이나 꿈으로 보는 자들이다.

둘째, 예언 문학은 아주 독창적이고 단편적이지만, 묵시 문학은 전통적이고 통일성 있는 문학 작품을 이룬다.

셋째, 행동 방식에 있어서도 차이가 난다. 곧 예언자들이 직접적으로 그들이 살던 시대의 사람들에게 설교하였다면, 묵시 문학가들은 문학 작품을 저술한다. 좀 더 구체적으로 말한다면 예언자들은 "오고 있는 사건"을 설교하지만, 묵시 문학가는 미래의 사건을 영상적으로 그린다.

넷째, 예언 문학은 대부분 이스라엘 백성들 전체에 관심을 갖는 반면, 묵시 문학은 개인의 신앙적 결단에 관심을 기울인다. 그들은 이런 하나님의 사람들을 말하게 하고 역사의 과정을 예언하게 한다. 구약의 예언자들이 살고 있던 때로부터 묵시록이 기록되던 때까지 과거의 역사는 마치 하나님의 사람들이 개별적인 역사의 과정을 예시했던 것처럼 이미 기록되었다. 유대 묵시록은 예언의 소식을 새롭게 이야기하면서, 구약성서에 나오는 예언자들의 유산을 보존하려고 한다. 그들은 이스라엘과 이방인들의 역사뿐만 아니라 세계사의 과정과 종말을 조망한다.

다섯째, 예언 문학은 대부분 저자의 이름을 밝히지만 묵시문학은 요한계시록을 제외하고는 대부분 위명으로 되어 있다. 유대 묵시록은 에녹, 아브라함, 야곱과 그의 아들들, 모세, 바룩, 다니엘, 에스라와 그 외의 다른 이름을 빌어 출간됨으로 원 저자는 드러나지 않는 특징을 가진다. 묵시 문학가들은 구약의 위대한 경건자들의 이름을 빌어 책을 기록한 후에, 어려운 때에 공개되어 읽힐 수 있도록 봉인한다. 묵시록의 저자는 임박한 종말에 대한 기도 속에서 그것들을 기록한다.

여섯째, 예언 문학은 임박한 종말론을 강조하는 반면 묵시 문학은 역사적으로 결정된 종말론을 주장한다.

일곱째, 예언자들은 하나님의 말씀 안에서 소식을 받고 그 소식을 말씀을 통해 전달하지만 묵시 문학가는 형상과 비유를 통해 신적인 예언을 전달한다.

이러한 예언과 묵시의 커다란 차이에도 불구하고 양자 사이에는 구체적으로 적용되지 않는 본질적인 관련성이 있다.

3. 신약성서의 예언적 종말론의 전승

이런 예언적 종말 사상은 신약성서에도 영향을 끼치게 되었으며 원시 그리스도교에서도 역시 하나님의 나라의 임박한 도래와 그리스도의 재림과 관련하여 아래와 같은 묵시적인 요소들이 전수되었다.

가. 예수가 선포한 "하나님 나라"

예수가 선포한 "하나님의 나라"는 예수가 새롭게 사용한 개념이 아니라 구약성서와 신구약 중간 시대, 신약성서에서 자주 사용되어 왔던 중요한 개념이다. 그래서 예수에게 있어서 "하나님의 나라"는 현재적이면서도 미래적이고, 역사적이면서도 초월적이다. 예수는 "하나님의 나라"의 전통적인 개념을 받아들여 거기에 새로운 혁신적인 의미를 부여하여 자신의 선포의 중심으로 삼았다.

1) 임박한 "하나님의 나라"

성서에서 미래적인 하나님의 나라의 도래를 다루는 여러 격언을 발견할 수 있다.

> 나더러 주님, 주님 하는 사람이라고 해서 다 하늘 나라에 들어가는 것은 아니다. 하늘에 계신 네 아버지의 뜻을 행하는 사람이라야 들어간다(마 7:21).

예수는 "하나님의 나라"가 언제 도래하는지를 말한다. 그는 그 나라가 아주 먼 훗날에 올 것으로 말하지 않고 아주 가까이에 임박해 있다고 선포한다. 그는 이러한 생각을 가까이 임했다는 뜻을 지닌 '엥기켄'이란 단어를 통해서 표현한다.

유대교 묵시문학에서는 종말이 얼마나 가까우며 언제 커다란 변화가 임하는지를 인식할 수 있는 종말의 표징이 반드시 나타나야만 한다. 예수는 이러한 임박한 종말적 암시와 표징에 대해 다음과 같이 말한다.

> 하나님의 나라는 눈으로 볼 수 있는 모습으로 오지 않는다(눅 17:20).
> 또 보아라, 여기에 있다 또는 저기에 있다하고 말할 수도 없다. 보아라, 하나님의 나라는 너희 가운데 있다(눅 17:21).

예수는 "하나님 나라"의 도래를 비유를 통해서 말씀하셨다. 예수는 여기서 요엘 3:13과 함께 심판의 과정으로 소개되는 수확을 언급한다.

> 하나님의 나라는 이렇게 비유될 수 있다. 어떤 사람이 땅에 씨를 뿌려놓고 밤에 자고 낮에 깨는 동안에 그 씨에서 싹이 나고 자라지만, 그 사람은 어떻게 그렇게 되는지를 알지 못한다. 땅은 저절로 열매를 맺게 하는데, 처음에는 싹을 내고, 그 다음엔 이삭을 내고, 또 그 다음에는 알찬 낟알을 낸다. 열매가 익으면 곧 낫을 댄다. 추수 때가 왔기 때문이다(막 4:26-29).

겨자씨와 누룩에 대한 비유에서 처음과 나중의 대조가 보다 강하게 드러난다. 한편으로 작은 겨자씨가 있지만 다른 한편으로 정원의 다른 모든 풀을 능가하는 나무가 있다(막 4:30-32 병행). 크게 뻗어 나온 가지의 그늘에 공중의 새들이 깃들게 된다. 모든 짐승이 모여들고 그 그늘에 새들이 깃들 수 있는 나무의 형상은 구약성서에서 통치의 영역이 팽창되고 있음을 보여주기 위해 다의적으로 사용되었다. 뻗어 나온 큰 가지는 하나님 나라의 상상할 수 없는 능력을 보여주는 사라져 버릴 수 있는 작은 겨자씨와 대조를 이룬다.

그래서 하나님 나라의 기적적인 도래는 역사적인 성장의 결과도 아니며 구속사적인 발전의 마지막 단계도 아니다. 기적은 역사의 마지막과 하나님 나라의 시작을 의미한다. 그러므로 하나님 나라는 결코 현상적으로 파악될 수 없으며 단지 하나님은 그의 통치를 이행하시면서 그의 나라를 건설하신다는 사실만이 언급될 뿐이다.

2) "회개하라"

임박한 하나님의 나라의 도래는 인간이 아닌 하나님이 주도하는 운동으로 신적인 결단과 실천에 의해 진행된다. 이것은 오직 하나님의 계획과 결단에 의해 이루어지는 하나님의 주권적인 행동이다. 따라서 인간의 이해와 노력은 불가능하다. 그래서 결정적인 변화는 인간들의 손에 의해 이루어질 수 없고 인간적인 노력은 철저히 거절된다.

"하나님의 나라"를 받아들일 인간의 유일한 행위는 "회개(metanoia)"이다. 예수가 선포한 "회개하라"와 같은 개념은 구약의 예언서와 신구약 중간기 문헌에서도 발견되는데 죄의 세력에 물들었던 삶과 영혼을 이제 하나님의 말씀으로 돌아가서, 그분의 시대적인 말씀과 소명을 따르라는 뜻에서 예수는 하나님의 주권을 믿고 돌이키라고 선포하고 있다. 그래서 인간은 회개하고 하나님께 돌아서야 한다.

나. Q에서 찾아볼 수 있는 예언적 단편들

(1) 세례 요한의 출현(마 3:1= 눅 3:2-4)
(2) 세례 요한의 설교(마 3:7-10= 눅 3:7-9)
(3) 감추인 것의 드러남(마 4:22= 눅 12:2-3)
(4) 자기 사자들을 돌보시는 하나님(마 10:28= 눅 12:4-5)
(5) 예루살렘의 배척과 예언자들의 순교(마 23:37-39= 눅 13:34-35)
(6) 옛 시대를 마감한 세례자 요한(마 11:12-13; 13:30-31= 눅 16:16-17)
(7) 어둠과 빛에 대한 경고(마 5:15; 6:22-23= 눅 11:33-35)
(8) 유대교의 지도자들에 임할 재앙(마 16:2-3= 눅 12:54-55)
(9) 심판(마 24:27-28= 눅 17:24-25, 27)
(10) 보상과 심판 교훈(마 25:14-15= 눅 19:12-13)

다. 바울의 종말론에 나타난 예언적 단편

데살로니가전서 4:15-17
고린도전서 15:20-28
고린도후서 5:1 이하; 12:4 이하

라. 바울학파의 종말론에 나타난 예언적 단편

데살로니가후서 2:1-3

마. 공관복음의 종말론에 나타난 예언적 단편

마가복음 13장 = 마태복음 24-25장 = 누가복음 21-22장)

바. 요한서신과 공동서신, 히브리서에 나오는 예언적 단편들

III. 나가는 말

신약성서 문헌의 종말론은 묵시문학적이라고 할 수 있다. 그래서 종말론과 묵시문학은 서로 구별될 수 없다. 종말의 시기를 계산해 보려는 모든 시도가 묵시록에서는 낯설기 때문에 오히려 그런 시도는 거부된다. 다른 한편으로 세상을 초월한, 즉 공간과 시간의 초월을 전제로 하는 미래에 대한 기대가 약화되어서는 안 된다. 그래서 유대교와 초기 그리스도교의 비묵시적인 종말 본문들은 이런 점에서 설득력을 지녀야만 한다.

우리는 “묵시문학”에서 공간과 시간, 역사적 실존을 전제로 한 종말론을 인식할 수 있다. 그것은 세상은 점차 심각하게 무질서 가운데서 하나님을 대적하게 되며 결국 심판을 받게 되고 심판 이후에는 하나님에 의해 새로운 세계가 이루어진다는 것이다.

● 참고문헌

김문경. 『요한신학』. 서울: 바이올렛, 2013.

김철손. 『요한계시록 신학』. 서울: 대한기독교서회, 1989.

김추성. 『요한계시록 연구』. 서울: 경건, 2008.

도날드 거쓰리 / 장충하 옮김. 『요한계시록의 신학』. 서울: 새순출판사, 1991.

리챠드 보캄/이필찬 옮김. 『요한계시록 신학』. 서울: 한들출판사, 2004.

박두환 외. 『요한계시록 어떻게 설교할 것인가』. 서울: 두란노아카데미, [2]2008.

______. 『신약성서개론』. 서울: 대한기독교서회, [3]2003.

박두환. 『요한계시록 신학』. 서울: 성서와 신학연구소, 2008.

______. "사탄의 파워 구조." 『신약논단』 5권(1999), 145-170.

______. "하나님의 종말적인 적대자 3: 땅에서 올라온 테리온과 666." 『신약논단』 10/1(2003), 197-227.

______. "요한계시록의 상징에 관한 연구." 『신약논단』 9/3(2002), 753-78.

______. "요한계시록의 선교 신학." 『신학사상』 128집(2005), 59-92.

박수암. 『요한계시록』. 서울: 대한기독교출판사, 1989.

배재욱. 『요한계시록에 나타난 생명』. 서울: 대한기독교서회, 2013.

성종현. 『공동서신, 요한계시록 해설 대조 연구』. 서울: 장로회신학대학교 출판부, 2002.

소기천 외. 『요한계시록: 인도자용』. 서울: 장로회신학대학교 출판부, 2013.

송영목. 『요한계시록의 신학』. 서울: 성광문화사, 2007.

신동욱. "요한계시록에 나타난 인권 신학." 『신학과 실천』 44권(2015), 485-507.

오토 뵉허/이광진 옮김. 『요한계시록 연구』. 서울: 크리스천 헤럴드, 2004.

이달. 『요한계시록의 장르와 해석』. 대전: 한남대학교 출판부 글누리, 2008.

이형의. 『요한계시록의 신학적 이해』. 서울: 대한기독교서회, 2004.

쟈끄 엘륄/유상현 옮김. 『요한계시록 주석』. 서울: 대한기독교서회, 2000.

장흥길 편. 『교회를 위한 성경해석』. 서울: 장로회신학대학교 출판부, 2004.

제임스 칼라스/박창환 옮김. 『요한계시록: 요한계시록에 나타난 하나님과 사탄』. 서울: 컨콜디아사, 1996.
크레이빌/박노식 옮김. 『요한계시록의 비전: 요한계시록과 현대 예배·정치·헌신』. 서울: 기독교문서선교회, 2012
페르디난트 한/김문경 외 옮김. 『신약성서신학 I』. 서울: 대한기독교서회, 2007.
황현숙·신동욱. "요한계시록에 나타난 하나님 나라와 복음에 대한 이해". 『신학사상』 163권. 서울: 2013.
Bachmann, M. "Der erste apokalyptische Reiter und die Anlage des letzten Buches der Bibel". *Bib* 67 (1986), 240-75.
Böcher, O. *Die Johannesapokalypse* (EdF 41). Darmstadt: Wissenschaftliche Buchgesell-schaft Darmstadt, [3]1988(= 박두환 옮김. 『요한묵시록의 난제 열두 가지』. 서울: 한국신학연구소, [2]1996).
______. *Kirche in der Zeit und Endzeit*. Zürich: Neukirchen-Vluyn, 1983.
Bultmann, R. *Das Evangelium des Johannes*. Göttingen: Vandenhoeck & Ruprecht, [20]1968.
Charles, R. H. *A Critical and Exegetical Commentary on the Revelation of John* (ICC, Bd. I). Edinburgh: T. & T. Clark, 1970/1971.
Conzelmann, H./Lindemann, A. *Arbeitsbuch zum Neuen Testament*. Tübingen: J.C.B. Mohr, 111995.
Giesen, H. *Johannes Apokalypse* (SKK 18). Stuttgart: Verlag Katholisches Bibelwerk, 1986.
Doo Hwan, Park. *Tiere und Farbe in der Offenbarung- Eine Untersuchung zur Herkunft, Funktion und theologischen Bedeutung der Tier- und Farbmotiv in der Apokalypse des Johannes*. Dr. theol. diss. Kirchliche Hochschule Bethel Bielefeld: 1997.
______. "Die Forschungsgeschichte der Offenbarung des Johannes". *Korea Journal of Christian Studies* 51(2007), 53-64.
______. "Die Angelogie der Offenbarung des Johannes- Eine Untersuchung zur Vierfarbigen Pferden in ApkJoh 6,1-8". *Korea Journal of Christian*

Studies 33(2004), 91-106.

_____. "Die Christologie der Offenbarung des Johannes- Eine religions- und traditionsgeschichtliche Untersuchung über das Lamm in ApkJoh". *Korean Evangelical New Testament Studies* 9/2 (2010), 291-307.

Harrington, Wilfrid J. *Revelation*. Minnesota: The Liturgical Press, 1993.

Hadorn, W. *Die Offenbarung des Johannes* (ThHK 18). Leipzig: Armanen Verlag, 1928.

Holtz, T. *Die Chrostologie des Apokalyse des Johannes*. Berlin: Akademie Verlag, 1962, 39.

Kraft, H. *Die Offenbarung des Johannes* (HNT 16a). Tübingen: J.C.B. Mohr (Paul Siebeck), 1974(= 한국신학연구소 번역실 옮김. 『요한묵시록』. 서울: 한국신학연구소, ²1988).

Krodel, Gerhard A. *Revelation*. Minneapolis: Augsburg Fortress, 1989.

Lohmeyer, E. *Die Offenbarung des Johannes* (HNT 16). Tübingen: J.C.B. Mohr (Paul Siebeck), 1970.

Lohse, E. *Die Offenbarung des Johannes* (NTD 11). Göttingen: Vandenhoeck & Ruprecht, ³1971(= 박두환·이영선 옮김. 『요한계시록』. 서울: 한국신학연구소, ²2000).

Müller, U. B. *Die Offenbarung des Johannes* (ÖBK 19). Gütersloh: Gütersloher Verlagshaus Mohn, 1984.

Ritt, H. *Offenbarung des Johannes* (NEB 21). Würzburg: Echter Verlag, 1986.

Roloff, J. *Die Offenbarung des Johannes* (ZBK 18). Zürich: Theologischer Verlag, 1984.

Schelkle, K. H. *Die Petrusbriefe, Der Judasbrief*. Freiburg: Verlag Herder Freiburg im Breisgau, 1964.

Wendland, H.-D. *Die Briefe an die Korinther*. Göttingen: Vandenhoeck & Ruprecht, 1980.

교회를 위한 종말론 연구 **신약성경의 종말론**

Eschatology in the New Testament

제2부 신구약성경과 한국 교회사에 나타난 종말 이해

제9장 **한국 교회사의 종말 이해**

한국 교회사에 나타난 종말 유형

– 한국 교회사 전반과 종말론을 연결한 통사적 이해를 위한 연구

안교성

장로회신학대학교 교수/역사신학

한국 교회사에 나타난 종말론 유형

– 한국 교회사 전반과 종말론을 연결한 통사적 이해를 위한 연구

한국 교회사에 나타난 종말론 유형
– 한국 교회사 전반과 종말론을 연결한 통사적 이해를 위한 연구

I. 들어가는 말

한국의 근현대사는 격동의 역사라고 할 수 있다. 따라서 한국 교회는 한국 사회와 더불어, 역사의 변동, 나아가 역사의 종말, 특히 역사의 종말을 통한 역사의 변혁에 관심을 가져왔다. 이런 관심은 한국 교회의 종말론 신앙과 신학의 발달로 이어졌다. 단적으로 말해, 종말론은 한국 교회에 절대적인 영향을 미쳤으며, 따라서 종말론은 한국 교회를 이해하기 위한 중요한 개념 가운데 하나이다.

한국 교회의 종말론과 관련된 연구는 상당히 많은 양으로 축적되어 있다. 이 주제와 직·간접적으로 관련된 학술 논문과 학위 논문을 합하면, 2015년 11월 9일 현재 한국 연구 재단의 RISS에서 검색 가능한 것만도 1천 편을 상회한다.[1)]

그러나 연구되어야 할 분야가 여전히 많이 남아 있다. 특히 한국 교회에 절대적 영향을 끼친 한국 교회의 역사 전반에 걸친 종말론 연구물이 줄곧 등장하였지만, 한국 교회사 전반과 종말론을 연결한 통사적 연구는 드물기 때문에 이런 통사적 연구는 한국 교회와 종말론의 관계를 연구하

---

1) 2015년 11월 9일 현재, 발간된 단행본도 수백 권에 이른다.

는데 필수적이라고 할 수 있다. 물론 이런 통사적 연구는 일개 논문에서 다룰 수 있는 성질의 것은 아니고, 본격적인 연구물로서 단행본 출판이 요청되는 것이다.

따라서 본 글은 한국 교회사에 나타난 종말론의 역사를 상세히 기술하는 대신 다양한 유형 분석을 통해 양자의 관계에 대한 전반적인 이해를 도우려 한다.[2] 이런 맥락에서 본 연구는 장차 본격적으로 이루어질 한국 교회사 전반에 걸친 종말론의 통사를 위한 기초 연구가 될 것을 기대하는 것이다.

한국 교회와 종말론에 대한 기존 연구 가운데 주목할 만한 것으로 박응규의 『한국 개신교에 나타난 천년왕국설』(*Millennialism in the Korean Protestant Church*)을 들 수 있다.[3] 이 책은 한국 교회의 종말론의 배경을 이해하기 위하여, 먼저 한국 전통 종교와 선교사의 이해를 분석하고 나서 일제 강점기의 종말론을 네 가지 유형(외향화, 내세화/타계화, 내향화, 변질화)으로 분석하여 학문적으로 크게 기여하였다.

그러나 연구 대상의 기간을 일제 강점기에 국한하는 것은 한계가 있다. 종말론은 일제 강점기를 지나 해방 이후에도 다양한 방식으로 나타났기 때문이다. 따라서 해방 이후를 다룬 통사적 연구, 나아가 한국 교회사 전반을 다룬 통사적 연구가 필요하다.

그렇기에 본 글에서는 한국 교회사 전반에서의 종말론을 다루되, 그 시기를 다섯 시기로 나누어 한국 교회 초기, 일제 강점기, 해방 이후기,

---

2) 배덕만의 다음 논문이 필자의 연구와 유사한 연구를 미국 교회의 종말론에 대하여 시도한 바 있다. 배덕만, "1880년 이후 미국 교회의 종말론과 사회사상 간의 관계에 대한 유형론적 분석: 신학과 상황의 상관 관계에 대한 소고", 『교회사학』 5(2005): 213-37.

3) Ung Kyu Pak, *Millennialism in the Korean Protestant Church* (New York: Peter Lang, 2005).

한국 교회 급성장기, 세계화 시기 등의 종말론을 다루려 한다. 한국 교회사에 나타난 종말론 유형을 추출하기 위해서는 한국 교회사 연구를 중심으로 하되, 필요할 경우 인접 분야의 연구 결과를 반영하여야 한다.

또 이런 통사적 연구를 하면서 특히 강조하려는 것은 한국 교회의 종말론은 다양한 모습을 보인다는 것이다. 곧 첫째, 한국 교회의 종말론은 한국 교회의 역사적 맥락인 종교, 사회, 정치, 문화, 세계 등 다양한 맥락과 조우하였고, 도전과 응전의 양상을 보였다. 둘째, 일반적으로 한국 교회의 종말론 중 전천년설, 특히 세대주의적 전천년설이 주류를 이뤘고, 이에 따라서 한국 교회는 탈정치화되었다는 주장이 널리 회자되어 왔다.

그런데 이런 주장이 전자인 신학적 차원에서는 타당할지 몰라도, 후자인 실천적 차원에서는 재고의 여지가 있다. 그 이유는 크게 두 가지이다. 첫째, 한국 교회는 전천년설 이외의 종말론 현상도 나타냈다. 둘째, 한국 교회가 전천년설을 추종하는 경우에도 탈정치화된 모습과 정치화된 모습 모두를 나타냈다.

이런 양상은 논의의 틀을 넓혀, 종교 사회학에서 자주 언급되는 종교의 통합 기능과 변혁 기능이라는 양면성과 연결지을 수 있다. 본 글에서는 지면의 한계상, 종말론에서도 개인의 종말 내지 죽음의 문제와 사회의 종말 내지 세계 종말의 문제의 양면에서 후자의 문제에 집중하려 한다.[4)]

그 중 첫 번째 시기인 한국 교회의 초기 종말론 유형의 서술은 한국 교회의 종말론의 기초가 놓이는 시기이기 때문에, 다른 시기에 대한 논술에 비해 다소 길게 논술될 것이다.

---

4) 개인의 종말에 대해서는 상대적으로 큰 문제가 없다. 신학적으로는 주로 '음부'에 대한 해석과 '영혼불멸설' 위주의 죽음과 영생에 대한 이해 정도가 논의된다고 할 수 있다. 또 실천적으로는 주로 죽음과 관련되어 조상 제사, 장례 의식 등에 대하여 추도 예배 등의 토착화된 대응이 없지 않았지만 여전히 이 분야의 토착화가 충분히 이뤄졌다고 보기 어렵다.

II. 한국 교회사에 나타난 종말론 유형

1. 한국 교회 초기- 전통 종교와 종말론

가. 전통 종교와 종말론

기독교가 한국에 도래했을 때, 한국에는 이미 전통 종교가 존재했고, 전통 종교들은 나름대로 전통 종교 각각의 종말론을 가지고 있었다. 특히 당시 한국은 격동기에 처했기 때문에, 전통 종교의 다양한 종말론이 대두되었고, 이에 따라 신종교들도 다수 등장하였다. 기독교도 이런 상황에서, 종말론적 성격을 지닌 타종교들과 조우하고 경쟁하였다. 따라서 한국 교회의 종말론을 이해하려면 전통 종교의 종말론을 이해하고, 그것과의 관계에 대해 연구하는 것이 요청된다.

이런 맥락에서 한국조직신학회가 발간한 『종말론』이 기독교 종말론에 집중하면서도, 마지막 단원으로 "동양 종교의 종말론"을 다룬 것은 고무적인 일이다.[5] 다만, 이 단원이 주로 개인의 종말 내지 죽음을 강조하면서도, 상대적으로 사회의 종말에 대해서는 거의 다루지 않아 아쉬움이 있다. 더구나 서양 교회의 종말론 신학의 역사를 상세히 다루면서도, 한국 교회의 종말론 신학을 거의 다루지 않은 것은 크게 아쉬움으로 남는다. 이는 여전히 한국 교회의 종말론 신학의 통사적 연구가 필요하다는 반증이기도 하다.

바로 이런 면에서, 박응규가 그의 책에서 한국의 전통 종교의 종말론의 특징을 살펴본 것은 의의가 크다고 하겠다. 그러나 그의 분석은 주로 한국 전통 종교의 종말론의 특징을 요약한 것이고, 구체적인 역사적 사례를 충분히 들지 않은 단점이 있다. 이 자리에서 한국 전통 종교의 종말

5) 한국조직신학회 편, 『종말론』(서울: 대한기독교서회, 2012), 301-16.

론, 특히 사회의 종말에 대한 이해를 상세히 논할 수는 없고 그것은 별도의 연구가 필요하다. 다만 본 글의 전개를 위하여, 사회의 종말과 관련된 사항을 간략히 언급하기로 한다.

기독교와 마찬가지로, 한국의 전통 종교에도 사회의 종말에 대하여 수동적 태도와 능동적 태도라는 양면이 나타났다. 이런 태도는 종교 습합을 통하여 종교의 경계를 넘어서 복합적으로 나타나기도 했고, 한 종교 안에 다양하게 나타나기도 했다. 대표적인 두 가지 예만 들기로 하자.

첫째, 불교, 특히 대승 불교에서 나타나는 미륵 신앙을 들 수 있다. 불교의 교리는 그 교리를 기독교 신학의 각론의 틀로 재구성하여 설명해 볼 수 있다. 삼세불(三世佛) 중 세 번째 부처는 미래불(未來佛)인데, 바로 미륵(Maitreya Ajita, 彌勒阿逸多)이 미래불의 역할을 담당하고 있다. 그런데 미륵 사상도 내세지향적인 미륵상생신앙(彌勒上生信仰), 즉 일종의 왕생신앙(往生信仰)과 현세지향적인 미륵하생신앙(彌勒下生信仰), 즉 불국토(佛國土)를 이루려는 개혁 신앙으로 양분할 수 있다.

기독교에 비견한다면, 전자는 피안적인 전천년설에 가깝고, 후자는 차안적인 후천년설에 가깝다. 물론 위에서 언급한대로, 전천년설 내에도 피안적인 유형과 차안적인 유형이 모두 나타나지만, 이에 대해서는 아래에서 재론하겠다. 이런 맥락에서 후삼국 시대에 궁예가 미륵으로 자처하여 정치적 영향력을 발휘했던 것은 잘 알려진 사실이다. 이런 불교의 정치지향성은 단재 신채호가 조선 역사상 일대 사건으로 손꼽았던 고려 시대 서경 천도 운동 혹은 묘청의 난이 왜 승려인 묘청에 의해 주도되었는지를 설명해준다. 또한 이런 양상은 19세기말 역시 미륵으로 자처했던 증산교의 시조 강증산(강일순)에게서도 나타났다.

거시적 관점에서 한국사에서 정치·사회 문제로 인한 종교간 연대는 사실상 개혁 성향을 지닌 집단 간의 연대였음이 나타난다. 먼저, 3·1독립운동 참여 양상에서 본다면 불교계는 왕생 신앙보다는 불국토 개혁 신앙을 지닌 소수의 진보적 인물들이, 천도교는 이미 개벽 신앙으로 유명한 동학의 후예들이,[6] 기독교 역시 105인 사건 등을 겪었지만 개혁적 성격을 계속 유지하고 있었던 인물들이 참여했다.[7]

이런 점에서 박응규가 기독교의 탈정치화의 시작이 대부흥 운동이 아니라, 3·1독립 운동 이후라고 하는 주장이 설득력을 지닌다고 하겠다.[8] 또한 20세기 후반 민주화 운동을 보더라도, 종교 간 연대를 이룬 것은 소수의 민중 불교 집단, 개신교 내 개혁 집단과 천주교 내 개혁 집단이었다. 3·1독립 운동 참여 양상과 20세기 후반 민주화 운동 참여 양상을 비교해 보면, 전자에 있어서 소극적이었던 천주교가 후자에 있어서는 비록 일부이기는 하지만 참여하는 모습을 보였다.[9]

둘째, 19세기 말부터 대거 등장한 신종교들에 다양하게 나타나는 후천 개벽 사상을 들 수 있다. 이성전은 세상에 대한 이해인 선천·후천론은 주역, 도교, 유교 등을 통하여 다양하게 해석되어 왔는데, 한국의 경우 19세기 말에 신종교들이 후천 개벽 사상을 내세웠다고 하였다.[10] 그

---

6) 동학의 일부는 일제의 감시 하에 혁명성을 순화한 것 같은 천도교로 변모하였지만, 3· 1독립 운동의 참여를 통하여 여전히 혁명성이 남아있었음을 알 수 있다.

7) 김형균, "105인 사건과 기독교의 관계 연구"(미간행석사학위논문, 장로회신학대학교 대학원, 2012).

8) 박응규, "19세기말 미국의 선교 운동과 일제하 한국 교회의 종말론", 『한국 기독교 역사 연구소 소식』 34 (1998): 27-42, 인용은 35.

9) 이런 맥락에서 천주교인이었던 시인 김지하가 후기에 동학을 택하는 변신도 탐구할 필요가 있다.

10) 이성전, "선천· 후천론과 원불교의 팔괘기의 의미", 『원불교 사상과 종교 문화』 44(2010): 39-71. 이밖에 김용휘, "동학의 개벽 사상과 새로운 문명", 『한국 종교』 35(2012): 57-85; 김홍철, "근· 현대 한국 신종교의 개벽 사상(開闢 思想) 고찰", 『한국 종교』 35(2012): 5-40; 민영현, "한국 근대 민

내용은 신종교 안에서도 개별 종교에 따라 다양하게 나타난다. 간단히 말하면, 선천과 후천에 대한 이해는 사상가들마다 조금씩 다르지만, 한국 신종교 중 동학, 원불교 등이 선천을 지나간 시대로 보고, 후천을 현재의 위기에도 불구하고 다가올 희망적인 미래로 본다고 할 수 있다.[11)]

결국 후천을 강조하는 것은 개벽을 의미하고, 이런 점에서 19세기말 한국 신종교의 종말론은 크게 말해 후천 개벽 사상으로 요약할 수 있다. 그러나 동학의 교조 최수운(최제우)의 경우, 전기에는 적극적인 변화를 추구했으나 후기에는 "소극적 기다림"을 추구하는 등, 한 인물의 사상 안에서도 시대별로 변화를 보이고 있음을 주목할 필요가 있다.[12)] 즉 "전기 동학 가사에서 순천 – 역천 – 개벽(다시 개벽)의 진보적 역사관을 보이는 반면 '후천 개벽'이 후기 동학 가사에서는 '선천 회복'으로 변모하고 있다."[13)] 이것은 동학의 역사관이 직선적 역사관과 순환적 역사관을 동시에 담고 있기 때문에 나타나는 현상이라고 해석할 수 있다.[14)]

이런 현상을 기독교와 연관하여 간단히 언급한다면, 기독교 사상사에는 세계 종말에 대하여 '새 하늘과 새 땅'이란 개념도, 실낙원과 연관된 '복락원'이란 개념도 나타난다. 한국 기독교에서 이단으로 분류되는 종파들 중에서도, 신천지 종파는 '새 하늘과 새 땅' 개념을 강조하고, 통일교는 '회복' 개념을 강조한다.

중 종교에 나타난 개벽 사상의 이상 사회론에 관한 연구–부(附). 선(仙)과 선경(仙境)에 대한 이해를 중심으로", 『선도 문화』 14(2013): 279-313; 박광수, "한국 신종교의 개벽 사상 소고", 『한국 종교』 35(2012): 41-56을 보라.

11) 위의 글, 53, 61.

12) 위의 글, 54.

13) 위의 글.

14) 이 문제 역시 매우 중요한 사안이지만, 본 글에서는 상세히 다루지 않을 것이다. 별도 연구를 기대해 본다.

그렇다면 당시 기독교는 어떤 반응을 보였는가? 위에서도 언급하였듯이, 기독교, 특히 개신교가 도래했던 19세기 말부터 20세기 초에 이르는 기간에, 한국은 전통 종교의 종말론이 다양하게 자리 잡았고, 신종교들이 다수 출현하였다. 박응규는 "한국 교회의 종말론은 전통적인 종교 안에 있는 종말론적인 특성이 미국 선교사들이 전해준 전천년설과 별 어려움 없이 조우할 수 있었"다고 주장했는데,[15] 과연 이질적인 종교들이 어떻게 큰 마찰 없이 서로 조우했는지에 대해서는 상세한 설명은 하지 않는다. 각설하고, 한국 교회는 이런 종교 사회적 상황 속에서, 전통 종교가 제시하는 종말론의 실현을 기독교 안에서 이해하고 실천하는 모습을 보였다. 대표적인 양상 두 가지를 살펴보자.

첫째, 종말론이 도피적 양상으로 나타났다. 옥성득이 그의 논문들을 통해서 밝혔듯이, 한국 교회는 정감록 사상과 도교 사상 등 다양한 전통 종교를 통하여 종말론을 수용하는 모습을 보였다.[16]

그는 "근대 초기 한국의 십자가의 이미지: 정감록의 풍수지리적 예언과 개신교의 적십자기"라는 논문에서, 수많은 한국인들이 다양한 난리통 속에서, 기독교, 예수, 십자가 안에서 정감록의 실현을 보았고, 이로 인하여 개종하였음을 밝혔다. 즉 이들 개종자들은 기독교가 새로운 구원의 종교이고, 예수가 정도령이며, 십자가가 – 암호 풀이를 통해 – 십승지지(十勝之地)라는 피난처라고 받아들였다. 구체적인 개종의 예로 김상님과 이

---

15) 박응규, "19세기말 미국의 선교 운동과 일제하 한국 교회의 종말론", 27.

16) Sung-Deuk Oak, "Images of the Cross in Early Modern Korea: The Geomantic Prophecy of the Chŏnggam-nok and the Protestant Flag of the Red Cross", *Journal of Korean Religions* 1: 1 & 2(2010): 117-61. 이 논문은 후에 다음 책의 2장으로 수록되었다. Sung-Deuk Oak, *The Making of Korean Christianity: Protestant Encounters with Korean Religions 1876-1915* (Waco, TX: Baylor University Press, 2013). 옥성득, "평양 대부흥 운동과 길선주 영성의 도교적 영향", 『한국 기독교와 역사』 25(2006): 57-95.

승년 등이 언급되며, 일종의 피난처의 상징으로 십자가를 게양한 사실도 언급된다.[17]

특히 19세기말 동학과 기독교가 조우하는 가운데, 난리를 피하기 위하여 선교사와 교회가 십자가를 게양한 사건과 동학도들이 추후에 기독교로 개종한 사건은 잘 알려져 있다.

이런 맥락과 유사한 양상으로 전개된 사건도 언급할만한 가치가 있다. 그것은 한국인들 가운데 실제로 십승지지로 여겨지는 곳을 찾아서 집단 이주하였다가, 새로운 이주지에서 기독교로 개종한 경우이다. 가령 오늘날 풍기에 소재한 성내 교회의 기원을 살펴보면, 풍기에는 승지 신앙을 따라 풍기로 이주한 서도 지역 – 황해도와 평안도 – 출신의 사람이 많았는데, 이런 이주민들이 풍기 토착 주민들과 더불어 신앙 공동체의 주류를 이뤘다고 한다.[18]

둘째, 종말론이 사회 개혁적 양상으로 나타났다. 옥성득은 한국 교회의 종말론 초기부터 이미 사회적 차원이 있었음도 강조하였다. 그는 길선주를 비롯한 수많은 도교 배경을 가진 사람들이 기독교로 개종하는 과정을 "도교적 개인 구원에서 복음주의적 사회 구원으로"이라는 표현을 통해 설명하였다.[19] 개인 수양을 힘쓰는 도교인이 민족적 위기라는 역사적 맥락 속에서 민족 독립을 추구하는 기독교인으로 변모했다는 것이다.

특히 새로운 종교가 도입되었을 경우 회심자는 개인 및 사회 변혁에 적극적이라는 점에서 종말론의 현상을 회심과 연결지어 연구할 필요가 있다. 바이어(Marc David Baer)가 제시하는 회심의 네 가지 양상 가운데

---

17) 위의 책, 119-22, 132-36, 136-44.

18) 100년사 편찬위원회/임희국, 『하늘의 뜻, 땅에 심는 성내교회 100년사』(풍기: 성내교회 100년사 편찬위원회, 2009), 27-32.

19) 옥성득, "평양 대부흥운동과 길선주 영성의 도교적 영향", 69.

하나도 바로 변혁(transformation)이다.[20]

바이어는 변혁을 다시 두 가지로 나누는데, 하나는 회심자가 자신이 추종하는 종교 가운데 신앙심(piety, 또는 경건)을 돈독히 하는 형태이고 다른 하나는 아예 타종교를 택하는 경우이다.[21] 전자는 자신과 신앙심이 부족한 신자들의 신앙심을 고조하고 신앙의 핵심을 강화하는데 열심이라면, 후자는 자신과 자신의 주변을 변화시키는데 열심이다.[22]

이런 관점을 수용한다면, 전자가 구심적인데 반해, 후자는 원심적이라고 말할 수 있다. 그런데 새로운 종교의 역사가 깊어갈수록, 회심의 양상은 후자보다는 전자가 두드러질 것은 자명하다.

물론 필요에 따라, 후자의 양상이 두드러질 수도 있다. 한국 교회가 초기에 종교의 변혁 기능을 두드러지게 나타내다가 점차 통합 기능에 몰두하는 추세도 이와 무관하지 않다. 한국 교회의 정치 사회적 개혁 성향은 한국 교회가 일제 강점기에 접어들면서 정치적 표현을 자유롭게 할 수 없게 되기까지 계속 표출되었다. 이런 맥락은 한국 교회가 미국 교회의 전천년설의 영향 하에 있으면서도 정치·사회적으로 적극적인 면모를 보였던 이유를 일부 설명해 준다. 이런 점에서 미국 교회의 종말론에 대해서 간단히 살펴보자.

나. 미국 교회의 다양한 종말론

한국 교회에 직접적인 영향을 준 미국 교회의 종말론에 대해서는 이

---

20) Lewis R. Rambo & Charles E. Farhadian (eds.), *The Oxford Handbook for Religious Conversion* (Oxford: Oxford University Press, 2014), 25. 바이어가 제시하는 네 가지 양상은 문화 변용(acculturation), 부착 또는 잡종성(adhesion or hybridity), 혼합주의(syncretism), 변혁이다.

21) 위의 책.

22) 위의 책, 32-33. 구체적인 예를 위해서는 이덕주, 『(새로 쓴) 한국 그리스도인들의 개종 이야기』(서울: 한국기독교역사연구소, 2003)를 보라.

미 많이 연구되어 왔기 때문에, 이 자리에서 상세한 내용을 살피기보다는 주목할 필요가 있는 미국 교회의 종말론의 복잡성에 대해서만 간단히 언급하기로 하자.

첫째, 미국의 종말론은 계속 변했고 다양했다.[23] 요약하면, 미국 교회의 종말론은 전반적으로 전천년설에서 후천년설로, 다시 전천년설로 종말론의 주류가 변했다.[24] 특히 미국 교회의 한국 선교가 시작된 19세기 말에는 전천년설과 선교의 관계가 두드러지게 나타났다. 대표적인 조직이 '[해외 선교를 위한] 학생 자원 운동(Student Volunteer Movement for Foreign Missions)'이었고, 그 조직이 내세운 "이 세대 안에 세계 복음화를(The Evangelization of the World in This Generation)"이라는 모토였다.[25] 그러나 선교계의 경우, 선교사가 라투레트(K. S. Latourette)의 경우에서도 알 수 있듯이, 기독교의 지속적인 확장을 기대하는 이완된 종말 인식도 나타났다.[26]

물론 각 시기에 다른 입장도 나타났다. 즉 19세기 말에서 20세기 초에 이르는 세기 전환기에는 이 시기가 전반적으로 전천년설의 시기였지만, 동시에 후천년설적 성향이 강한 사회 복음도 등장했고,[27] 개신교 주

23) 배덕만, "미국 교회 종말론의 다양성과 그 역사적 흐름", 『오순절 신학논단』 11(2013): 39-82.

24) Randall Balmer, *The Making of Evangelicalism: From Revivalism to Politics and Beyond* (Waco, TX: Baylor University Press, 2010).

25) Michael Parker, *The Kingdom of Character: The Student Volunteer Movement for Foreign Missions (1886-1926)* (Lanham: University Press of America, 1998).

26) 이재근, "『중국 기독교 선교 역사』(*A History of Christian Missions in China*)에 나타난 케네스 스코트 라투레트의 기독교 선교관 및 역사관: '예수의 영향력 확장'으로서의 중국 선교 역사", 『한국 교회사 학회지』 41(2015): 97-136.

27) Susan Curtis, *A Consuming Faith: The Social Gospel and Modern American Culture* (Baltimore: Johns Hopkins University Press, 1991).

류가 주도하는 자유주의적 사회 참여도 등장했다.[28] 즉 신학적으로는 전천년설과 후천년설이 구분되지만, 실천적으로는 양자의 구분이 모호하거나 중첩되어 나타나는 경우가 적지 않았음을 재확인할 수 있다.

둘째, 미국의 종말론은 신학적으로 복잡했고, 한국에 편파적으로 소개되었다. 한국 교회에 자리 잡은 대표적 종말론은 소위 '세대주의적 전천년설'이다.[29] 이 입장은 성경의 문자적 해석과 그런 관점에 입각한 세계의 징조를 읽어내기를 강조한 반면, 세계 현실 자체에 대한 분석과 개혁은 소홀하였다.[30]

뿐만 아니라, 한국의 주류 교회인 장로교의 경우에도 사회 개혁적 성향을 지닌 대륙의 개혁 신학이 제대로 소개되지 못했을 뿐 아니라, 심지어 장로교의 조상격인 스코틀랜드 교회의 저항권 사상조차 제대로 소개되지 못하는 등, 대사회적인 신학 이해는 매우 편협하였다.

따라서 종말론의 사회 개혁적 성향은 전반적으로 매우 제한될 수밖에 없었다. 그나마 한국 교회는 해방 이전에는 종말론 신학 담론 자체보다는 저항적 민족주의 담론에 근거하여 사회 개혁 성향을 나타냈지만, 해방 이후 자(自)민족 정부 하에서는 이런 민족주의 담론을 대처할 신학 담론의 발전이 더뎠고 대중화되지도 못했다.

첫 번째 시기의 종말론 유형을 요약하면 다음과 같다. 한국 교회는 전통 종교라는 맥락 속에서 종말론을 수용하였다. 한국 교회는 점차 종말론이 소개되면서 신학적으로 전천년설의 영향 하에 놓였지만, 당시 정

---

28) Albert F. Schenkel, *The Rich Man and the Kingdom: John D. Rockefeller, Jr., and the Protestant Establishment* (Minneapolis: Fortress Press, 1995).

29) 세대주의에 대해서는 성기호 외, 『성결 교회와 세대주의』(안양: 성결대학교 출판부, 1999)를 보라.

30) 위의 책, 158-59. 세대주의에도 성경해석의 엄격성에 따라 다양한 입장이 있다. 가령, 세대주의, 비세대주의, 수정 세대주의 또는 적용(applicatory) 세대주의, 강경(hardline) 세대주의 등이 있다.

치 사회적 상황과 한국에 새로 소개된 종교라는 점에서 사회 개혁적 성향을 강하게 나타냈다.

2. 일제 강점기: 정치와 종말론(1), 제국주의와 종말론

가. 묵시록과 종말론

일제 강점기에 한국 교회 안에는 종말론과 관련하여 크게 두 가지 현상이 나타났다.

첫째, 전천년설, 특히 세대주의적 전천년설이 주된 종말론으로 자리 잡았다. 박응규는 심지어 게일 같은 진보적 성향의 선교사도 종말론에 있어서는 극히 보수적인 입장을 취했고, 그런 성향의 책을 번역했다고 하였다.[31] 게일은 언더우드와 같이 세대주의의 경전이라고 할 수 있는 '스코필드 성경(Scofield Reference Bible)' 번역을 시도한 바 있다.[32] 우리는 여기에서도 종말론의 복잡성을 재확인할 수 있다.

둘째, 일본 제국주의의 강압적 통치하에서 예언적 종말론은 점차 불가능해졌고, 대신 묵시록적 종말론이 대두되었다. 위에서 언급하였듯이, 묵시록적 종말론에서 중요한 것은 세계를 변화시키는 것이 아니라 세계의 징조를 읽어내는 것이다. 그러나 여기서 주목할 것은 묵시록적 종말론이 비록 수동적 기다림의 신앙과 신학이지만, 적어도 종말에 대한 기대 자체는 유지할 수 있게 했다는 것이다.

이런 종말론적 기대는 일제 강점기의 종말을 기다리게 하였고, 일

31) 박응규, "19세기 말 미국의 선교 운동과 일제하 한국 교회의 종말론", 33; 블랙스톤(W. E. B[lackstone])/기일[게일] 옮김, 『예수의 재림』(경성[서울]: 조선야소교서회, 1913).

32) 위의 글, 40.

본 제국주의의 멸망을 종말론적 관점으로 보게 하였다. 가령, 이승만은 1941년 일본의 진주만 공격 직전 발간된 그의 저서에서, 일본의 침략 야욕이 팽창된 예로 1940년 9월 27일 일본과 독일이 동맹을 맺으면서 '동아시아(East Asia)' 대신 '거대한 동양 아시아(Greater Eastern Asia)' 용어를 쓰기 시작했다는 점을 지적했다.[33] 그는 이런 상황에서 일본과 미국의 전쟁이 현실화되었고, 이런 전쟁만큼은 반드시 피해야 한다고 경고하면서 이에 대해 "'아마겟돈' 전쟁"이라는 묵시록적 용어를 사용했다.[34]

종말론적 기대는 신사 참배를 중심으로 한 신앙적 저항도 가능하게 했다. 바로 이런 이유로 일본의 기독교 탄압, 특히 신사 참배 강요에서 종말론은 중요하게 취급되었다.[35] 일본은 수사 과정에서 종말론을 믿는지를 탐문했고, 성경, 설교, 찬송 등에서 종말론적 색채를 가진 것을 배제시켰으며, 일본 그리스도 교단 형성을 위한 신앙 조항 제출 시 창조 조항과 더불어 종말 조항, 즉 그리스도의 재림과 심판을 삭제하게 만들었다. 그 이유는 그것들이 일본 천황의 신성과 영원성에 대한 도전이요, 부정이라고 여겼기 때문이다. 이런 양상은 일본은 물론 한국에서도 반복되었다. 따라서 이런 양상은 가히 일본 천황제 및 신도와 기독교 간의 '종말론적 전쟁'이라고 불러도 과언이 아니다.

나. 반공주의와 종말론

일제 강점기의 한국 교회의 종말론은 당시 정치 상황과도 밀접한 관련을 맺었다. 바로 종말론과 반공주의의 결합이다. 일본 제국주의는 20

---

33) 이승만 · 김창주 옮김, 『일본의 침략 근성: 그 실체를 밝힌다』(*Japan Inside Out: The Challenge of Today*, 서울: 행복 우물, 2015), 49.

34) 위의 책, 34.

35) 일제의 다양한 기독교 박해에 대해서는 김인수, 『일제의 한국 교회 박해사』(서울: 대한기독교서회, 2006)를 보라.

세기 전반 러시아 혁명의 대두로 본격화된 공산주의의 확산에 맞서 반공주의를 내세웠고, 한국 사회는 대체로 이런 반공주의 노선을 따랐다. 이런 맥락에서 한국 교회는 반공주의적 관점에서 종말론을 구성하기 시작하였다. 가령, 붉은 용을 공산주의와 연결시키는 시도를 들 수 있다. 재림을 비롯한 4중 복음을 강조하는 성결교의 지도자 이명직의 해석은 이에 대한 대표적인 예이다.[36]

그런데 이런 식의 종말론 해석은 단순히 성경해석의 문제를 넘어서, 종말론의 운신의 폭을 결정지었다. 즉 반공주의적 종말론이 득세하는 한, 1920-30년대에 대두되었던 기독교 사회주의가 적극적으로 수용되기 어려웠고, 그로 인하여 기독교 사회주의가 제기했던 사회 개혁의 가능성도 원천적으로 제한되었다. 반공주의적 종말론은 해방 이후에도 영향력을 미쳤는데, 이에 대해서는 아래에서 상술토록 한다.

두 번째 시기의 종말론에는 묵시록적 성향과 반공주의적 성향 이외에도, 한국 교회의 다양한 종말론 수용양상에 따라 만화경 같은 현상이 나타났다. 가령, 박응규의 해석에 의하면, 외향화, 내세화/타계화, 내향화, 변질화 등의 다양한 현상이 나타났다.[37]

이와 같이 일제 강점기의 한국 교회의 종말론에서는 위에서 언급한 묵시록적 성향, 반공주의적 성향, 다양성 등의 특징이 나타났지만, 신학적으로는 전천년설이 주된 입장으로 정착하게 되었고, 실천적으로는 당시 정치 사회적 맥락 속에서 사회 개혁이 상당히 제한된 형태를 나타냈다고 볼 수 있다.

---

36) 박명수, 『이명직과 한국 성결 교회』(부천: 서울신학대학교 출판부, 2008).

37) 박응규, "19세기 말 미국의 선교 운동과 일제하 한국 교회의 종말론", 34-39.

3. 해방 이후기: 정치와 종말론(2), 전쟁과 종말론

가. 기복 신앙과 종말론

해방을 맞이했지만 분단이 더불어 임했다. 분단 이후 북한의 지속적인 침략 위협, 특히 6·25전쟁으로 말미암은 정신적 상처와 정전 협정 하의 사회 불안 등의 정치 사회적 맥락은 한국 사회와 한국 교회에 엄청난 영향을 미쳤다. 강준만은 이런 만성적 집단 불안 심리를 '6·25 심성'이라고 표현한 바 있다.[38)]

6·25전쟁을 전후한 한국 사회에서 한국 교회의 종말론에 두드러지게 나타난 특징은 크게 두 가지이다. 하나는 기복 신앙이고,[39)] 다른 하나는 반공주의이다.[40)] 흥미로운 사실은 두 가지가 외부적으로는 상관성이 낮은 이질적인 사상처럼 보이지만, 내부적으로는 내향적이고 생존 지향적이라는 점에서 공통점을 지니고 있다.

특히 생존이 우선시되는 절박한 상황에서 사회 개혁의 과제는 뒤로 밀릴 수밖에 없었다. 19세기 말처럼 6·25전쟁을 전후한 국가적 위기 상황에서 한국 교회는 물론이고 한국 교회의 이단 종파 및 신종교들이 사회 내적으로는 기복 신앙을 강조하였고, 사회 외적으로는 반공주의를 강조하였다. 개인의 종말인 죽음과 사회의 종말인 세계 종말이 언제고 현실

---

38) 강준만, 『한국 현대사 산책 1950대편 1권: 6· 25전쟁에서 4· 19전야까지』 (서울: 인물과 사상사, 2004), 12. 이런 심리가 한국 교회의 종말론 이해와 실천에 미친 영향은 크기 때문에 별도 연구가 필요하다.

39) 김흥수, 『한국 전쟁과 기복 신앙 확산 연구』(서울: 한국기독교역사연구소, 1999).

40) 장병욱, 『6· 25 공산 남침과 교회』(서울: 한국교육공사, 1983); 김동춘 외/안인경· 이세현 옮김, 『반공의 시대: 한국과 독일, 냉전의 정치』(서울: 돌베개, 2015); 안교성, "한국 전쟁과 기독교의 수난", 『성결 교회와 신학』 23 (2010): 98-123.

화될 수 있는 극단적인 위기 상황은 종교 특히 이단 종파와 신종교의 종말론의 온상이 되었다.

이런 상황에서 종교의 변혁 기능을 기대하기란 쉽지 않았다. 가령, 종교로부터 즉각적이고 마술적인 해결을 원하는 상황에서 오늘날 천부교로 진화한 박태선 장로 주도하의 전도관은 이런 분위기의 최대 수혜자 가운데 하나로 등장하였다. 또한 이런 위기 의식 속에서 소위 '구국 기도원'이라는 형태도 출현하였는데, 신앙, 구국, 국가적 위기를 막는 중보기도라는 지극히 민족주의적 성향의 신앙 유형을 배태하였다.

나. 강화된 반공주의와 종말론

당연한 이야기지만, 20세기 냉전 이데올로기의 최대 열전이라고 할 수 있는 6·25전쟁은 한국 사회와 한국 교회의 반공주의를 강화시켰다. 이미 일제 강점기에도 반공주의가 대두되었지만 당시는 일본의 정책을 따르는 수동적인 것이었고, 해방 이후 분단과 전쟁을 겪으면서 반공주의는 적극적인 것으로 변모하였다.[41]

이런 맥락에서, 종교, 특히 종말론과 반공주의의 결합이 보다 강력한 형태로 재등장하였다. 특히 이승만 정부가 반공주의 정책과 더불어 휴전 반대 정책을 내세우는 과정에서, 반공주의를 표방한 호전적인 매킨타이어(Carl McIntire)가 영향력을 늘려갔고, 이에 따라 최초로 북한 침략을 규탄하고 경찰 행위를 주장했던 민간 단체 가운데 하나였던 세계교회 협의회(World Council of Churches)가 평화를 지지한다는 이유로 해서 오히려 용공으로 몰리기 시작했다.[42]

매킨타이어가 한국 교회에 미친 영향은 종말론을 필두로 다양하다.

41) 사와 마사히코/김숙자·강문규 옮김, 『남북한 기독교사론』(서울:도서출판 민중사, 1997), 137-67.

42) 매킨타이어는 베트남 전쟁도 지지하였다.

미국 장로교(속칭 미북장로교, Presbyterian Church in the United States of America)에서 메이첸(J. Gresham Machen)이 주도하여 1936년 정통 장로교회(Orthodox Presbyterian Church)를 분리했는데, 매킨타이어는 1937년 정통 장로교회로부터 다시 성경 장로교회(Bible Presbyterian Church)를 분리해냈다.

정통 장로교회와 성경 장로교회의 분리의 이유는 다양한데, 특히 중요한 것은 정치 참여, 완전 금주, 스코필드적 세대주의 종말론 등을 들 수 있다. 매킨타이어의 완전 금주와 세대주의 종말론에 관한 입장은 한국 교회의 기왕의 금주 전통과 세대주의 종말론 전통을 더욱 공고히 하였다. 또한 그는 극단적인 전천년설인 세대주의 종말론을 추종하면서도 강력한 정치 참여 입장을 취하여 장차 미국의 '기독교 우파(Christian Right)'의 선구자가 되었다.

이런 전천년설 신봉과 적극적 정치 참여라는 역설적인 태도는 한국 교회의 보수 세력이 20세기 후반에 전반적으로 친정부적인 태도를 통해 소극적 정치 참여를 하다가 최근 들어 '뉴라이트(New Right)'를 결성하면서 적극적 정치 참여를 하기 시작한 태도 변화를 이해하는데 도움을 준다. 거듭 말하거니와, 보수, 전천년설, 탈정치화라는 일련의 등식은 역사의 구체적인 상황과 사례를 고려하면서 조심스럽게 적용해야 한다.

더구나 성경 장로교회에서 첫 번째로 목사 안수를 받았으나 1961년 다시 복음 장로교회(Evangelical Presbyterian Church)를 분리한 쉐퍼(Francis Shaeffer)도 한국 교회에 영향을 크게 미쳤는데, 그를 통하여 근본주의적인 종말론이 더욱 확산되었다. 결국 종합하면, 매킨타이어와 그의 제자들은 한국 교회의 편협한 종말론 이해에 더욱 편협하게 만드는데 기여하였다.[43]

뿐만 아니라, 분단과 전쟁의 분위기에서 미국에서 시작된 매카시즘적

---

43) 매킨타이어의 신학 이해를 위해서는 Carl McIntire, *Outside the Gate* (Collingswood: Christian Beacon Press, 1967)를 보라.

성향은 한국에도 답습되었다. 이런 맥락에서, 한국 교회의 종말론 해석은 언제나 전쟁 위기를 비롯한 세계 종말을 공산주의의 추이와 연관 짓고, 공산주의를 적그리스도로 해석하는 사고유형을 보였다.

이런 종말론은 선악 이원론인 마니교적 사고 유형을 취했다. 이런 점에서, 전후에 등장한 대표적인 종파로 통일과 승공의 기치를 내세운 통일교를 들 수 있다. 비록 통일교는 최근 들어 탈냉전이라는 세계 변화에 발맞춰 승공이라는 이념을 점차 탈색시켜왔지만, 반공주의는 적어도 초기 통일교의 중요한 정체성 가운데 하나였다. 그러나 통일교는 회복이라는 개념에 기초한 종파라는 점에서 적극적인 사회 개혁적 종말론을 추구할 것을 기대하기는 어렵다.

한편 오늘날 공산주의 붕괴 이후인 탈냉전 시기에는 공산주의의 자리를 대신하는 것들 중 대표적인 것이 바로 이슬람이다. 즉 공산주의 공포가 이슬람 공포를 치환된 셈인데, 이런 이슬람 공포 현상은 미국의 근본주의 연구 프로젝트 및 문화 충돌 담론 발전과 밀접한 관계가 있고, 한국에서도 자연스럽게 수용되어온 추세이다.[44]

바로 이런 점에서 오늘날 한국 교회에는 공산국가 북한과 이슬람에 대한 이중적 위기 의식으로 인하여, 한편으로는 통일 및 북한 붕괴와 연관된 반공주의적 정치 종말론이 나타나고, 다른 한편으로는 선교 및 이슬람 붕괴와 연관된 전투적인 선교 종말론이 나타나고 있다.

세 번째 시기에는 전반적으로 전천년설, 특히 세대주의 종말론이 우세하게 되었다. 그리고 분단과 전쟁 등의 극도의 사회 불안 속에서 차안적인 생존 추구의 종교와 동시에 피안적인 종말론 의식이 강하게 등장하였다. 그러나 아직까지 죽음과 세계 종말을 신앙적 삶으로 승화하는 긍

44) 마티(Martin E. Marty)와 애플비(R. Scott Appleby)가 시리즈 편집자로 주도하고 시카고대학교 출판부에서 출간한 The Fundamentalism Project 시리즈와 또한 새뮤얼 헌팅턴/이희재 옮김, 『문명의 충돌』(서울: 김영사, 1997)을 보라.

정적인 종말론 의식은 나타나지 않았고, 주로 세계 종말의 시간표라는 수수께끼를 푸는 일에 골몰하였다.

4. 한국 교회 급성장기: 경제와 종말론

가. 사회 발전과 종말론

한국 사회는 전후기가 끝나고 점차 사회 발전을 경험하게 되었다. 이런 맥락 속에서 한국 교회의 종말론도 차츰 후천년설적인 특성이 나타나기 시작하였다. 이것은 미국 사회가 19세기 초반 급속도로 발전하면서, 후천년설이 득세한 것과 마찬가지 현상이라고 할 수 있다. 한국 교회는 이런 추세에 힘입어 다양한 발전을 추구하였다. 한편으로 한국 사회의 산업화와 더불어, 교회 성장을 추구하였는데, 이것은 세계 종말을 염두에 둔 종말론적 자세에서 비롯된 것보다는 지속적인 사회 발전과 병행하는 자세를 보였다. 다른 한편으로 한국 사회의 민주화와 더불어, 기독교 민주화 운동을 전개하였는데, 이것 역시 시급한 세계 종말보다는 지속적인 사회 발전을 전제로 한 사회 개혁적 자세를 보였다. 다시 말해, 이 시기는 한국 교회사 전반에서 가장 후천년설적 태도가 두드러지게 나타난 시기라고 할 수 있다.

한편, 이 시기는 한국 교회에 보다 정교한 종말론 신학이 본격적으로 도입되기 시작한 시기이기도 하다. 다시 말해, 세계 종말의 시간표를 따지며 전도 및 세계 선교에 몰두하는 초보적인 종말론 신학이 아니라, 종말론적 관점에서 기독교인의 삶과 사회의 운명을 성찰하는 종말론 신학의 도래였던 것이다. 사실 20세기는 기독교 종말론의 재발견의 시기이며, 따라서 본격적인 종말론 신학의 출발기이기도 하다. 그런데 개인의 종말이든 사회의 종말이든, 기독교인이 이것들에 무관심하여, 비기독교인들이 이 문제의 중요성을 먼저 주목한 뒤, 기독교인들이 이런 선각자들의 노력을 수용하는 수순을 밟았다.[45)]

첫째, 개인이 종말, 즉 죽음의 문제에 대해서는 무신론적 실존주의 철학자였던 하이데거(M. Heidegger)가 그의 저서 『존재와 시간』(*Sein und Zeit*)를 통해, 한정된 시간의 삶을 사는 인간에게 자신의 한계성을 직면하고 진정한 삶을 살라고 설파했다. 이것을 기독교 실존주의 신학자라고 할 수 있는 불트만(R. Bultmann)이 기독교 신학으로 수용하였다. 한국에는 1958년에 그의 저서가 번역, 소개되기 시작하였다.[46)] 그러나 그의 신학의 중심 메시지인 개인의 종말에 대한 종말론적 신학의 도전은 제대로 주목받지 못하고, 오히려 그의 신학 방법론인 역사비평이 진보적 신학이라는 이유로 왈가왈부되는 가운데, 그의 영향력은 크지 못했고, 결국 이 분야의 종말론 신학도 크게 발전하지 못했다. 더구나 불트만, 나아가 하이데거의 전문가였던 신학자 매커리(J. Macquarrie)도 한국에서 큰 영향을 끼치지 못해, 불트만의 영향력이 확산될 가능성은 제한되었다.

둘째, 사회의 종말, 즉 세계 종말의 문제에 대해서는 역시 무신론적 철학자였던 블로흐(E. Bloch)의 『희망의 원리』 사상을 기독교 신학자인 몰트만(J. Moltmann)이 적극 수용하여 소위 '희망의 신학'이라는 사회 개혁을 지향하는 종말론적 신학을 구성하였다.[47)] 몰트만은 아시아, 특히 한국 신학자들과의 지속적인 관계를 통하여 한국 교회에 영향력 있는 신학자로 자리 잡았고, 따라서 그의 종말론 신학이 한국 신학계에 미친 영향이 지대하다.[48)]

---

45) 안교성, "존재의 종말, 종말의 존재", 『성서마당』 109호(2014/봄, 서울: 한국성서학연구소). 4-7.

46) [루돌프] 불트만/유동식 옮김, 『성서의 실존론적 이해』(서울: 신양사, 1958).

47) 위르겐 몰트만/전경연·박봉랑 옮김, 『희망의 신학』(서울: 현대사상사, 1973). 1964년에 출간되어 2014년에 출간 50주년을 맞은 『희망의 신학』은 한글로는 1973년 처음 번역되었다.

48) 몰트만 신학의 한국 교회 수용에 대하여 참여적 관찰자의 시각에서 논한

그의 신학이 한국 교회 현장 전반에 얼마나 구체적으로 영향을 미쳤는가는 아직 미지수로 남아 있지만 적어도 그의 신학이 민중 신학과 민주화 운동 발전에 큰 영향을 미쳤다는 것은 널리 인정되며, 심지어 오순절 교회 대표 목회자인 여의도 순복음교회 조용기도 몰트만과의 만남을 통하여 그의 복음 이해를 확산시켰다고 전해진다.[49]

나. 교회 성장 운동 및 민주화 운동과 종말론

한국 교회의 교회 성장 운동과 민주화 운동은 지속적인 발전과 변화를 지향한다는 점에서 후천년설적 범주에 든다고 할 수 있다.

첫째, 한국 교회의 교회 성장 운동은 민족 복음화 운동과 그것의 발전 양상인 세계 선교 운동과 병행되었다. 미국 사회가 소위 '명백한 운명(Manifest Destiny)'이란 낙관주의적 사고 아래 확장해 나가는 과정에 미국 교회의 세계 선교 운동이 동참했듯이, 한국 교회의 세계 선교 운동도 이와 유사한 양상을 보였다. 즉 후천년설적 종말론의 양상 속에서 선교가 발전하는 유사성을 보였다. 그 결과, 한국 교회는 비서구 선교 운동은 물론이고, 세계 선교 운동 전체의 중요한 선교 세력으로 부상하였고, 현재까지 그 추세가 이어지고 있다.

둘째, 민주화 운동은 한국 사회의 특수한 정치 상황 속에서, 특히 반공주의와의 관계 속에서 발전에 저해되었다. 민주화 운동은 다양한 흐름이 종합된 것이었지만, 산업 선교가 대표적인 흐름이었다고 할 수 있다. 그 이유는 이 흐름이 가장 두드러질 뿐 아니라, 이론화도 동시에 진행되

연구에 대해서는 낙운해, "몰트만 신학과 한국 신학"(미간행신학박사학위논문, 장로회신학대학교, 2011)을 보라.

49) 여의도 순복음교회의 복음 이해의 확장에 대해서는 여의도순복음교회 편, 『위대한 소명: 희망 목회 50년, 여의도순복음교회 50년사: 1958-2008』(서울: 여의도순복음교회, 2008), 359-69을 보라.

었기 때문이다. 산업 선교는 넓게는 민중 신학을 비롯한 정치 신학의 틀에서 이해할 수 있고, 보다 직접적으로는 에큐메니칼 선교, 특히 '하나님의 선교'의 틀에서 이해할 수 있다.

그러나 산업화를 지상 과제로 여겼던 당시 한국 사회에서는 산업 선교에 대한 저항이 거셌고, 이로 인하여 산업 선교와 하나님의 선교 개념은 용공 시비에 말려들었다. 오늘날 보수적인 신학계도 하나님의 선교 개념을 널리 사용하는 양상은 금석지감이 들 정도의 변화라고 할 수 있다.[50] 여기서 주목할 점은 반공주의와 민주화 운동의 관계 자체가 아니라, 이런 양자의 관계로 인하여 민주화 운동으로 표출되었던 후천년설적 사회 개혁이 지장을 받았다는 사실이다. 즉 반공주의는 후천년설적 종말론의 발전에 역기능을 하였던 것이다.

네 번째 시기는 다른 시기와는 달리 한국 사회 전체가 발전을 예상하였고, 따라서 성격은 상이하지만 다양한 후천년설적 사회 개혁 내지, 사회 발전이 이루어졌다. 그러나 당시의 정치 사회적 맥락에 따라, 교회 성장 운동은 용이하게 발전이 이뤄졌고, 민주화 운동은 여러 가지 장애를 극복해가면서 발전해 나가야 했다.

이것은 한국 교회사에서 후천년설적 유형이 두드러지게 나타나는 거의 유일한 시기에도 발전이 불균형적으로 이뤄졌다는 것을 말해준다.

5. 세계화 시기: 생태와 종말론

가. 새로운 세기말의 종말론: 묵시록과 생태계의 종말

어느 세기말이든 그 시기는 세계 종말과 연상되곤 하였다. 20세기 말

---

50) 크리스토퍼 라이트/정옥배 · 한화룡 옮김, 『하나님의 선교』(서울: 한국기독학생회 출판부, 2010).

도 마찬가지였다. 세계 종말에 민감한 종교계는 물론이고, 일반 사회도 보편화된 컴퓨터 시스템 붕괴 내지 오류와 관련된 '이천년 문제(Y2K, Year 2000 Problem)' 등의 문제로 인하여 위기감을 느꼈다.[51] 이런 세기말적 현상은 다양한 방면에서 시작되었다.

첫째, 냉전 시대에서 데탕트(Détente, 긴장 완화) 시대를 거쳐 공산주의의 붕괴에 이르는 급격한 변화를 통하여 후기 공산주의 시대가 도래하였다. 공산주의의 붕괴는 반공주의의 승리는 가져왔지만, 역설적으로 종말론 해석의 틀로서의 반공주의적 종말론의 약화를 초래했다. 따라서 전 세계적으로 반공주의적 종말론은 빛을 잃었고, 공산주의 대신 주로 이슬람 급진 세력이 그 자리를 메우기 시작했다.

물론 한국의 경우 남북한 대치가 계속되는 가운데 반공주의적 종말론은 여전히 유효하고, 반(反)이슬람적 종말론도 득세하고 있다. 게다가 이스라엘 회복에 대한 관심이 다시 고조되는 한편, 소위 '백 투 예루살렘(Back to Jerusalem)'이란 선교 패러다임의 등장으로 인하여, 선교는 전천년설적 종말론의 성격을 강화하였다. 즉 묵시록적 종말론 해석은 여전히 유효성을 보였다.

둘째, 세기말에 대두하기 마련인 이단 역시 한국에서 등장하였다. 특히 다미 선교회는 세계 종말의 시간표를 확정 발표하면서, 한국 사회에 큰 물의를 일으켰다. 이 집단은 전천년설적 선교 운동의 특징인 '시급성(Urgency)'의 관점에서 세계 선교로 활동 범위를 넓혔다. 가령, 다미 선교회는 몽골에서 교회를 개척하였는데, 1992년 재림이 불발되자 스스로 잘못을 인정하고 그 교회를 다른 선교사에게 맡기고 한국으로 철수한 바 있다. 오늘날 다른 이단이나 신종교가 여전히 종말론을 활용하고 있지만, 객관적인 시간이 더 이상 세기말이 아니기 때문에, 종말론적 설득력은

51) 박응규, "교회사 연구와 종말론: 한/미 교회사를 중심으로", 『역사신학 논총』 1(1999): 361.

크게 감소했다고 할 수 있다.

셋째, 생태 위기가 세기 말과 맞물려 주목을 받게 되었다. 20세기 후반이 중요 관심 가운데 하나가 바로 생태 위기였다. 이루 인해 다양한 생태 신학이 출현하였는데, 대표적인 것이 바로 '정의, 평화, 창조 질서의 보전(Justice, Peace and the Integration of Creation)이다. 생태 위기가 기존의 위기와 다른 점은 생태 위기, 특히 핵으로 인한 위기가 가공할만한 파괴력을 지니기 때문에 세상 종말을 위하여 더 이상 신의 개입이 필요 없이도 인류는 자멸할 수 있게 되었다는 것이다.

특히 이웃 일본의 후쿠시마 핵 발전소 파괴와 핵 오염 사건 또는 쓰나미 사건은 종말론적 상상력을 자극한 것은 사실이지만, 오늘날 한국 교회는 여전히 이에 대하여 전천년설적인 긴박감이나 후천년설적인 사회 개혁 의지 모두를 제대로 나타내지 못하고 있다.[52] 더구나 세월호 사건과 같은 인재(人災)적 성격이 강한 사건을 당하면서, 한국 교회는 한국 사회와 더불어, 종말론적 사건의 발생, 처리, 사후 대책 등에 대한 새로운 신학적 작업, 곧 일종의 후기 재난 신학의 구성을 요청받게 되었다.[53]

나. 새로운 사회와 종말론: 세계화와 통일

20세기 말은 한국 사회가 새로운 사회로 변하는 시기이기도 하였다. 김영삼 정부는 1994년에 세계화를 선언했고, 이와 때를 맞추듯이 많은

---

52) Atsuyoshi Fujiwara & Brian Byrd, eds., *Post-disaster Theology from Japan: How Can We Start Again? Centurial Vision for Post-disaster Japan: The Great East Japan Earthquake Theological Symposium* (Tokyo: Seigakuin University Press, 2013); *The Church Embracing the Sufferers, Moving Forward. Centurial Vision for Post-disaster Japan: Ecumenical Voices* (Tokyo: Seigakuin University Press, 2014).

53) "특집 주제: 세월호 이후의 신학", 『신학논단』 79(2015): 11-124.

이주민들이 소위 '코리안 드림'을 가지고 한국으로 몰려들기 시작했다. 이로써 단일 민족 패러다임에 익숙했던 한국 사회는 다인종, 다문화, 다종교 사회로 급속하게 변모해 가고 있다.

또한 북한 이탈 주민들이 1990년대 이후 급증하여 2001년부터는 연간 1천 명 이상 입국하였고, 2009년 정점을 찍었으며, 오늘날 연인원 3만 명에 이르게 되었다. 더구나 통일의 시대를 예상하여 본다면 한국 사회는 엄청난 변화의 소용돌이 앞에서 서 있는 셈이다.

이런 세계 종말적 상황, 적어도 세계 격변의 상황 하에서 한국 교회는 어떤 태도를 취하고 있는가? 현재 진행되는 사안이기 때문에, 섣부른 판단을 할 수 없지만, 적어도 한국 교회가 위기 의식은 가지지만 구체적인 위기 대처나 위기 관리는 아직 소홀하다는 총평을 내릴 수 있을 것이다. 다시 말해, 통일 문제만 보더라도 통일을 순간적으로 임할 사건으로 보는지, 혹은 지속적으로 전개해 나갈 과정으로 보는지에 대해서도 의견과 행동 일치가 이루어지지 않는다.

바로 이런 관점에서 통일 대박론 등 통일 담론들이 정치, 경제 등 각 분야에서 쏟아져 나오는데, 한국 교회는 이에 대한 선도적인 대안을 제시하지 못하고 있다.

두 번째 세기말을 맞이하였던 다섯 번째 시기에 한국 교회는 세계 종말적인 위기감을 맛보고 급격한 사회의 변화도 경험하면서 위기 의식을 가지기도 했지만, 구체적인 위기 대처 능력을 갖추지 못했고 위기 관리에 소홀한 모습을 보였다.

따라서 이 시기의 종말론 유형은 전천년설과 후천년설적인 태도가 모두 나타났으나, 한국 교회의 삶과 실천에 구체적인 종말론적인 영향을 미치기에는 미흡한 모습을 보였다. 박응규가 주장하듯이, 기독교 신앙의 본질은 종말론적 신앙이고, 교회는 하나님의 나라와의 관계 속에서 보아야 하는데,[54] 종말론적 경험을 이미 충분히 해온 만큼 한국 교회는 이제는 종말론적 신앙과 신학을 체현하는 과제를 안고 있다고 하겠다.

III. 나가는 말

본 글에서는 한국 교회사 전반에 걸쳐 나타나는 종말론을 이해하기 위하여, 한국 교회사를 다섯 기로 나눠서 각기에 나타나는 유형을 분석하였다.

제1기에는 전천년설이 도입되기 시작했는데, 전통 종교의 틀이 주요한 해석의 틀로 작용했고, 또한 새로운 종교의 도입 초기이기에 사회 개혁적 성격이 강하게 나타났다. 제2기에는 전천년설이 본격적으로 소개되면서 한국의 주류 종말론으로 자리잡았고, 한국 교회가 이미 2세대에 들어섰고 정치 사회적 제약도 있어서 사회 개혁적 성격은 제한될 수밖에 없었다. 제3기에는 분단 및 전쟁 등 국한적인 사회 불안 속에서 전천년설이 다시 우세하였고, 생존이란 우선적인 과제 해결에 몰두하느라 사회 개혁적인 성격은 활발하지 못했다. 제4기에는 다른 시기와는 달리 후천년설적인 성격이 강하게 나타났고, 이런 맥락에서 교회 성장 운동과 민주화 운동 등이 전개되었지만, 후자는 정치 사회적 맥락 속에서 많은 지장을 받게 되었다. 제5기에는 한국 교회가 한국 사회와 더불어 새로운 사회로 진입하는 변화를 겪는데, 새로운 현안에 대하여 위기 의식은 있으나 위기 대처 등이 소홀한 모습을 보였다.

이것은 아직까지도 한국 교회가 종말론 신학을 건전하게 수용하지 못했고, 하나님의 나라와 교회 관계를 제대로 이해하지 못했으며, 거듭되는 위기를 극복해 나가는 과정에서 위기 해결이라는 당면 과제에는 익숙해

54) 박응규, "교회사 연구와 종말론: 한/미 교회사를 중심으로", 386.

졌지만 지속적인 사회 개혁을 통한 궁극적인 위기 관리에는 여전히 미흡하다는 것이다.

결국 기독교 신앙은 종말이 낭상이라도 임할 것 같은, 그러나 동시에 영원히 오지 않을 것 같은 긴장 속에서 살아가는 것이라는 명제는 초기 교회 이후 모든 교회가 직면해야 할 진실이라고 할 수 있다.

● 참고문헌

낙운해. "몰트만 신학과 한국 신학". 미간행박사학위논문, 장로회신학대학교, 2011.

박명수. 『이명직과 한국 성결교회』. 부천: 서울신학대학교 출판부, 2008.

박응규. "19세기 말 미국의 선교 운동과 일제하 한국 교회의 종말론". 『한국 기독교 역사 연구소 소식』 34(1998): 27-42.

_____. "교회사 연구와 종말론: 한/미 교회사를 중심으로". 『역사신학 논총』 1(1999): 361-86.

배덕만. "미국 교회 종말론의 다양성과 그 역사적 흐름". 『오순절 신학논단』 11(2013): 39-82.

_____. "1880년 이후 미국 교회의 종말론과 사회 사상 간의 관계에 대한 유형론적 분석: 신학과 상황의 상관 관계에 대한 소고". 『교회사학』 5 (2005): 213-37.

블랙스톤(W. E. B[lackstone])/기일[게일] 옮김. 『예수의 재림』. 경성[서울]: 조선야소교서회, 1913.

사와 마사히코/김숙자·강문규 옮김. 『남북한 기독교사론』. 서울:도서출판 민중사, 1997.

새뮤얼 헌팅턴/이희재 옮김. 『문명의 충돌』. 서울: 김영사, 1997.

성기호 외. 『성결 교회와 세대주의』. 안양: 성결대학교 출판부, 1999.

"특집 주제: 세월호 이후의 신학", 『신학논단』 79(2015): 11-124.

안교성. "존재의 종말, 종말의 존재", 『성서마당』 109호(2014/봄): 4-7.

[루돌프] 불트만/유동식 옮김. 『성서의 실존론적 이해』. 서울: 신양사, 1958.

옥성득. "평양 대부흥 운동과 길선주 영성의 도교적 영향". 『한국 기독교와 역사』 25(2006): 57-95.

위르겐 몰트만/전경연·박봉랑 옮김. 『희망의 신학』. 서울: 현대사상사, 1973.

이성전. "선천·후천론과 원불교의 팔괘기의 의미". 『원불교 사상과 종교 문화』 44(2010): 39-71.

탁지일. 『이단』. 서울: 두란노 아카데미, 2011.

한국조직신학회 편. 『종말론』. 서울: 대한기독교서회, 2012.

Fujiwara, Atsuyoshi & Brian Byrd.(eds.). *Post-disaster Theology from Japan: How Can We Start Again? Centurial Vision for Post-disaster Japan: The Great East Japan Earthquake Theological Symposium*. Tokyo: Seigakuin University Press, 2013.

______. *The Church Embracing the Sufferers, Moving Forward. Centurial Vision for Post-disaster Japan: Ecumenical Voices*. Tokyo: Seigakuin University Press, 2014.

Oak, Sung-Deuk. "Images of the Cross in Early Modern Korea: The Geomantic Prophecy of the Chŏnggam-nok and the Protestant Flag of the Red Cross". *Journal of Korean Religions* 1: 1 & 2(2010): 117-61.

Pak, Ung Kyu. *Millennialism in the Korean Protestant Church*. New York: Peter Lang, 2005.

Rambo, Lewis R. & Charles E. Farhadian (eds.). *The Oxford Handbook for Religious Conversion*. Oxford: Oxford University Press, 2014.